मध्य प्रदेश
की
विकास गाथा

मध्य प्रदेश की विकास गाथा

शिवराज सिंह चौहान

प्रभात प्रकाशन

प्रकाशक • **प्रभात प्रकाशन**
4/19 आसफ अली रोड,
नई दिल्ली–110002

संस्करण • 2020
मूल्य • चार सौ रुपए
मुद्रक • नरुला प्रिंटर्स, दिल्ली

MADHYA PRADESH KI VIKAS GATHA
by Shivraj Singh Chauhan ₹ 400.00
Published by Prabhat Prakashan, 4/19 Asaf Ali Road, New Delhi-2
e-mail: prabhatbooks@gmail.com ISBN 978-93-5048-538-5

भूमिका

'बढ़ता प्रदेश—मध्य प्रदेश' श्री शिवराज सिंह चौहान के चुनिंदा भाषणों का एक संकलन। राजनीति में भाषण मानो पर्यायवाची जैसा ही है। आजादी के पहले से ही भाषणों ने समाज को राजनीति के दर्शन कराए। आज भी भाषण से ही जनता नेता को पहचानती है, जानती है, समझती है। कई-कई भाषणों से नेता की सोच, उसके क्रियाकलाप, उस नेता की तासीर की अभिव्यक्ति होती है। ये भाषण शिवराज सिंह चौहान के हैं। शिवराज सिंह चौहान नर्मदा किनारे के एक छोटे से गाँव में जनमे, पले, बढ़े और पढ़े। उन्होंने गरीबी सलाहकारों से नहीं समझी, खुद की संवेदना से झेली है, देखी है, भोगी है। उन्होंने अपनी किशोरावस्था में आंदोलन किए हैं। मजदूरों का मेहनताना बढ़े, इस पर आंदोलन—यह उनकी उस सोच को दरशाता है, जो उस अवस्था में बनी जबकि उस आयु में बच्चों के मन में परिभाषाएँ भी नहीं बन पातीं। भाषण में उस जिम्मेदारी, उस उत्तरदायी भावना की झलक अगर मिले, जिसमें जनता की अपेक्षाएँ और समाज के सरोकार हों, तो जनता को यह संतोष होने लगता है कि उनका मुखिया, उनका नेता अब अपना हो चला है।

मुख्यमंत्री के रूप में शिवराजजी के बारे में उनकी यह सोच कैसे बदल सकती है? कैसे उनकी वह तासीर बदल सकती है? जब वे मुख्यमंत्री बने तब से लेकर अब तक के उनके भाषण सुने, पढ़े तो लगता है कि जनता के प्रति प्रतिबद्धता, सामाजिक सरोकार और मध्य प्रदेश का विकास उनका जीवनोद्देश्य रहा है। पहले भाषण को पढ़ना शुरू करें और दिन, माह और

साल गुजरने के बाद अगले भाषणों को पढ़ें तो लगता है कि उनकी सोच का सिलसिला साकार रूप लेता जा रहा है। जिस योजना की अवधारणा वे पहले भाषणों में अभिव्यक्त करते हैं तो अगले भाषणों में उसको प्रशासनिक अमली जामा पहनाते हुए साकार होते देखा जा सकता है। समाज के हर वर्ग के बारे में सहज, सपाट यथार्थपरक सोच उनके भाषणों में दिखाई देती है। वे लाग-लपेट नहीं करते। जनता की भाषा को, जनता की बोली को, जनता के विचारों को, जनता के दर्द को अपनी संवेदना में समेटते हैं और बस दिल से अपनी बात धारा-प्रवाह कहते जाते हैं। यह मात्र भावनात्मक उद्बोधन नहीं होता, बल्कि एक कर्मयोगी मुख्यमंत्री के रूप में वे तथ्य और सत्य को सामने भी रखते हैं, आँकड़ों को बताते हैं।

मध्य प्रदेश की विकास दर 10 के पार हुई और कृषि विकास दर 18 पर पहुँची तो यह कोई मात्र चंद दिनों का करिश्मा नहीं, बल्कि एक नेतृत्व की परिणामकारी मेहनत का परिदृश्य है। वे अपने भाषणों में स्पष्ट कहते हैं— "सरकार की कार्यशैली और विकास की हमारी अवधारणा समाज और सरकार की सहभागिता पर आधारित है। इसलिए प्रदेश का शासन-प्रशासन आम आदमी की खुशहाली और प्रगति के लिए प्रतिबद्ध है।" आम आदमी की खुशहाली मात्र दो जून की रोटी में ही नहीं बल्कि उसकी पढ़ाई-लिखाई, दवाई-चिकित्सा से लेकर किसी भी क्षेत्र में दुनिया से कदमताल करनेवाला मध्य प्रदेश का नागरिक हो, यह उनके छोटे-छोटे प्रयासों में दिखाई देता है। वे भाषणों में बताते हैं, उन छोटी-छोटी समस्याओं को, जो बड़ी-बड़ी योजनाओं में उपेक्षित हो जाती हैं। उनका निदान उनकी पहली प्राथमिकता है, इसकी झलक उनके भाषण में मिलती है। कई बार कई राष्ट्रीय नेता उनके इन भाषणों को सुनकर कहते हैं कि आखिर कैसे इन समस्याओं के निदान पर वह योजनाएँ बनाते हैं? शायद यह शिवराजजी के जमीन से जुड़े रहने का कारण है। मध्य प्रदेश के किसी गरीब के परिवार को अपना परिवार समझना एक कारण है।

'मध्य प्रदेश में खेती फायदे का धंधा बने' जब शुरुआत में उनके भाषण

में यह बात कही जाने लगी तो लोग अचरज करने लगे। लेकिन देखते-ही-देखते उनका यह वाक्य भाषणों में दोहराते-दोहराते मानो मंत्र जैसा सिद्ध होने लगा। हम उनका भाषण 'तू मुक्त आकाश लुटाता चल' को पढ़ें तो लगता है कि उन्होंने इस वाक्य को बोलने के पहले यह तय कर लिया था कि इस लक्ष्य को कैसे पाना है। अगर मध्य प्रदेश की कृषि विकास दर 18 प्रतिशत को छू सकी तो निश्चित ही यह उनकी दृष्टि का ही परिणाम है। यह विकास दर तो महज आईना होती है, दरअसल, इसके पीछे की वे ढेर सारी योजनाएँ हैं, जिनके कारण किसानों को सरकार की सहायता मिली और अन्नदाता ने वह कर दिखाया जो वह कर सकता है।

उनके छात्र राजनीति, युवा राजनीति के भाषण से लेकर मुख्यमंत्री के नाते दिए भाषणों को सुनें तो उनमें राष्ट्रवाद का चिंतन सरल-सहज भाषा में साफ दिखाई देता है। वे भाषण मुख्यमंत्री के कार्यकाल में धीरे-धीरे धरती पर उतरते गए। चंद्रशेखर आजाद, टंट्या भील, रघुनाथ शाह, शंकर शाह जैसे महानायकों को उन्होंने पीढ़ियों के लिए प्रेरणा का केंद्र बनाने का सरकारी जतन किया, तो सामाजिक भागीदारी भी बनाई। हर महापुरुष की जयंती को कर्मकांड नहीं बल्कि राष्ट्र-निर्माण में प्रेरणा का कारण बनाने की दृष्टि विकसित की। मध्य प्रदेश का युवा देश की सीमा के करीब नहीं रहता, लेकिन वह देश की सीमा **को** जाने-पहचाने, इतिहास और भूगोल को समझ सके, इसे उन्होंने भाषणों के माध्यम से बताया तो 'माँ, तुझे प्रणाम' के जरिए साकार भी किया। उनका भाषण 'हर घर नंदन वन हो जाए' ऐसी ही एक कहानी तो है।

जब हम 'समृद्ध व विकसित मध्य प्रदेश' का भाषण सुनते हैं व पढ़ते हैं तो लगता है कि वे युगद्रष्टा दार्शनिक राजनेता के साथ-साथ उस दर्शन को यथार्थ में धरातल पर उतारनेवाले कर्मयोगी भी हैं। हर आम आदमी के बल पर प्रदेश को जाग्रत् करना उनके भाषण की इच्छाशक्ति का ही कमाल है। उनकी वह अदम्य इच्छाशक्ति ही तो है कि वे जनता की भागीदारी से बेटियों को बचाने का और मध्य प्रदेश बनाने का संकल्प साकार करने के लिए निकल

पड़ते हैं। वे अपने भाषणों में बार-बार कहते हैं कि जो जहाँ है, जिस जिम्मेदारी पर है, अगर वह जिम्मेदारी निभाने लगे तो मध्य प्रदेश एक विकसित प्रदेश बन जाएगा। 'कर्तव्यों को निभाने में दिखाएँ तत्परता' भाषण आज की जनोन्मुखी राजनीति का एक उदाहरण है।

'वन ग्रामों का उत्थान' और 'यथा नाम तथा काम' भाषण को हम पढ़ें तो लगता है कि एक साधारण सा दुबला-पतला व्यक्ति कैसे एक साथ पूरे समाज को आत्मसात् करके एक विकसित मध्य प्रदेश का निर्माण करने चला है।

उनके भाषण की पंक्तियों को मैं यहाँ उद्धृत करके अपनी प्रस्तावना को विराम दूँगा कि "किसी से भी जजमेंट की गलतियाँ हो सकती हैं, मोटिव की गलतियाँ नहीं। शुद्ध मन से, स्वस्थ चित्त से हम-आप इस मुकाम पर साथ आए हैं; यहाँ से हमारे साथ की शुरुआत है, अंत नहीं।"

—प्रभात झा

सांसद

अनुक्रमणिका

आम आदमी की खुशहाली और प्रगति

गणतंत्र दिवस का पावन पर्व उन मूल्यों और प्रतिज्ञाओं के प्रति स्वयं को पुनः समर्पित करने का दिन है, जिनके आधार पर स्वराज की स्थापना हुई। सरकार की कार्यशैली और विकास की हमारी अवधारणा समाज और सरकार की सहभागिता पर आधारित है। इसीलिए प्रदेश का शासन-प्रशासन आम आदमी की खुशहाली और प्रगति के लिए प्रतिबद्ध है।

राज्य सरकार ने प्रदेश की विकास यात्रा में समाज के सभी वर्गों को शामिल किया है। समावेशी और समग्र विकास के लिए सामाजिक प्रगति और अधोसंरचना का विकास एक-दूसरे के पूरक हैं। पिछले 3 वर्षों में प्रदेश में विकास की दर 9 प्रतिशत से अधिक रही। कुशल वित्तीय प्रबंधन और परिणाममूलक नीतियों के कारण प्रदेश की अर्थव्यवस्था निरंतर मजबूत हो रही है। विश्वास है कि 7.6 प्रतिशत के लक्ष्य के विरुद्ध सरकार इस पंचवर्षीय योजना में 10 प्रतिशत से अधिक विकास दर हासिल कर लेगी।

किसान हमारे प्रदेश की आत्मा हैं। यह उनके श्रम का ही फल है कि विगत 5 सालों में कृषि विकास की वार्षिक दर 3 गुना बढ़ी तथा अब यह लगभग 10 प्रतिशत हो जाएगी। सहकारी कर्जों पर कभी 16 प्रतिशत ब्याज लिया जाता था, जो अब मात्र 1 प्रतिशत है। विभिन्न अनुदान अब किसानों के खातों में सीधे जमा किए जा रहे हैं। गेहूँ पर 100 रुपए और धान खरीदी पर 50 रुपए प्रति क्विंटल बोनस दिया जा रहा है। गेहूँ के 50 लाख टन

खरीदी के साथ प्रदेश उपार्जन में अब देश में तीसरे नंबर पर है। विगत वर्ष पाले से फसलों को नुकसान होने पर सरकार ने 1400 करोड़ रुपए की राहत राशि किसानों को बाँटी थी। राहत देने के मापदंडों और प्रक्रियाओं में किसानों के हितों के अनुरूप निरंतर परिवर्तन किए जा रहे हैं। भू-राजस्व संहिता में भी व्यापक परिवर्तन किए गए हैं। 'कृषि कैबिनेट' की स्थापना से किसान केंद्रित नीतियाँ बनाने और उनके क्रियान्वयन में गति आई है। इस वर्ष पृथक् कृषि बजट प्रस्तुत करने का ऐतिहासिक कदम भी उठाया जा रहा है। फल और सब्जियों की फसल अब मंडल से बाहर प्रतियोगी दरों पर बेचने की अनुमति दे दी गई है। कृषि के मशीनीकरण, उद्यानिकी, पशु-पालन, मछली-पालन तथा अन्य संबंधित गतिविधियों को बढ़ावा दिया गया है। प्रदेश में गौ-वंश वध प्रतिषेध (संशोधन) विधेयक की स्वीकृति से गौ-वंश की हत्या पर प्रभावी अंकुश लग सकेगा। जबलपुर में चिकित्सा विश्वविद्यालय की स्थापना के बाद अब अंतरराष्ट्रीय स्तर का 'कृषि अनुसंधान केंद्र' भी स्थापित होने जा रहा है।

सरकार के निरंतर प्रयासों के फलस्वरूप निर्मित सिंचाई क्षमता के उपयोग में इस वर्ष अभूतपूर्व वृद्धि हुई है। इस वर्ष रबी सिंचाई में 7 लाख 50 हजार हेक्टेयर की वृद्धि की जा चुकी है, जो गत वर्ष की तुलना में 75 प्रतिशत अधिक है। विगत डेढ़ वर्ष में 650 लघु सिंचाई परियोजनाएँ पूर्ण कर किसानों को पानी उपलब्ध कराया गया। बरियारपुर और माही वृहत् सिंचाई परियोजनाओं के बाँध पूर्ण कर लिये गए हैं। 'संकल्प 2010' में निर्धारित सिंचाई के लक्ष्यों को समय से पहले प्राप्त कर लिया जाएगा। नर्मदा घाटी की वृहत् परियोजनाओं से अब तक 6 लाख 90 हजार हेक्टेयर सिंचाई क्षमता निर्मित की जा चुकी है। 'बाणसागर परियोजना' तथा 'महान् बाँध परियोजना' की नहरों से विंध्य क्षेत्र का बड़ा रकबा अब सिंचित हो रहा है। 'जलाभिषेक अभियान' में जन सहयोग से 7 लाख से अधिक संरचनाएँ बनीं, जिससे 1 लाख हेक्टेयर भूमि सिंचित हुई है। प्रदेश में 'कपिल धारा योजना' में अभी

तक 2 लाख 17 हजार कुएँ तथा 8500 बलराम ताल निर्मित किए गए हैं।

प्रदेश में अब उपलब्ध विद्युत् क्षमता 9000 मेगावाट है, जिसमें अगले 3 साल में 4745 मेगावाट की वृद्धि करने का लक्ष्य है। श्री सिंगाजी, सतपुड़ा तथा दादा धूनीवाले परियोजना पर तेजी से काम चल रहा है, जिसमें राज्य शासन द्वारा कुल परियोजना लागत राशि रुपए 9782 करोड़ में से 1956 करोड़ रुपए अंशपूँजी के रूप में प्रदान किए जा रहे हैं। हमारा प्रयास है कि 5157 करोड़ रुपए की लागत से फीडर विभक्तीकरण का काम अगले एक साल में पूरा कर लिया जाए, ताकि गाँव में 24 घंटे घरेलू और 8 घंटे कृषि कार्यों के लिए बिजली प्रदान की जा सके। किसान को बिजली की बढ़ी दरों से बचाने के लिए लगभग 1470 करोड़ रुपए का अनुदान दिया जा रहा है। नई जल विद्युत् नीति के अंतर्गत 25 मेगावाट तक की परियोजनाओं को उद्योग का दर्जा देकर सुविधाएँ दी जाएँगी। वैकल्पिक ऊर्जा के स्रोत विकसित करने की दिशा में 484 गाँव सौर ऊर्जा से रोशन किए गए।

सरकार का प्रयास है कि प्रदेश में सड़कों के निर्माण में और गति लाई जाए। सरकार ने मध्य प्रदेश सड़क विकास निगम के माध्यम से 16000 करोड़ रुपए की लागत से 6690 कि.मी. लंबाई की राजमार्ग/जिला मार्ग की सड़कों का कार्य हाथ में लिया है। इसके अतिरिक्त विभागीय मद से 3779 करोड़ रुपए की लागत से 3585 कि.मी. की सड़कों का कार्य भी कराया जा रहा है। सड़क संधारण के लिए 537 करोड़ रुपए राशि का विशेष प्रावधान किया गया। इसके अतिरिक्त 'प्रधानमंत्री ग्राम सड़क योजना' के तहत इस वर्ष 1857 कि.मी. सड़कों का निर्माण एवं 1463 कि.मी. नवीनीकरण कर 311 ग्रामों को मुख्य सड़कों से जोड़ा गया। इसी प्रकार 'मुख्यमंत्री ग्राम सड़क योजना' के अंतर्गत 288 कि.मी. सड़क तथा 3000 पुल-पुलिया बन चुके हैं। प्रदेश में 4708 कि.मी. राष्ट्रीय राजमार्गों का संधारण और विकास करने के लिए प्रदेश सरकार केंद्र सरकार से निरंतर आग्रह कर रही है।

ग्राम पंचायतों के बुनियादी विकास कार्यों के लिए 'पंच परमेश्वर योजना'

शुरू की गई है। इसके अंतर्गत प्रत्येक पंचायत को उसकी जनसंख्या के मान से 5 से 15 लाख रुपए की राशि प्रतिवर्ष दी जाएगी। 'रोजगार गारंटी योजना' के माध्यम से इस साल 25 लाख परिवार लाभान्वित हुए तथा 56 हजार विकास कार्य पूर्ण किए गए। 'मुख्यमंत्री ग्रामीण आवास मिशन' में एक लाख परिवारों को आवास देने का महत्त्वाकांक्षी कार्यक्रम आरंभ हो चुका है। पंचायतों को सुदृढ़ करने के लिए 'मुख्यमंत्री पेयजल योजना' के अंतर्गत 1,250 योजनाएँ पूरी की जा चुकी हैं तथा 480 योजनाएँ प्रगति पर हैं। पिछले 3 सालों में 2,100 नल-जल योजनाएँ पूर्ण की गई हैं। सभी बसाहटों में 40 लीटर प्रति व्यक्ति प्रतिदिन के मान से पेयजल की व्यवस्था की गई है, जिसे बढ़ाकर अब 55 लीटर किया जाएगा।

मध्य प्रदेश 'ग्रामीण परिवहन सेवा' शुरू करनेवाला देश का पहला राज्य है।

प्रदेश की अधोसंरचना में जन-निजी भागीदारी की लगभग 12,000 करोड़ रुपए लागत की परियोजनाओं का क्रियान्वयन किया जा रहा है। भोपाल और इंदौर में मेट्रो रेल का सर्वे पूरा कर विस्तृत योजना बनाने की कार्यवाही शुरू हो चुकी है।

नगरीय निकायों को सुदृढ़ करने के लिए नगरीय राजस्व और वित्त सेवा का गठन किया जा रहा है। प्रदेश में शहरी गरीबों के लिए आवास उपलब्ध कराने के लिए भी प्रभावी पहल की जा रही है। भोपाल में 'नर्मदा जल प्रदाय परियोजना' पूर्ण हो गई है। पहली बार राज्य के बजट में नगरों की पेयजल व्यवस्था सुदृढ़ करने के लिए पृथक् प्रावधान किया गया है। सिंहस्थ 2016 की तैयारी अभी से शुरू कर दी गई है। मध्य प्रदेश देश में 'पथ पर विक्रय करनेवालों की जीविका का संरक्षण और विक्रय का विनियमन अधिनियम' के साथ 'समग्र सामाजिक सुरक्षा योजना' लागू करनेवाला पहला राज्य है। इससे सड़कों के किनारे बैठकर तथा फेरी लगाकर अपनी रोजी-रोटी कमानेवाले मेहनतकश लोग सम्मान के साथ व्यवसाय कर सकेंगे।

युवा शक्ति प्रदेश के नवनिर्माण की आधारशिला है। 'विद्यार्थी पंचायत' में हुए विचार-विमर्श के बाद राज्य युवा आयोग द्वारा विद्यार्थी कल्याण के लिए 50 करोड़ की राशि का शिक्षा कोष स्थापित करने का निर्णय लिया गया। 'उच्च शिक्षा ऋण गारंटी योजना' को सरल बनाकर 7 लाख तक की राशि पर ब्याज का 50 प्रतिशत अनुदान का प्रावधान किया गया है। सभी महाविद्यालयों में महिला प्रकोष्ठ गठित किए जा रहे हैं।

छात्राओं के साथ अब छात्रों को भी निःशुल्क साइकिल और गणवेश दिए जा रहे हैं। कस्तूरबा गांधी आवासीय बालिका स्कूलों में 8100 सीटें बढ़ाई गईं। 201 पिछड़े विकासखंडों में मॉडल स्कूल खोले गए तथा 82 हजार शिक्षकों के नियोजन की कारवाई की गई है। देश की नई पीढ़ी के नैतिक विकास और उसमें सकारात्मक दृष्टिकोण विकसित करने के लिए स्कूली पाठ्यक्रम में भगवद्गीता के प्रासंगिक अंश सम्मिलित किए जा रहे हैं। इसी उद्देश्य से अन्य पवित्र ग्रंथों के संदर्भों का समावेश भी किया जाएगा। राष्ट्रभाषा के प्रयोग को और व्यापक बनाने के उद्देश्य से 'अटल बिहारी वाजपेयी हिंदी विश्वविद्यालय' की स्थापना की गई है। व्यावसायिक और तकनीकी शिक्षा से संबंधित संस्थाओं का विस्तार करते हुए 8 नए पॉलीटेक्निक और 50 आई.टी.आई. प्रारंभ किए गए। उद्योगों की आवश्यकताओं के अनुरूप कौशल विकसित करने के महत्त्वाकांक्षी कार्यक्रम के अंतर्गत 113 विकासखंडों में केंद्र शुरू किए जा चुके हैं।

प्रदेश में स्वास्थ्य सेवाओं के विस्तार से अब संस्थागत प्रसव 82 प्रतिशत हो गया है। गंभीर कुपोषित बच्चों के लिए 258 पुनर्वास केंद्र संचालित हैं। बच्चों में कुपोषण को मिटाने की चुनौती का सामना करने के लिए 'अटल बाल आरोग्य पोषण मिशन' ने अपना काम आरंभ कर दिया है। 33 जिलों में नवजात शिशु गहन चिकित्सा इकाइयाँ स्थापित हैं। परिणामस्वरूप शिशु मृत्यु-दर तेजी से घटकर अब 62 प्रति हजार हो गई है। 'दीनदयाल अंत्योदय उपचार योजना' में उपचार सीमा बढ़ाकर 30 हजार रुपए की गई। 'मुख्यमंत्री

बाल हृदय उपचार योजना' का लाभ 850 हृदयरोगी बच्चों को मिला है। 108 एंबुलेंस सेवाओं का विस्तार सभी जिलों में किया जा रहा है। देशी और वैकल्पिक चिकित्सा पद्धतियों को बढ़ावा देने के लिए जिला चिकित्सालयों में 'आयुष विंग' स्थापित किए गए हैं और 148 नए आयुष औषधालय खोले जा रहे हैं।

म.प्र. सरकार माताओं, बहनों और बेटियों के सामाजिक और आर्थिक स्तर में गुणात्मक सुधार के लिए प्रतिबद्ध है। यह कार्य सरकार और समाज के संयुक्त प्रयास से ही संभव हो सकेगा। बालिकाओं के संरक्षण और सम्मान तथा लिंग अनुपात के संतुलन को बनाए रखने के लिए 'बेटी बचाओ अभियान' शुरू किया गया है।

इस पहल को प्रदेश भर में व्यापक समर्थन मिल रहा है। लाड़ली लक्ष्मी, कन्यादान, उषा किरण, प्रतिभा किरण, गाँव की बेटी, जननी सुरक्षा आदि योजनाओं के माध्यम से महिला सशक्तीकरण के संकल्प को पूरा किया जा रहा है। 'गाँव की बेटी योजना' का लाभ अब निजी महाविद्यालयों में पढ़नेवाली बालिकाओं को भी मिलेगा। आँगनवाड़ी कार्यकर्ताओं और सहायिकाओं के मानदेय को दोगुना कर दिया गया है।

समाज के कमजोर और वंचित वर्गों के लोगों को उनके कल्याण और विकास की योजनाओं का बेहतर लाभ उपलब्ध कराने के लिए समग्र सामाजिक सुरक्षा कार्यक्रम लागू किया जाएगा। स्पर्श अभियान में साढ़े आठ लाख नि:शक्त जन चिह्नित किए गए। इनमें से 7 लाख 15 हजार को प्रमाण-पत्र देने के साथ एक लाख से ज्यादा को कृत्रिम अंग भी उपलब्ध करवाए गए।

प्रदेश में लगभग डेढ़ लाख वनवासियों को वन अधिकार-पत्र दिए गए हैं तथा उन्हें अब कृषि संबंधी सुविधाएँ उपलब्ध कराई जा रही हैं। मध्य प्रदेश वनोपज संग्राहकों को उचित मूल्य दिलाने के लिए अचार गुठली, लाख, महुआ गुल्ली, महुआ बीज, हर्रा, करंज बीज और नीम बीज का समर्थन मूल्य घोषित करनेवाला देश का प्रथम राज्य है।

आदिवासी विद्यार्थियों के लिए छात्रावासों और आश्रमों में कुल 5400 सीटें बढ़ाई गई हैं। 21 प्री-मैट्रिक छात्रावास और 40 आश्रमशालाएँ स्वीकृत की गई हैं। अनुसूचित जातियों के विकास और कल्याण से संबंधित योजनाओं के प्रभावी क्रियान्वयन के लिए पृथक् विभाग गठित किया गया है। विशेष भरती अभियान में अनुसूचित जाति के लगभग साढ़े आठ हजार, अनुसूचित जनजाति के साढ़े सत्रह हजार और अन्य पिछड़े वर्ग के चार हजार सात सौ पचास पद भरे गए हैं। पिछड़े वर्ग के विद्यार्थियों के लिए छात्रगृह योजना और शिक्षित बेरोजगारों के लिए गुणवत्तापूर्ण प्रशिक्षण कार्यक्रम लागू किया गया है। विमुक्त, घुमक्कड़ एवं अर्द्ध-घुमक्कड़ जातियों के विकास को गति देने के लिए अब नया विभाग गठित किया गया है।

सामान्य निर्धन वर्ग कल्याण आयोग की अनुशंसाओं के अनुरूप निर्धन बच्चों को शिक्षा एवं स्वास्थ्य का लाभ मिला है। अल्पसंख्यक शिक्षित बेरोजगारों के प्रशिक्षण तथा उनके स्वरोजगार की योजना लागू की गई है।

सार्वजनिक वितरण प्रणाली को प्रभावी बनाने के लिए 'बार कोडेड राशन कार्ड' एवं 'फूड कूपन' के माध्यम से उपभोक्ताओं को राशन देने की व्यवस्था अगले एक साल में पूरे प्रदेश में लागू कर दी जाएगी। राशन पहुँचानेवाले वाहनों की निगरानी के लिए ट्रेकिंग व्यवस्था का कार्य प्रारंभ किया जाएगा।

मध्य प्रदेश की पूरे देश में निवेश मित्र राज्य के रूप में पहचान बनी है। इस वर्ष अक्तूबर माह में इंदौर में 'ग्लोबल इन्वेस्टर मीट' आयोजित होगी। सरकार की उद्योग हितैषी नीतियों के फलस्वरूप कुल 82 हजार 9 सौ करोड़ रुपए की परियोजनाएँ स्थल पर मूर्त रूप ले रही हैं। पुराने औद्योगिक केंद्रों के संधारण के लिए प्रथम चरण में 311 करोड़ रुपए की राशि की विशेष व्यवस्था की गई है। रुपए 255 करोड़ के व्यय से 7 जिलों में नए औद्योगिक क्षेत्र स्थापित करने का कार्य प्रगति पर है। बुंदेलखंड क्षेत्र के तीव्र औद्योगिक विकास की दृष्टि से सागर में एक पृथक् औद्योगिक केंद्र विकास निगम

स्थापित किया जा रहा है। सूक्ष्म और लघु उद्योगों को प्रोत्साहित करने के लिए पृथक् विभाग का गठन किया जाएगा।

देश के पर्यटन नक्शे पर मध्य प्रदेश की एक विशिष्ट पहचान बन गई है। पर्यटन स्थलों पर अधोसंरचनाओं तथा जनसुविधाओं के विस्तार से उनका आकर्षण बढ़ा है। खेलों के क्षेत्र में सरकार की प्रभावशाली नीतियों के फलस्वरूप इस वर्ष हमारे प्रदेश के खिलाड़ियों ने 300 राष्ट्रीय तथा 28 अंतरराष्ट्रीय पदक प्राप्त किए हैं। राष्ट्रीय खेल हॉकी के खिलाड़ियों को प्रोत्साहित करने के लिए सरकार की प्रतिबद्धता सर्वविदित है।

प्रत्येक वर्ष 24 दिसंबर 'सुशासन दिवस' के रूप में मनाने का निर्णय लिया गया है। प्रशासन को अधिक जवाबदेह और जनोन्मुखी बनाने के साथ व्यवस्थाओं में ऐसे सभी संस्थागत सुधार किए जा रहे हैं, जिससे भ्रष्टाचार पर प्रभावी अंकुश लगा रहे। ई-टेंडरिंग, ई-पेमेंट और शासकीय भर्तियों में पारदर्शिता के अच्छे परिणाम मिले हैं। प्रदेश में सूचना प्रौद्योगिकी का उपयोग पारदर्शिता तथा कार्यदक्षता बढ़ाने के लिए किया जा रहा है। मध्य प्रदेश में लोक सेवाओं के प्रदान की गारंटी अधिनियम के अंतर्गत अब तक 16 विभागों की 52 सेवाएँ अधिसूचित की गई हैं।

अब तक लगभग 87 लाख आवेदक इसका लाभ ले चुके हैं। भ्रष्टाचार के मामलों में जल्दी सुनवाई कर भ्रष्ट तरीकों से अर्जित संपत्ति को जब्त करने के कानून को केंद्रीय शासन जल्दी स्वीकृति देगा।

यह सरकार के दृढ़ संकल्प का परिणाम है कि संपूर्ण प्रदेश में शांति और सद्भाव का वातावरण है। प्रदेश में कानून और व्यवस्था के मामले में कोई समझौता नहीं किया जा सकता। असामाजिक गतिविधियों तथा संगठित अपराधों पर कठोर अंकुश है। डकैतों, नक्सलवादियों, खनिज एवं भू-माफियाओं के विरुद्ध सफल अभियान की सर्वत्र सराहना हुई है। चिह्नित अपराधों के आरोपियों को शीघ्र दंड दिलाने में उल्लेखनीय सफलता मिली है।

देश के स्वतंत्रता संग्राम के सेनानियों तथा लोकतंत्र के प्रहरी, मीसा

बंदियों के प्रति अपनी कृतज्ञता की अभिव्यक्ति के रूप में राज्य शासन ने उनकी 'सम्मान निधि' में वृद्धि का विनम्र प्रयास किया है। 'शौर्य स्मारक' और 'वीर भारत' की स्थापना से नई पीढ़ी राष्ट्रीय आदर्शों, बलिदानों एवं सांस्कृतिक विरासत से परिचित और प्रेरित होगी।

सभी को प्रदेश के नवनिर्माण का संकल्प लेना चाहिए। अपने अधिकारों से पहले अपने कर्तव्यों को पहचानना चाहिए, और यह भी कि अपने दायित्वों के उत्कृष्ट निर्वहन से ही हमारी प्रगति और विकास का मार्ग प्रशस्त होगा।

कवि भवानी प्रसाद मिश्र ने कहा है—

"अँधेरा हटाते हुए हम चलेंगे
अँधेरे की ताकत बहुत घट गई है,
उठो, आँख खोलो कि पौ फट गई है,
युगों की अँधेरी निशा छँट गई है।"

□

तू मुक्त आकाश लुटाता चल!

स्वतंत्रता दिवस पर हम सभी के लिए आत्मगौरव का क्षण है। इस पावन पर्व पर उन स्वतंत्रता-संग्राम सेनानियों को याद कर रहे हैं, जिन्होंने देश की आजादी और खुशहाली के लिए अपने प्राण न्योछावर कर दिए। विगत दिनों अमर शहीद चंद्रशेखर आजाद की जन्मस्थली भाबरा जाना हुआ, जिसे अब 'चंद्रशेखर आजाद नगर' के नाम से जाना जाता है, जहाँ इसी वर्ष 'आजाद स्मृति-मंदिर' का निर्माण हुआ। उस पवित्र स्थल पर 'शहीदों की चिताओं पर जुड़ेंगे हर बरस मेले' अमर कविता को याद करते हुए मेरा सिर गर्व से ऊँचा हो गया। प्रदेश में आजादी की लड़ाई के शहीदों की स्मृति में शहीद मेलों का आयोजन और स्मारकों का निर्माण हो रहा है। प्रदेश की राजधानी में भी अपने किस्म का अनूठा 'शौर्य-स्मारक' बनाया जा रहा है।

सरकार द्वारा मध्य प्रदेश की प्रगति का एक रोड मैप तैयार किया गया था। प्रदेश की जनता की कड़ी मेहनत और सरकार के प्रयासों से म.प्र. विकास की इस यात्रा में सफलता की मंजिल पर पहुँचने लगा है। भारत सरकार के केंद्रीय सांख्यिकी संगठन की जानकारी के अनुसार, गत वर्ष प्रदेश की आर्थिक वृद्धि दर लगभग 12 प्रतिशत रही है। पिछले पाँच वर्षों में प्रदेश निर्धारित लक्ष्य 7.6 प्रतिशत से कहीं अधिक जाकर दहाई अंकों की विकास दर पर पहुँच गया है।

म.प्र. सरकार का खेती को फायदे का धंधा बनाने का संकल्प है,

जिससे किसानों को जिन मुश्किलों का सामना करना पड़ता है, उनसे उभरकर वे अधिक-से-अधिक खाद्यान्नों तथा अन्य फसलों का उत्पादन कर सकें। राष्ट्रीय स्तर पर कृषि आधारित प्राथमिक क्षेत्र की वृद्धि ढाई प्रतिशत थी। यहाँ लगातार ढाँचागत और किसान-केंद्रित सुधार किए गए हैं। जिनके चलते इस क्षेत्र में पिछले साल प्रदेश की प्रगति दर इतिहास में अभूतपूर्व और देश में सर्वाधिक 18 प्रतिशत रही है। ग्यारहवीं पंचवर्षीय योजना में भारत सरकार ने खेती के क्षेत्र में 4 प्रतिशत का लक्ष्य निर्धारित किया था। म.प्र. ने उसके दुगुने से भी ज्यादा यानी 9 प्रतिशत से अधिक कृषि विकास दर हासिल की। इस वर्ष एक और ऐतिहासिक निर्णय बिना ब्याज सहकारी ऋण उपलब्ध कराने का है। पिछले साल किसानों को रिकॉर्ड साढ़े सात हजार करोड़ रुपए का ऋण उपलब्ध कराया और इस साल साढ़े आठ हजार करोड़ रुपए के ऋण वितरण का लक्ष्य निर्धारित किया गया है। म.प्र. सरकार इसे दस हजार करोड़ रुपए तक पहुँचाएगी। किसान भाइयों को वास्तविक जरूरत के समय खाद की किल्लत से बचाने के लिए इस वर्ष खाद के ब्याज रहित अग्रिम उठाव की व्यवस्था की गई है। इस साल धान पर पचास रुपए प्रति क्विंटल बोनस को अब गेहूँ पर दिए जा रहे बोनस के समान बढ़ाकर सौ रुपए करने का निर्णय लिया गया है। इस साल 85 लाख मीट्रिक टन गेहूँ का रिकॉर्ड उपार्जन कई बाधाओं के बावजूद सफलतापूर्वक किया गया।

राज्य में सिंचाई परियोजनाओं के निर्माण में अभूतपूर्व गति लाई गई है। इस साल करीब 2 लाख हेक्टेयर अतिरिक्त रबी सिंचाई क्षमता निर्मित करने का प्रयास होगा। सरकार का यह भी संकल्प है कि निर्मित सिंचाई क्षमता और वास्तविक सिंचाई के अंतर को कम किया जाए। पिछले साल राज्य में 22 लाख हेक्टेयर से अधिक क्षेत्र में सकल सिंचाई का कीर्तिमान स्थापित हुआ है।

राज्य के लगभग सभी अंचलों में सिंचाई की परियोजनाएँ, जो कई दशकों से अधूरी पड़ी हुई थीं, उन्हें युद्ध स्तर पर पूरा करने का काम किया

गया है। चंबल क्षेत्र में कमांड एरिया के आखिरी छोरों तक पानी पहुँचाया गया है। बाणसागर का पानी सीधी, सतना एवं रीवा जिलों में और बरियापुर बाँध का पानी छतरपुर-पन्ना जिलों में सिंचाई क्षमता का विस्तार करेगा। बरगी डायवर्जन परियोजना में 104 किलोमीटर की नहरें बनाई जा चुकी हैं। इस कार्य के पूरा होते ही महाकौशल एवं विंध्य क्षेत्र को लाभ मिलेगा। माही परियोजना से धार और झाबुआ तथा राजीव सागर परियोजना से बालाघाट के आदिवासी अंचलों को लाभ मिलेगा। मालवा क्षेत्र में सिंचाई, नगरीय एवं ग्रामीण क्षेत्रों में पेयजल तथा औद्योगिक प्रयोजनों के लिए पानी की व्यवस्था करने के लिए नर्मदा का पानी क्षिप्रा नदी में पहुँचाकर मालवांचल की आवश्यकताओं की पूर्ति का कार्य शीघ्र प्रारंभ किया जाएगा।

प्रदेश में बिजली की बढ़ती हुई माँग की पूर्ति के लिए बिजली उत्पादन में वृद्धि की जा रही है। पिछले साढ़े आठ वर्षों में बिजली उत्पादन क्षमता में 4 हजार मेगावाट से अधिक की वृद्धि हुई है। निजी क्षेत्र को नवकरणीय ऊर्जा विकास हेतु प्रोत्साहित करने के लिए नई नीति बनाई गई है। मध्य प्रदेश पहला राज्य होगा, जहाँ सौर ऊर्जा एवं ऊर्जा की बचत करनेवाले उत्पादों को सुगमता से उपलब्ध कराने के लिए प्रत्येक ब्लॉक स्तर पर 'अक्षय ऊर्जा शॉप' खोली जा रही है। नीमच, मंदसौर, राजगढ़, श्योपुरकलाँ एवं रीवा जिलों में 'सौर ऊर्जा पार्क' स्थापित करने की कार्यवाही की जा रही है। देश का सबसे बड़ा सौर ऊर्जा संयंत्र नीमच जिले में निर्माणाधीन है।

आर्थिक विकास में तेजी लाने तथा बढ़ती जनसंख्या को आजीविका उपलब्ध कराने के उपाय केवल कृषि सेक्टर पर ही आधारित नहीं हो सकते। इस बोझ को घटाने के लिए जरूरी है कि राज्य में औद्योगिक विकास को गति प्रदान की जाए। उद्योगों के जरिए राज्य के युवाओं को रोजगार के बढ़े हुए अवसर उपलब्ध कराने की नीति के तहत निवेश बढ़ाने का हमारा संकल्प रंग ला रहा है। आज सभी देख रहे हैं कि हमारा प्रदेश देश में औद्योगिक निवेश के नए केंद्र के रूप में उभर रहा है। राज्य की उद्योग-मित्र नीतियों को

निवेशकों द्वारा सराहा जा रहा है। सूचना प्रौद्योगिकी, दवाई, सीमेंट, फूड-प्रोसेसिंग, कपड़ा, ऑटोमोबाइल और ऊर्जा के क्षेत्रों में देश की जानी-मानी कंपनियाँ निवेश कर रही हैं। राज्य में तीन हजार करोड़ रुपए से भी अधिक लागत से 27 नए औद्योगिक क्षेत्रों की स्थापना का निर्णय लिया गया है। अक्तूबर 2012 में इंदौर में 'ग्लोबल इन्वेस्टर्स सम्मिट' का आयोजन किया जा रहा है।

सरकार ने अधोसंरचना की कमियों का चिह्नांकन अतीत की गलतियाँ निकालने के लिए नहीं, बल्कि भविष्य का रोडमैप तैयार करने की दृष्टि से किया है। सरकार अपने संकल्पों को पूरा करने के लिए व्यवस्था में बुनियादी परिवर्तन कर रही है। राज्य में नई सड़कों का जाल बिछाया गया है। अब तक ग्रामीण एवं शहरी क्षेत्रों में 80 हजार किलोमीटर से अधिक सड़कों का निर्माण एवं उन्नयन किया जा चुका है।

ग्रामीण क्षेत्रों में नगरों के समान सुविधाएँ प्रदान करने के लिए हम एक विशिष्ट रणनीति पर कार्य कर रहे हैं। सड़क, बिजली, पेयजल, आवास, नालियाँ और शौचालय आदि आधारभूत सुविधाएँ मुहैया कराए बिना ग्रामीणों के जीवन स्तर को बेहतर नहीं बनाया जा सकता। इसलिए गाँवों में नाली सहित आंतरिक सड़कें बनाने के लिए 'पंच परमेश्वर योजना' लागू की गई है। इसके अंतर्गत ग्राम पंचायतों को जनसंख्या के आधार पर एकमुश्त राशि मिलेगी। पिछले साल 1473 करोड़ रुपए जारी किए गए थे, जबकि इस वर्ष 19 सौ करोड़ रुपए का लक्ष्य रखा गया है। आँगनवाड़ियों तथा सभी ग्राम पंचायतों के लिए भवन उपलब्ध कराने पर बल दिया जाएगा।

ग्रामीण क्षेत्रों में पानी लाने के लिए, विशेषकर महिलाओं को लंबी दूरी तक जाना पड़ता है। यह स्थिति बहुत पीड़ादायी है। 'मुख्यमंत्री ग्रामीण पेयजल योजना' में अब घर-घर में नल कनेक्शन लगाने की योजना है। 'मुख्यमंत्री पेयजल योजना' के तहत प्रदेश में लगभग 800 योजनाएँ पूरी कर ली गई हैं। ग्राम स्तर की सामूहिक पेयजल परियोजनाओं को गति देने के

लिए मध्य प्रदेश जल निगम का गठन किया गया है।

अनुसूचित जाति एवं जनजाति के आवासहीन परिवारों के लिए 'मुख्यमंत्री अंत्योदय आवास योजना' के तहत शत-प्रतिशत अनुदान पर साढ़े पाँच हजार मकान अत्यंत गरीब परिवारों को दिए गए हैं। 'मुख्यमंत्री आवास मिशन' के अंतर्गत बैंक ऋण और अनुदान के साथ 21 हजार मकान बनाए जा रहे हैं। ग्रामीण क्षेत्रों में घरों में 24 घंटे तथा खेती के लिए 8 घंटे गुणवत्तापूर्ण बिजली देने के लिए 6 हजार से ज्यादा फीडरों के विभाजन का कार्य बहुत तेजी से आगे बढ़ रहा है। राजस्व अधिनियमों में परिवर्तन कर दखल रहित भूमि और कुछ निजी भूमियों पर गरीबों द्वारा बनाए गए मकानों को पट्टे देने का फैसला भी किया गया है।

स्वाधीनता के 65 वर्ष पूरे होने के बाद भी खुले में शौच की स्थिति पीड़ादायी है। हमारी माताओं, बहनों और बेटियों के सम्मान की रक्षा के लिए राज्य में 'मर्यादा अभियान' की शुरुआत कर दी गई है। पहले चरण में सरकार का लक्ष्य 15 लाख ग्रामीण घरों में शौचालय बनाने का है।

सरकार शहरों के स्वरूप में मूलभूत परिवर्तन लाना चाहती है। इस उद्देश्य से एक महत्त्वाकांक्षी कार्यक्रम तैयार कर 'मुख्यमंत्री शहरी अधोसंरचना विकास योजना' प्रारंभ की गई है। इसके तहत सवा सौ करोड़ रुपए की योजनाओं के कार्य प्रारंभ हो गए हैं। 'मुख्यमंत्री शहरी पेयजल योजना' में 132 करोड़ रुपए की राशि से 37 शहरों की योजनाएँ प्रारंभ की जा रही हैं। प्रदेश की जीवनदायिनी नर्मदाजी का जल सदैव निर्मल बना रहे, यह सुनिश्चित करने के लिए हमने तट पर स्थित नगरों के लिए कार्ययोजना बनाई है। प्रदेश में शहरी स्वच्छता कार्यक्रम भी शुरू किया गया है।

म.प्र. सरकार ने उस सामाजिक स्थिति से लड़ने का भी संकल्प लिया है, जहाँ बेटी को बोझ समझा जाता है। देश और प्रदेश का विकास महिलाओं के विकास के बिना संभव नहीं है। नारी न केवल परिवार की, बल्कि पूरे समाज की धुरी है। हम आस्था को आचरण में उतारना चाहते हैं। 'यत्र

नार्यस्तु पूज्यन्ते रमन्ते तत्र देवताः।' राज्य का 'बेटी बचाओ अभियान' कन्या भ्रूण हत्या के खिलाफ जनमानस को तैयार करने का अनूठा अभियान है। हमारी 'लाड़ली लक्ष्मी योजना' के पाँच वर्ष पूरे हो गए हैं। अभी तक 13 लाख से अधिक बेटियों को 'लाड़ली लक्ष्मी योजना' में लखपति बनाया जा चुका है। देश के कई राज्यों ने भी इस योजना को अपनाया है। गरीब परिवारों की बेटियों के विवाह की 'मुख्यमंत्री कन्यादान योजना' और 'मुख्यमंत्री निकाह योजना' जन-जन में अत्यंत लोकप्रिय हुई है।

सरकार प्रदेश में शिक्षा के विस्तार के साथ ही गुणवत्तापूर्ण और रोजगारोन्मुखी शिक्षा पर बल देना चाहती है। मेरा दृढ़ विश्वास है कि शिक्षा का उद्देश्य ज्ञान देना, कौशल देना और नागरिकता के संस्कार देना होना चाहिए। मध्य प्रदेश निःशुल्क एवं अनिवार्य बाल शिक्षा अधिकार अधिनियम के प्रावधानों को लागू करने में देश में अग्रणी रहा है। भारत सरकार द्वारा प्रदेश के मॉडल की सराहना करते हुए अन्य राज्यों को भी इसका अनुसारण करने को कहा गया है। इस कानून के तहत प्राइवेट स्कूलों में वंचित समूहों और कमजोर वर्ग के बच्चों के लिए आरक्षित सीटों पर इस वर्ष अब तक एक लाख 38 हजार बच्चों को प्रवेश दिया गया है। सर्वशिक्षा अभियान के तहत प्रदेश में एक लाख से अधिक शिक्षकों के पद स्वीकृत कर नियुक्तियाँ की जा रही हैं। बेटियों के साथ बेटों को भी निःशुल्क साइकिलें और गणवेश देना प्रारंभ किया गया है। इसमें 8 लाख से अधिक बेटी-बेटे लाभान्वित हुए हैं।

ग्रामीण एवं दूरस्थ अंचल तक उच्च शिक्षा के विस्तार के तहत प्रदेश में 43 नए महाविद्यालय प्रारंभ किए गए हैं। वर्तमान में शासकीय अशासकीय महाविद्यालयों की संख्या बढ़कर एक हजार से अधिक हो गई है, जिनमें लगभग 10 लाख विद्यार्थी उच्च शिक्षा प्राप्त कर रहे हैं। यह साल गुणवत्ता विस्तार वर्ष घोषित किया गया है।

महाविद्यालयों में नए रोजगारमूलक पाठ्यक्रमों को प्रारंभ करने की

तैयारी की जा रही है। राज्य में शीघ्र ही 'अटल बिहारी वाजपेयी हिंदी विश्वविद्यालय' तथा 'बौद्ध विश्वविद्यालय' की स्थापना की जाएगी।

राज्य में अनुसूचित जातियों और जनजातियों के शैक्षणिक और आर्थिक उत्थान के लिए अनेक अभिनव योजनाओं का संचालन किया जा रहा है। इस शैक्षणिक सत्र में प्री-मैट्रिक और पोस्ट मैट्रिक छात्रावास खोले जाने से लगभग 15 हजार अतिरिक्त छात्र-छात्राओं को आवासीय सुविधा का लाभ मिलेगा। इन वर्गों के 25 हजार विद्यार्थियों को इसी साल रोजगारमूलक प्रशिक्षण दिया जाएगा। प्रदेश के समस्त जिला मुख्यालयों पर सौ सीटर पोस्ट मैट्रिक छात्रावास अल्पसंख्यकों तथा पिछड़े वर्गों के लिए खोलने का निर्णय लिया है। इन वर्गों के लिए 21 छात्रावासों का निर्माण कार्य चल रहा है। गत वर्ष अनुसूचित जाति वर्ग के लगभग 23 लाख, अनुसूचित जनजाति वर्ग के 29 लाख, अल्पसंख्यक वर्ग के डेढ़ लाख तथा अन्य पिछड़ा वर्ग के लगभग 36 लाख विद्यार्थियों को छात्रवृत्ति दी गई। इसके अतिरिक्त सामान्य निर्धन वर्ग के पौने तीन लाख से भी अधिक विद्यार्थियों को छात्रवृत्ति दी गई है।

राज्य शासन का संकल्प है कि हमारे सभी बच्चों को शिक्षा के साथ-साथ कम-से-कम एक कौशल में प्रशिक्षण का अवसर मिल सके। इससे उन्हें अपना व्यवसाय स्थापित करने के साथ देश-विदेश में भी रोजगार के अवसर मिल सकेंगे। इस उद्देश्य से राज्य स्तर पर 'कौशल विकास मिशन' स्थापित किया गया है। इस महत्त्वाकांक्षी मिशन के तहत आगामी वर्षों में 15 लाख युवाओं को कौशल उन्नयन का प्रशिक्षण देने का लक्ष्य है। उद्योगों के अलावा स्वास्थ्य, आई.टी., पर्यटन आदि क्षेत्रों में प्रशिक्षण के लिए प्रथम चरण में 113 विकास खंडों में 'कौशल विकास केंद्र' स्थापित किए गए हैं। इसी तरह आई.टी.आई. विहीन जिलों में नए आई.टी.आई. तथा अन्य जिलों में इनका उन्नयन कर कम-से-कम छह ट्रेड्स में प्रशिक्षण का लक्ष्य है। महिलाओं को उनके पसंदीदा ट्रेड्स में प्रशिक्षण दिया जाएगा। प्रदेश के पॉलीटेक्निक कॉलेजों का भी उन्नयन किया जा रहा है।

प्रदेश में खेलों एवं खिलाड़ियों के विकास के लिए 136 करोड़ रुपए के रिकॉर्ड बजट के साथ विभिन्न योजनाएँ संचालित की जा रही हैं। प्रथम बार प्रदेश के 6 खिलाड़ियों का लंदन ओलंपिक के 'प्री-ओलंपिक क्वालिफाइंग राउंड' के लिए चयन हुआ। इस वर्ष स्थानीय खेलों को बढ़ात्रा देने के उद्देश्य से जबलपुर में तीरदांजी केंद्र खोलने की योजना है।

सार्वजनिक स्वास्थ्य, बीमारियों की रोकथाम तथा इलाज राज्य सरकार की सर्वोच्च प्राथमिकता है। आर्थिक अभाव में नागरिकों को लाचारी का सामना न करना पड़े, इस ओर प्रभावी कदम उठाए गए हैं। 'दीनदयाल अंत्योदय उपचार योजना' के अंतर्गत अब तीस हजार रुपए तक का खर्च सरकार द्वारा वहन किया जाएगा। स्वस्थ एवं समृद्ध प्रदेश के लिए 'संपूर्ण स्वास्थ्य सबके लिए' कार्ययोजना लागू की गई है। इस योजना का लक्ष्य शिशु और मातृ मृत्युदर, सकल प्रजनन दर और महिलाओं में रक्त अल्पता में कमी लाना है। योजना की पहली कड़ी के रूप में प्रत्येक ग्राम में 'ग्राम आरोग्य केंद्र' की स्थापना की गई है। प्रदेश में एक जुलाई 2011 से प्रारंभ मुख्यमंत्री बाल हृदय उपचार योजना से अब तक लगभग दो हजार बच्चों को लाभ मिला है। प्रदेश में 148 नए आयुष औषधालय खोले जाने का निर्णय लिया गया है। 108 एंबुलेंस सेवा का विस्तार भी सभी पचास जिलों में किया जाएगा।

राज्य की वन-संपदा का संरक्षण एवं उसका संतुलित दोहन सरकार का लक्ष्य है। हम वन और वनवासियों के सदियों से चले आए पारस्परिक जीवन संबंधों का उपयोग वन-संरक्षण में कर रहे हैं। इस वर्ष तेंदूपत्ता संग्राहकों का पारिश्रमिक 650 रुपए से बढ़ाकर 750 रुपए प्रति मानक बोरा किया गया है। बाँस के दोहन से होनेवाले शुद्ध लाभ का शत-प्रतिशत भुगतान अब बाँस कटाई में लगे श्रमिकों को किया जाएगा। प्रदेश में वनाधिकार पत्रों को बाँटने का काम सफलता के साथ किया गया है। फिर भी एक बार अमान्य किए गए दावों की सूक्ष्म जाँच फिर से करने का निर्णय लिया गया है, ताकि

वनवासियों के हितों की संपूर्ण रक्षा हो सके। आदिवासियों को दी गई जमीनों से उनकी सम्यक् आय सुनिश्चित करने के लिए उन्हें जरूरी आदानों और सिंचाई साधनों की भी पूर्ति की जाएगी। लघु वनोपजों, जैसे अचार गुठली, महुआ फूल, महुआ गुल्ली, करंज बीज आदि को न्यूनतम समर्थन मूल्य पर खरीदने की व्यवस्था के कारण अच्छे दाम मिल रहे हैं।

सफल मानव जीवन की प्राप्ति के लिए भौतिक सुविधाओं के साथ आध्यात्मिक शांति की भी आवश्यकता है। इसी दिशा में एक अभिनव कदम उठाते हुए राज्य के सभी वरिष्ठ नागरिकों को तीर्थयात्रा कराने के लिए 'मुख्यमंत्री तीर्थदर्शन योजना' लागू की गई है। तीर्थयात्रा की पहली ट्रेन 3 सितंबर को भोपाल से रामेश्वरम् के लिए रवाना होगी। इसमें एक हजार बुजुर्ग शामिल होंगे। प्रदेश के धार्मिक, ऐतिहासिक और पुरातत्त्विक महत्त्व के स्थलों का भी विकास किया जा रहा है।

सरकार का विश्वास है कि योजनाएँ बनाने में समुदाय की सीधी भागीदारी सुनिश्चित करके ही समावेशी विकास का स्वप्न पूरा किया जा सकता है। इसलिए पूर्व वर्षों की भाँति इस वर्ष वकीलों, विद्यार्थियों, फेरीवालों, मछुआरों और वरिष्ठ नागरिकों की पंचायतें मुख्यमंत्री निवास पर आयोजित की गईं। समाज के विभिन्न वर्गों की पंचायतों का यह सिलसिला लगातार जारी रहेगा।

सुशासन की दिशा में म.प्र. सरकार के प्रयासों ने व्यापक राष्ट्रीय और अंतरराष्ट्रीय सराहना अर्जित की है। नागरिकों को समय पर सेवाएँ देने के लिए बनाए गए 'मध्य प्रदेश लोक सेवा गारंटी अधिनियम' को अब अंतरराष्ट्रीय मान्यता मिल चुकी है। इस अधिनियम के तहत अब तक सवा करोड़ नागरिकों के आवेदनों का निराकरण हो चुका है। 'संयुक्त राष्ट्र लोक सेवा दिवस' पर मध्य प्रदेश को संयुक्त राष्ट्र का 'इंप्रूविंग द डिलीवरी ऑफ पब्लिक सर्विसेज' श्रेणी में पुरस्कार प्राप्त हुआ है। विकास खंड स्तर पर भी 'लोक सेवा केंद्रों' की स्थापना निजी भागीदारी से हो रही है। सुशासन की एक महती आवश्यकता आज के युग में ई-शासन से पूरी होती है। हमारे प्रदेश में सूचना प्रौद्योगिकी

का उपयोग पारदर्शिता, कार्यक्षमता और नागरिक सुविधाओं को बढ़ाने के उद्देश्य से किया जा रहा है। ई-टेंडरिंग, ई-मेजरमेंट, ई-भुगतान एवं खाद्यान्न की ई-उपार्जन व्यवस्था के जरिए सूचना प्रौद्योगिकी का उपयोग जनहित एवं प्रशासकीय दक्षता बढ़ाने के लिए किया जा रहा है। भ्रष्टाचार पर प्रभावी नियंत्रण के लिए इस तरह के मामलों में शीघ्र फैसले हेतु भोपाल, इंदौर, ग्वालियर और जबलपुर में 8 विशेष न्यायालयों की स्थापना की गई है। इनके लिए न्यायाधीश और उनके अमले के पद अलग से मंजूर किए गए हैं। राज्य में फास्ट ट्रेक न्यायालयों की अवधि भी बढ़ा दी गई है।

एक अत्यंत महत्त्वपूर्ण संकल्प बेहतर सुरक्षा और कानून व्यवस्था सुनिश्चित करने का है। पहले जो प्रदेश डाकुओं के आतंक से त्रस्त था, आज वही देश में शांति के टापू के रूप में जाना जा रहा है। प्रदेश में सांप्रदायिक सद्भाव और शांति सुनिश्चित की गई है। नक्सली आतंक को प्रदेश में न पनपने देने के लिए विशेष सतर्कता बरती जा रही है। चार वर्ष पूर्व गठित 'हॉक फोर्स' की संख्या को तीन गुना कर दिया गया है। दस्यु प्रभावित क्षेत्रों में डकैतों का सफाया कर दिया गया है। महिलाओं संबंधी अपराधों की रोकथाम, यातायात प्रबंधन और अन्य अपराधों पर नियंत्रण के लिए आवश्यकतानुसार पद स्वीकृत किए जा रहे हैं। हमारी सरकार ने पुलिस कर्मियों की आवासीय समस्या के निराकरण के लिए दस हजार मकान बनाने का निर्णय लिया है। इसके साथ ही पुलिस कर्मियों के मकानों की मरम्मत के लिए भी राशि उपलब्ध कराई जा रही है।

प्रदेश में विशेष सुरक्षा बलों के विशिष्ट प्रशिक्षण की राष्ट्रीय स्तर की कोई संस्था नहीं थी। अतः आपात परिस्थितियों से निपटने के प्रशिक्षण हेतु अत्याधुनिक और व्यावसायिक रूप से दक्ष एक विशिष्ट प्रशिक्षणशाला की स्वीकृति दी गई है। पुलिस का मनोबल बढ़ाने के लिए और किए गए उत्कृष्ट कार्यों को मान्यता देने के लिए शीघ्र ही 'मुख्यमंत्री पुरस्कार' एवं पदक दिए जाएँगे। वनवासी एवं कमजोर वर्गों पर हो रहे अपराधों पर नियंत्रण

की दिशा में उत्कृष्ट कार्य करने के लिए 'टंट्या भील पुरस्कार' और महिला अपराधों पर नियंत्रण के क्षेत्र में उत्कृष्ट कार्य करने के लिए 'रानी लक्ष्मीबाई पुरस्कार' दिया जाएगा।

मैं इस अवसर पर पुलिस, होमगार्ड और राजस्व अमले सहित उन सभी प्रशासनिक अधिकारियों और कर्मचारियों को विशेष रूप से बधाई देना चाहता हूँ, जिन्होंने अभी हाल में बाढ़ राहत में आम आदमी के जान-माल की रक्षा के लिए अनुकरणीय कर्तव्यपरायणता का परिचय दिया। मुझे पूरा भरोसा है कि आगे भी वे आम नागरिकों के साथ कंधे-से-कंधा मिलाकर सभी प्रकार की आपदाओं से कारगर रूप से निपटेंगे।

प्रदेश की विकास और प्रगति के पथ पर यात्रा निरंतर जारी है। स्वतंत्रता आंदोलन ने हमें राह दिखाई है कि कैसे स्वप्न देखें, उसे संकल्प में बदलें, उसे पूरा करने के लिए संघर्ष करें और उपलब्धियों के शिखर पर पहुँचें। आजादी का संग्राम किस जोश और जज्बे से लड़ा गया, प्रदेश के विकास के लिए भी उसी किस्म का जुनून जरूरी है। अपनी एकाग्रता को खंडित किए बिना सरकार अपनी मंजिल की ओर बढ़ती रहेगी और उसे हासिल करके ही चैन की साँस लेगी। राष्ट्रकवि रामधारी सिंह 'दिनकर' ने कहा है—

'चाहे जो भी फसल उगा ले,
तू जलधार बहाता चल।
जिसका भी घर चमक उठे,
तू मुक्त प्रकाश लुटाता चल।'

□

म.प्र. स्थापना दिवस

आज का दिन अत्यंत आनंद का दिन है। आज के दिन ही मध्य प्रदेश का गठन हुआ था। मध्य प्रदेश के स्थापना दिवस की इस वर्षगाँठ पर सरकार 'आइए अपना मध्य प्रदेश बनाएँ' अभियान शुरू कर रही है। पूरब से पश्चिम और उत्तर से दक्षिण तक फैले देश के नाड़ी तंत्र का केंद्र मध्य प्रदेश है। इस अभियान में सरकार का उद्‌देश्य है कि मध्य प्रदेश के हर निवासी में, भले ही वह भारत के अन्य प्रदेशों या विश्व के विभिन्न क्षेत्रों में निवासरत हो, अपने प्रदेश के प्रति गर्व, अपनत्व और इसके विकास में योगदान देने की ललक पैदा हो। आज का दिन मध्य प्रदेश को समृद्ध और विकसित राज्य बनाने के लक्ष्य को हासिल करने के लिए स्वयं को पुनर्संकल्पित करने का दिन है।

म.प्र. में प्रकृति और संस्कृति, दोनों के सौंदर्य की बहुरंगी संपदा बिखरी पड़ी है। सतपुड़ा और विंध्याचल की पर्वत-शृंखलाओं से लेकर नर्मदा, क्षिप्रा, चंबल, ताप्ती, वेत्रवती आदि पवित्र नदियाँ यहाँ हैं। भारत में प्रकृति ने हीरा केवल मध्य प्रदेश को दिया। देश का सबसे बड़ा वनक्षेत्र यहाँ है। साँची, खजुराहो, भीमबेटका के रूप में म.प्र. के पास तीन विश्व धरोहरें हैं। सरकार के सामने इस प्राकृतिक और सांस्कृतिक संपन्नता का आदर्श उपयोग तय करने की चुनौती है, ताकि प्रदेश का प्रत्येक नागरिक भी संपन्न हो सके। म.प्र. सरकार ने विकास किया है, लेकिन उन्नति और प्रगति की बहुत सी संभावनाएँ अभी खुली हुई हैं।

प्रदेश को विकसित राज्यों की अग्र पाँत में ले जाकर खड़ा करने के लिए व्यापक सर्वानुमति तैयार किए जाने की जरूरत है। मध्य प्रदेश में राजनीतिक सौजन्य की एक लंबी परंपरा रही है। जब भी विकास की बात आती है तो सब राजनीतिक दल एक हो जाते हैं। मध्य प्रदेश बनाने का जो अभियान आरंभ किया जा रहा है, वह विकास में सबकी भागीदारी सुनिश्चित करने की पहल है। जो जहाँ, जिस भूमिका में है, वह वहाँ अपने प्रदेश के प्रति अपने-अपने कर्तव्यों को पूरा करे। सरकार और समाज के साथ खड़े होने से ही प्रदेश के नवनिर्माण के सपने को साकार किया जा सकता है। सार्थक सामाजिक और आर्थिक अधोसंरचनाएँ विकसित करना सरकार और समाज दोनों का मिला-जुला काम है। इसमें प्रत्येक नागरिक को एक सक्रिय भूमिका निभानी है। हर नागरिक अपनी ऊर्जा का सकारात्मक उपयोग करे, अधिकारों से ज्यादा कर्तव्यों के प्रति सजगता और संवेदनशीलता दरशाए, तो लक्ष्य हासिल करना कठिन नहीं होगा। आवश्यकता सिर्फ यह है कि उन सब कारणों, कर्कशताओं और कड़वाहटों को मिटा दिया जाए, जो समाज को बाँटती और विकास की रफ्तार को मंद करती हैं।

इस अभियान के तहत राज्य को अपनी संपदाओं का संरक्षण और संसाधनों का संतुलित उपयोग करना होगा। जहाँ हरियाली को बचाना है, वहीं उसे बढ़ाना भी है। इस हेतु हर एक को वृक्षारोपण से जुड़ना होगा। जल-संरक्षण भी हमारी सामूहिक जवाबदारी है। यही बात बिजली बचाने पर भी लागू होती है। अपने आस-पास के परिवेश को स्वच्छ रखने, नदियों तथा सरोवरों को स्वच्छ रखने के आदर्शों का पालन करना होगा। अपने पर्यावरण, अपने जंगलों, झीलों, वन्य जीवन की सुरक्षा और समृद्धि के लिए कटिबद्ध होना होगा। नशा आज हमारे सामाजिक जीवन का कलंक बन गया है, इसलिए नशा-मुक्ति के वास्ते भी सबको मिलकर मुहिम चलानी है।

सरकार सिर्फ सामाजिक महत्त्व के कार्यों की ओर ही इस अभियान में आपके सहकार को आमंत्रित नहीं कर रही है, बल्कि पारिवारिक जिम्मेदारियों

की ओर भी आपका ध्यान इसलिए खींचना चाहती है कि परिवार ही समाज की इकाई है। सभी को स्मरण रखना होगा कि बच्चों की शिक्षा और स्वास्थ्य पर ध्यान देने एवं बेटी का बिना किसी भेदभाव के पालन करने से परिवार सुखी एवं समृद्ध होगा। ऐसा परिवार ही उन्नत और विकसित प्रदेश की नींव बन सकता है।

'अपने मध्य प्रदेश' के सर्वांगीण विकास के हम सबके साझे सपने को मूर्त रूप देने के इस अभियान में सहभागी बनने के लिए आप सबका आह्वान है। आइए, हम सब मिलकर अपने प्रदेश के नवनिर्माण का संकल्प लें।

□

सरदार पटेल : एक स्वप्न

प्रिय बहनो और भाइयो,

स्वतंत्रता की 62वीं वर्षगाँठ पर सभी को शुभकामनाएँ। शहीदों के बलिदान और देशवासियों के परिश्रम से आज के दिन आजादी हासिल की थी। यह मात्र राजनैतिक स्वतंत्रता का संघर्ष नहीं था, बल्कि भारत की सामाजिक, आर्थिक और नैतिक उन्नति की मूलभूत आवश्यकता थी। स्वतंत्रता सच्चे अर्थों में तभी सार्थक होगी, जब हम समाज के अंतिम छोर पर खड़े व्यक्ति के जीवन की बुनियादी जरूरतें पूरी कर सकेंगे।

आजादी की वर्षगाँठ हमारे लिए सिर्फ अतीत को देखने का अवसर ही नहीं, बल्कि भविष्य में झाँकने तथा उसके निर्माण की परिकल्पना का मौका भी है। जनता की आकांक्षाएँ और आवश्यकताएँ प्रजातंत्र की आधारशिला हैं। इसीलिए हमने शासन की नीतियों एवं कार्यक्रमों में जनता को सहभागी बनाया है। म.प्र. सरकार की असली शक्ति जनता है और इस शक्ति का प्रदेश के विकास में भरपूर उपयोग किया जाएगा। सरकार ने समाज के विभिन्न वर्गों की पंचायतों का आयोजन कर उनके कल्याण की योजनाएँ बनाई हैं। इस पद्धति को निरंतर रखा जाएगा। इसी शृंखला में अगली कड़ी पंचायत घरों में जाकर काम करनेवाली बहनों के लिए पंचायत आयोजित की जाएँगी।

विधानसभा चुनाव 2008 के जनादेश ने विकास और जनकल्याण के सरकार के संकल्प को और मजबूत किया है। सरकार अनेक मोरचों पर

अल्प अवधि में उत्कृष्ट काम किया है। कठिन परिस्थितियों के बावजूद प्रदेश की आर्थिक वृद्धि पर वर्ष 2006-07 के 4.75 प्रतिशत से बढ़कर वर्ष 2008-09 में 5.57 प्रतिशत हो गई, जबकि देश की वृद्धि दर इसी अवधि में 9.75 प्रतिशत से घटकर 6.70 प्रतिशत रही। यह आयोजना और पूँजीगत व्यय में की गई वृद्धि का ही परिणाम है कि प्रदेश की अधोसंरचना में व्यापक सुधार आया है। लेकिन मैं यह भी जानता हूँ कि अभी बहुत कुछ करना बाकी है। कुपोषण, मातृ और शिशु मृत्यु-दर की अधिकता व्यथित करती हैं। ये चुनौतियाँ हमें अपने प्रयासों को और एकाग्र तथा सघन बनाने के लिए प्रेरित करती हैं। इस वर्ष बारिश की कमी से प्रदेश में जहाँ एक ओर फसलों के सूखने की स्थिति निर्मित हुई है, वहीं बिजली के उत्पादन पर भी अत्यंत विपरीत प्रभाव पड़ा है। इस समस्या से प्रदेश ही नहीं, बल्कि संपूर्ण देश जूझ रहा है। ऐसी स्थिति में धैर्य और उद्यम, दोनों की आवश्यकता है।

राज्य सरकार ने 7 सर्वोच्च प्राथमिकताओं—अधोसंरचना विकास, खेती को लाभ का धंधा बनाना, महिला सशक्तीकरण, निवेश-वृद्धि, सुशासन, स्वास्थ्य एवं शिक्षा का विकास और बेहतर कानून व्यवस्था पर प्रभावी कारवाई के लिए 7 कार्यदल बनाए थे, जिनकी अनुशंसाओं पर कार्यवाही शुरू की जा चुकी है। सुशासन के लिए सरकार नई कार्य संस्कृति विकसित कर रही है। प्रशासन के विभिन्न स्तरों पर जनसुनवाई के अच्छे नतीजे सामने आए हैं। आइडियाज फॉर सी.एम., समाधान ऑन लाइन, समाधान एक दिन, लोक कल्याण शिविर, जनदर्शन और कॉल सेंटर जैसे कार्यक्रम जनसमस्याओं के निराकरण में कारगर सिद्ध हुए हैं।

अधोसंरचना विकास की हमारी कोशिशों से परिवर्तन साफ दिखाई देने लगा है। पिछले पाँच साल में सरकार ने चालीस हजार किलोमीटर से अधिक लंबाई की सड़कें बनाईं। इस साल चौदह हजार किलोमीटर सड़कें बनाई जाएँगी। बी.ओ.टी. योजना के अंतर्गत अठारह बड़े मार्गों का निर्माण किया जा चुका है, जो देश में सर्वाधिक है। म.प्र. के सड़क निर्माण प्रादर्श को अब

देश के अन्य राज्यों में भी अपनाया जा रहा है। सरकार का लक्ष्य सभी संभाग मुख्यालयों को चार लेन तथा जिला मुख्यालयों को दो लेन सड़कों से जोड़ना है।

पिछले पाँच सालों में साढ़े सात लाख हेक्टेयर से अधिक नई सिंचाई क्षमता निर्मित की है। मान, जोबट, राजघाट नहर जैसी वृहत् परियोजनाएँ एवं मड़ीखेड़ा तथा बाणसागर जैसे वृहत् बाँध पूर्ण किए। लोअरगोई, पुनासा लिफ्ट, पेंच, गणेशपुरा, बानसुजारा, कालीसिंध एवं एसाहा जैसी वृहत् परियोजनाएँ स्वीकृत कीं। इस वर्ष नर्मदा घाटी विकास एवं जल संसाधन को मिलाकर लगभग 2,500 करोड़ रुपए का बजट प्रावधान किया गया है। निर्मित क्षमता के पूर्ण उपयोग हेतु कमांड एरिया विकास का कार्यक्रम भी हाथ में लिया गया है। प्रदेश के किसानों की उत्पादक क्षमता बढ़ाने के लिए सिंचाई के व्यापक विस्तार का कार्यक्रम इसी गति से निरंतर जारी रहेगा और अगले पाँच वर्षों में सरकार 7 लाख हेक्टेयर से अधिक सिंचाई क्षमता का निर्माण करेगी। 'राष्ट्रीय ग्रामीण रोजगार योजना' के अंतर्गत इस वर्ष 1,265 करोड़ रुपए की लागत से 4000 से अधिक सिंचाई कार्य किए जाना प्रस्तावित है। 'जलाभिषेक कार्यक्रम' के अंतर्गत सात लाख से अधिक जल संरक्षण संरचनाएँ प्रदेश में निर्मित हुई हैं। सरकार ने प्रदेश के तालाबों, बावड़ियों, कुओं और अन्य जल-स्रोतों के संरक्षण का कार्य जन भागीदारी से किया है। इस वर्ष इसकी शुरुआत भोपाल की बड़ी झील से की। यह मुहिम सतत जारी रखने की आवश्यकता है। प्रदेश के नागरिकों से आग्रह है कि वे इस अभियान में बड़ी भूमिका निभाएँ।

प्रदेश की विद्युत् उत्पादन इकाइयाँ पानी और कोयले की उपलब्धता पर निर्भर हैं। हमारी वर्तमान बिजली की समस्या का मूल कारण वर्षा की कमी एवं अपर्याप्त कोयला आपूर्ति हैं। पिछले साढ़े पाँच वर्षों में सरकार विद्युत् उत्पादन क्षमता 4825 मेगावाट से बढ़ाकर 8296 मेगावाट की है। 1200 मेगावाट की मालवा ताप विद्युत् परियोजना और 500 मेगावाट की सतपुड़ा

विस्तार परियोजना में कार्य प्रारंभ कर दिया गया है। 1500 मेगावाट की शहपुरा तथा 1320 मेगावाट की एन.एच.डी.सी. की ताप विद्युत् परियोजना की स्थापना की प्रारंभिक कार्यवाही की गई है। अमरकंटक और सतपुड़ा ताप विद्युत् गृह के नवीनीकरण का कार्य किया जा रहा है। तकनीकी हानि में कमी लाने, वोल्टेज की समस्या दूर करने और ग्रामीण क्षेत्रों के घरेलू एवं कृषि उपभोक्ताओं के लिए पृथक् फीडर बनाने का कार्य किया जा रहा है। 'कृषक राहत योजना' के लिए इस वर्ष 65 करोड़ रुपए का प्रावधान कर इसकी अवधि सितंबर तक बढ़ा दी गई है। इस योजना का गत वर्ष 4 लाख 12 हजार उपभोक्ताओं ने लाभ लिया है। प्रदेश वासियों कोपानी के साथ-साथ बिजली बचाने के प्रति भी गंभीर होना पड़ेगा। एक यूनिट बिजली बचाना, एक यूनिट बिजली बनाने के बराबर है। प्रदेश के नागरिकों के सक्रिय सहयोग से बिजली की चोरी और इसके अपव्यय को रोकने की एक बड़ी मुहिम शुरू करने का वक्त आ चुका है।

खेती को लाभ का धंधा बनाने के लिए राज्य सरकार प्रतिबद्ध है। सरकार 300 करोड़ रुपए का अग्रिम भुगतान कर विदेशों से डी.ए.पी. का आयात कर उसे समय पर किसानों को उपलब्ध कराया। बीज उत्पादन में भी मध्य प्रदेश देश में सर्वोच्च स्थान पर है। किसानों को डीजल एवं विद्युत् पंपों पर 10 हजार रुपए का अनुदान दिया जा रहा है। सभी 313 विकासखंडों को कंप्यूटर से सीधे जोड़ते हुए 'कृषि ज्ञान केंद्र' स्थापित किए गए हैं। राज्य में पहला 'कृषि आधारित कम्युनिटी रेडियो स्टेशन' सिरोंज में स्थापित किया गया है। किसानों को खेती, बागवानी, पशुपालन और मछली-पालन के संबंध में निःशुल्क जानकारी उपलब्ध कराने के लिए स्थापित 'किसान कॉल सेंटर' का लाभ अभी तक डेढ़ लाख से ज्यादा किसान ले चुके हैं। फसल बीमा के तहत अभी तक लगभग 37 लाख पात्र किसानों को लगभग 950 करोड़ रुपए की राशि का भुगतान किया गया है। एक लाख से अधिक खेत तालाब बनाए गए हैं। 32 लाख से अधिक किसानों को क्रेडिट कार्ड दिए गए हैं तथा गेहूँ उपार्जन के

लिए इस वर्ष भी समर्थन मूल्य पर अतिरिक्त बोनस दिया गया।

अनुसूचित जनजाति और अन्य परंपरागत वन निवासी अधिनियम के अंतर्गत लगभग 70 हजार पट्टे जारी कर हम देश में अग्रणी हैं। हमारे द्वारा अपनाई गई कार्य प्रणाली को भारत सरकार ने आदर्श माना है। यह वनवासी बहनों एवं भाइयों के कल्याण के प्रति हमारी प्रतिबद्धता का प्रत्यक्ष प्रमाण है। अनुसूचित जनजाति विकास के लिए वर्ष 2003-04 के लगभग 1,243 करोड़ रुपए के बजट को बढ़ाकर 4,387 करोड़ रुपए कर दिया गया है। बोर्ड की हाईस्कूल परीक्षा में अनुसूचित जाति वर्ग के बालक का प्रथम स्थान प्राप्त करना, इस वर्ग की शिक्षा की गुणवत्ता में सुधार के सकारात्मक प्रयासों का प्रमाण है। विशेष भरती अभियान में अकेले वर्ष 2008 में अनुसूचित जाति के 1571, अनुसूचित जनजाति के 3483 और अन्य पिछड़े वर्ग के 1112 समेत कुल 6166 पद भरे गए हैं। विशेष भरती कार्यक्रम के माध्यम से लगभग 750 व्यक्तियों को निजी क्षेत्र में रोजगार उपलब्ध कराया गया है। मेरा विश्वास है कि समाज के सभी वर्ग स्वतंत्रता को सार्थक करने के लिए सामाजिक न्याय के आदर्शों का अनुसरण करेंगे।

स्वतंत्रता संग्राम और देश के विकास में स्त्री शक्ति का भरपूर योगदान रहा है। बेटियाँ समाज में बोझ नहीं, वरदान हैं। महिलाओं और बच्चों के समग्र विकास एवं उन्हें कुपोषण से बचाने के लिए राज्य सरकार ने महिला एवं बाल विकास विभाग के बजट में पिछले वर्ष की तुलना में लगभग 80 फीसदी वृद्धि की है। वर्ष 2003 में मध्य प्रदेश में कुल 49 हजार 787 आँगनवाड़ी केंद्र स्वीकृत थे, जबकि अब ये 69 हजार 238 हैं। वर्ष के अंत तक इन केंद्रों की संख्या लगभग 90 हजार हो जाएगी। अब जहाँ भी एक साथ 40 बच्चे मिलेंगे, वहाँ समुदाय की माँग पर आँगनवाड़ी केंद्र खोला जाएगा। 'लाड़ली लक्ष्मी योजना' की सर्वत्र प्रशंसा हुई है। इस योजना से अब तक लगभग 3 लाख बेटियों को लाभ दिलाया गया है। इस वर्ष 276 करोड़ रुपए इस योजना में व्यय होंगे। 'मुख्यमंत्री कन्यादान योजना' अंतर्गत अब तक लगभग 90 हजार

कन्याओं के विवाह संपन्न हो चुके हैं। अब सभी पालकों की यह जिम्मेदारी है कि वे बेटियों के स्वास्थ्य, शिक्षा एवं व्यक्तित्व विकास पर ध्यान दें।

मातृ एवं शिशु दर कम करने के उद्देश्य से चलाई गई 'जननी सुरक्षा योजना' के कारण संस्थागत प्रसव 26 प्रतिशत से बढ़कर 78 प्रतिशत हो गया है। चिह्नित क्षेत्रों में नि:शुल्क आपातकालीन एंबुलेंस सेवा शुरू की गई है। गंभीर कुपोषित बच्चों के इलाज के लिए 150 'पोषण पुनर्वास केंद्र' स्थापित किए गए हैं। 'अंत्योदय उपचार योजना' के तहत हर अस्पताल में मरीजों की सहायता के लिए 'दीनदयाल काउंटर' की स्थापना की जा रही है। जिला अस्पतालों की 9000 शैयाओं को बढ़ाकर 13 हजार 400 कर दिया गया है। चिकित्सकों के रिक्त पद भरने के सभी संभव प्रयास निरंतर किए जा रहे हैं। 'राष्ट्रीय ग्रामीण स्वास्थ्य मिशन' के अंतर्गत 400 अतिरिक्त आयुष चिकित्सकों की भी नियुक्ति की जाएगी।

'स्कूल चलें हम' अभियान के द्वारा हमने शिक्षा को समाज का प्रथम सरोकार बनाने की कोशिश की है। 'कोई बच्चा छूट न पाए, हर बच्चा स्कूल जाए' सुनिश्चित कर प्रत्येक नागरिक को अपने दायित्व का निर्वहन करना होगा। प्रदेश में इस वर्ष 665 नए स्कूल और लगभग 200 कन्या छात्रावास खोले जाने का लक्ष्य है। 25 हजार से अधिक संविदा शिक्षकों की भरती की जा रही है। मध्य प्रदेश नि:शक्त विद्यार्थियों को शिक्षा देने के मामले में देश में अव्वल रहा है। पिछले वर्ष देश में दो लाख लाभान्वित बच्चों में से 74 हजार बच्चे मध्य प्रदेश के हैं। वर्ष 2004-05 में जहाँ लगभग 33 हजार बालिकाओं को साइकिलें मिलीं, वहीं वर्ष 2008-09 में यह संख्या लगभग 2 लाख हो गई है। आगामी चार वर्ष में सरकार हर ब्लॉक में आई.टी.आई. स्थापित करने के लिए संकल्पबद्ध है। 14 जिलों में नए पॉलीटेक्निक भी खोले जा रहे हैं।

हमने युवाओं के लिए युवा कल्याण नीति को लागू किया है। मध्य प्रदेश में आई.आई.टी., राष्ट्रीय फैशन टेक्नोलॉजी संस्थान, भारतीय विज्ञान

शिक्षा एवं शोध संस्थान, स्कूल ऑफ प्लानिंग ऐंड आर्किटेक्चर, स्पोर्ट्स ऐंड यूथ वेलफेयर अकादमी, कृषि, पशुधन, जनजाति, संगीत, कला एवं संस्कृति के क्षेत्रों में नवीन विश्वविद्यालय स्थापित हुए हैं। खेल गतिविधियों को अभूतपूर्व बढ़ावा दिया गया है। लगभग छह साल पहले खेल बजट मात्र 4 करोड़ रुपए था, जो अब बढ़कर 50 करोड़ रुपए से अधिक है। खेल गतिविधियों का ग्रामीण क्षेत्रों तक विकास एवं विस्तार किया गया है। प्रदेश में 14 खेल अकादमियाँ स्थापित की गई हैं, जिनके खिलाड़ी राष्ट्रीय और अंतरराष्ट्रीय स्तर पर प्रदेश और देश का नाम ऊँचा कर रहे हैं। हमारी संस्कृति से जुड़े खेल 'मलखंब' को 'राज्य खेल' का दर्जा दिया गया है।

युवाओं को रोजगार उपलब्ध कराने के लिए औद्योगिक विकास की एक बड़ी रणनीति पर काम करना जरूरी है। औद्योगिक निवेश आकर्षित करने की पहल के फलस्वरूप देश के अधिकांश बड़े औद्योगिक घराने आज मध्य प्रदेश में निवेश के लिए आगे आए हैं। प्रस्तावित निवेश की दृष्टि से नवंबर 2003 की तुलना में नवंबर 2008 में मध्य प्रदेश देश में 11वें से छठवें स्थान पर आ गया है। औद्योगिक क्षेत्र विकसित करने के लिए प्रदेश के 10 जिलों में कुल 660 हेक्टेयर शासकीय भूमि उद्योग विभाग को हस्तांतरित की गई है। वर्तमान में 11 जिलों में औद्योगिक क्षेत्र विकसित करने का कार्य प्रगति पर है। इस वित्तीय वर्ष में 'डेस्टिनेशन मध्य प्रदेश ग्लोबल इन्वेस्टर्स सम्मिट-2' का आयोजन इंदौर में किया जाएगा। 'जॉब फेयर' के माध्यम से पिछले साल 9,649 आवेदकों को निजी क्षेत्र में वैतनिक रोजगार उपलब्ध कराया गया है। उद्योगों का यह अभूतपूर्व विस्तार मध्य प्रदेश में अब इसलिए संभव हुआ है, क्योंकि जहाँ एक ओर हमने अधोसंरचना का विकास किया, वहीं दूसरी ओर प्रक्रियाओं को सरल कर शांति और प्रगति का वातावरण मुहैया कराया है।

राज्य सरकार प्रदेश के नगरों के सुव्यवस्थिति विकास के लिए प्रयत्नशील है। पहली बार सभी नगरों की पेयजल और मल-जल समस्या दूर करने के

लिए बोर्ड बनाया जा रहा है। 'जवाहरलाल नेहरू शहरी नवीनीकरण मिशन' के तहत बड़े नगरों में 40 हजार 500 आवास बनेंगे। प्रोजेक्ट उत्थान के अंतर्गत अब सभी नगर निगमों को भी शामिल किया गया है। इंदौर, भोपाल, जबलपुर एवं उज्जैन नगरों में शहरी यातायात सुगम बनाने के लिए शहीरी परिवहन कंपनियों का गठन किया जाकर आधुनिक बसों के क्रय की योजना क्रियान्वित की जा रही है। 'प्रोजेक्ट उदय' के अंतर्गत इंदौर, भोपाल, ग्वालियर एवं जबलपुर में इस वर्ष पेयजल प्रदाय एवं स्वच्छता से संबंधित 375 करोड़ रुपए की लागत के कार्य कराए जाएँगे। इसके अलावा शहरों के 30 हजार से अधिक झुग्गीवासियों को उनके आधिपत्य की भूमि के अधिकार-पत्र जारी किए जा चुके हैं। प्रदेश के सभी हाथठेला और रिक्शा चालकों को उनके हाथठेलों और रिक्शों का मालिक बनाने की योजनाएँ भी शुरू की गई हैं।

मध्य प्रदेश सरकार ने वर्ष 2003-04 की तुलना में पिछड़े वर्ग के लिए बजट प्रावधान को चार गुना बढ़ाकर 255 करोड़ रुपए किया है। जिला मुख्यालय पर पिछड़े वर्ग के छात्र-छात्राओं के लिए छात्रावासों का निर्माण किया जा रहा है तथा क्रीमीलेयर की वार्षिक आय-सीमा को 2.50 लाख रुपए से बढ़ाकर 4.50 लाख रुपए किया गया है। विगत वर्ष से 'मुख्यमंत्री पिछड़ा वर्ग स्वरोजगार योजना' भी प्रारंभ की गई है। इसी प्रकार अल्पसंख्यक वर्ग के विद्यार्थियों को पहली बार 'प्री-मैट्रिक छात्रवृत्ति' का लाभ मिलना प्रारंभ हुआ है। सामान्य वर्ग के निर्धन लोगों के लिए कल्याणकारी योजनाएँ तैयार करने हेतु सरकार ने 'सामान्य निर्धन वर्ग कल्याण आयोग' गठित किया, जिसकी अनुशंसाओं पर कार्य किया जा रहा है। पहली बार सामान्य वर्ग के निर्धन बच्चों के लिए निःशुल्क पाठ्यपुस्तकें, छात्रवृत्ति तथा उच्च शिक्षा के लिए ऋण उपलब्ध कराने जैसी सुविधाएँ दी जा रही हैं।

मध्य प्रदेश अपनी वन-संपदा के लिए जाना जाता है। वनों तथा पर्यावरण की सुरक्षा सरकार और समाज की सामूहिक जिम्मेदारी है। राज्य सरकार द्वारा वनों की सुरक्षा के लिए अनेक कदम उठाए गए। वर्ष 1986 के बाद

पहली बार पिछले साल सरकार ने 3,553 वनरक्षकों की भरती की। प्रदेश में वन-संरक्षण के क्षेत्र में सूचना प्रौद्योगिकी के प्रभावी उपयोग की देश भर में सराहना की जा रही है।

ई-गवर्नेंस के माध्यम से आम आदमी की जिंदगी को बेहतर और सुविधाजनक बनाने की दिशा में हमने तेजी से कदम उठाए हैं। 'एम.पी. ऑन लाइन पोर्टल' के माध्यम से 75 सुविधाओं का लाभ 4000 से भी अधिक 'कॉमन सर्विस सेंटरों' के द्वारा नागरिकों को दिया जा रहा है। मार्च 2010 तक इन केंद्रों की संख्या बढ़ाकर 9,000 से अधिक हो जाएगी। भोपाल एवं सीहोर में इन केंद्रों के माध्यम से खसरे की नकल भी उपलबध कराई जा रही है। यह व्यवस्था शीघ्र ही पूरे प्रदेश में लागू की जाएगी।

राज्य सरकार गरीबों को सस्ता खाद्यान्न समय पर उपलब्ध करवाने के लिए सार्वजनिक वितरण प्रणाली में सुधार की कार्ययोजना तैयार कर रही है। गरीबों को सस्ता खाद्यान्न उपलब्ध करवाने की 'मुख्यमंत्री अन्नपूर्णा योजना' को सरकार ने निरंतर जारी रखा है। इस साल भी इस योजना पर 240 करोड़ रुपए का व्यय होगा। प्रणाली की निगरानी के लिए तीन स्तरीय सतर्कता तथा निगरानी समितियाँ बनाई गई हैं। प्रदेश की राशन दुकानों को बहुद्देशीय बनाने के साथ ही उन्हें अवकाश के दिन छोड़कर पूरे माह खोलने के आदेश दिए गए हैं।

त्रि-स्तरीय पंचायत राज को सशक्त बनाने के लिए मौजूदा नियम-कानूनों को और अधिक प्रभावी बनाया जा रहा है। पंचायत राज को सशक्त करने के लिए भारत शासन ने डेढ़ करोड़ रुपए का प्रथम पुरस्कार मध्य प्रदेश को दिया है। पंचायत राज प्रतिनिधियों का मानदेय बढ़ाया गया है। रोजगार का पूरा भुगतान हितग्राहियों को मिले, इसके लिए उनके खाते बैंकों में खोले गए हैं। 'रोजगार गारंटी योजना' के क्रियान्वयन की सराहना भारत सरकार ने भी की है। ग्रामीण क्षेत्रों के उत्पादों को बाजार उपलब्ध करवाने के लिए हर जिला मुख्यालय पर 'हाट बाजार' निर्मित किए जाएँगे।

प्रदेश की जीवन-रेखा नर्मदा नदी हमारी आस्था की प्रतीक है। सरकार ने 2,500 करोड़ रुपए की लागत से 'नर्मदा परिक्रमा पथ' बनाने और वाटर ट्रीटमेंट कार्य करने की योजना बनाई है। इससे एक ओर जहाँ जल का शुद्धीकरण होगा, वहीं आस्थावान् भक्तों को नर्मदा परिक्रमा करने की सुविधा भी प्राप्त हो सकेगी।

यह राज्य सरकार की सजगता का ही परिणाम है कि प्रदेश शांति का द्वीप बना हुआ है। पाँच सालों में पुलिस विभाग में विभिन्न स्तर के 5268 पद स्वीकृत किए गए। अपराध नियंत्रण के लिए पुलिस और जनता को जोड़ने के सफल प्रयास किए जा रहे हैं। एस.टी.एफ. और ए.टी.एम. के गठन के सकारात्मक परिणाम आ रहे हैं। यह सभी का सामूहिक दायित्व है कि कानून का पालन कर हम समाज को और अधिक सुरक्षित बनाएँ।

प्रदेश में नई श्रम नीति एवं 'मुख्यमंत्री मजदूर सुरक्षा योजना' लागू की गई है। खेतिहर मजदूर, निर्माण श्रमिक, कारीगर, मंडल हम्माल, तुलावटी, हाथठेला एवं रिक्शाचालक आदि सभी को सरकार ने सामाजिक सुरक्षा देने की नई शुरुआत की है। इन योजनाओं में शिक्षा, स्वास्थ्य, बीमा, आवास, पेंशन सहित अनेक जरूरी सहायता के प्रावधान शामिल किए गए हैं। 'मुख्यमंत्री मजदूर सुरक्षा योजना' में लगभग 14 लाख भूमिहीन ग्रामीण मजदूर, निर्माण क्षेत्र में लगभग 10 लाख मजदूर, 'आम आदमी बीमा योजना' में लगभग 13 लाख तथा 'जनश्री बीमा योजना' में लगभग 18 लाख हितग्राही पंजीकृत किए गए हैं।

प्रदेश के नागरिकों से पुनः अपील करना चाहूँगा कि पानी और बिजली का अपव्यय रोकने, हरियाली तथा पर्यावरण के संरक्षण के लिए पहल अवश्य करें। स्वच्छता और पवित्रता के भारतीय आदर्शों का सामाजिक जीवन में अनुसरण करना होगा। यह सरकार और समाज के एकजुट प्रयासों से ही संभव है। विकास मात्र एक सरकारी गतिविधि नहीं है, यह तो प्रदेश की साढ़े छह करोड़ जनता का साझा सपना है। 'अपने मध्य प्रदेश' के भाव को

जाग्रत् करना होगा। यह कोई क्षेत्रवाद की बात नहीं है, बल्कि मध्य प्रदेशी होने की एक विकासमूलक सामूहिक चेतना की अनुभूति है।

सरकार आप सबके सहयोग से ऐसे प्रदेश का निर्माण करना चाहती है, जिसमें प्रत्येक नागरिक की रचनात्मक पहल शक्ति सरकार की सहयोगी बने। एक ऐसा प्रदेश, जिसमें हर नागरिक विकास-यात्रा में न सिर्फ शामिल हो, बल्कि अपने परिवेश को बेहतर बनाने में सक्रिय भूमिका भी निभाए।

□

हर घर नंदन वन हो जाए

स्वतंत्रता दिवस के दिन हम सभी उन क्रांतिकारियों, वीरों और स्वतंत्रता सेनानियों को अत्यंत कृतज्ञतापूर्वक नमन करते हैं, जिन्होंने भारतवासियों के उज्ज्वल भविष्य की खातिर भारतमाता के चरणों में अपने जीवन-पुष्प को सहर्ष समर्पित कर दिया। पिछले दिनों सीमा पर घटी कुछ घटनाएँ चिंता पैदा करने वाली हैं। जन्मभूमि को देश की अखंडता, संप्रभुता और सुरक्षा के लिए देशवासियों से शौर्य और सतर्कता की अपेक्षा है। मातृभूमि के शत्रु न केवल हमारी सीमाओं में आकर घात कर रहे हैं बल्कि देश के भीतरी हिस्सों में भी उनकी साजिशें चल रही हैं। हम भारतमाता पर आँच नहीं आने दे सकते।

देश की रक्षा की चुनौतियों और देशभक्ति की भावना से युवा पीढ़ी को रू-ब-रू करवाने के लिए म.प्र. सरकार ने इसी वर्ष से 'माँ तुझे प्रणाम' योजना शुरू की है। इस योजना के जरिए युवाओं की पहचान देश की सीमाओं और वहाँ तैनात जवानों के जीवन और उनके संघर्ष से करवा रहे हैं। इसी क्रम में भोपाल में 'शौर्य स्मारक' का निर्माण किया जा रहा है। आज देश को खून में जोश और हृदय में समर्पण की भावना रखनेवालों की जरूरत है। किसी ने कहा है—

'वह खून कहो किस मतलब का
जिसमें उबाल का नाम नहीं?
वह खून कहो किस मतलब का

आ सके देश के काम नहीं?
वह खून कहो किस मतलब का
जिसमें जीवन, न रवानी है?
जो परवश होकर बहता है,
वह खून नहीं है, पानी है।'

वर्ष 2003 में मध्य प्रदेश के लोगों की सेवा का जनादेश पाने के बाद सरकार ने कड़ी मेहनत, दूर-दृष्टि, सुशासन के सफल प्रयासों और आप लोगों की भागीदारी से एक नया मध्य प्रदेश गढ़ने की कोशिश की है। गर्व की बात है कि मध्य प्रदेश आज 'बीमारू राज्य' कहलाने के कलंक से मुक्त है। एक सर्वाधिक संभावनाशील प्रदेश के रूप में देश और दुनिया की निगाह इस पर है। प्रदेश ने न केवल उपलब्धियाँ हासिल की हैं बल्कि भविष्य का भी एक ऐसा रास्ता तैयार किया है, जो तरक्की और खुशहाली की नई मंजिलों की ओर ले चलेगा।

ऐसा लगता है कि प्रदेश के नागरिकों की कर्मठता और पुरुषार्थ की असंख्य राहें खुल गई हैं। आज मध्य प्रदेश एक लाख करोड़ रुपए से ज्यादा सालाना बजट वाला प्रदेश है। एक दशक पूर्व यह महज 21 हजार 647 करोड़ रुपए था। आज एक दशक के भीतर ही प्रदेश का आयोजना व्यय सात गुना बढ़कर 37 हजार 608 करोड़ रुपए हो गया है। इसी अवधि में विकास दर, जो माइनस 4 प्रतिशत थी, वह 10.02 प्रतिशत पहुँच गई है। सकल घरेलू उत्पाद भी तिगुना बढ़ गया है। जहाँ वर्ष 2003-04 में यह 1 लाख 2 हजार 839 करोड़ रुपए था, जो अब 3 लाख 61 हजार 874 करोड़ रुपए है। प्रति व्यक्ति आय भी तीन गुने से ज्यादा हो गई है।

प्रदेश में विकास का यह अद्‌भुत दौर हमारे नागरिकों के अथक परिश्रम का परिणाम है। सबसे पहले उस अन्नदाता की बात करते हैं, जो सुबह से देर रात तक लगातार काम करता है; जिसकी लगन, त्याग, सेवा और बलिदान से खेती को फायदे का धंधा बनाने का हमारा संकल्प आकार ले

रहा है। आज मध्य प्रदेश को सबसे ज्यादा अन्न उत्पादन के लिए भारत सरकार का 'कृषि कर्मण पुरस्कार' मिला है। कृषि क्षेत्र का 'बेस्ट लीडरशिप अवॉर्ड-2012' भी प्रदेश को मिला है। साथ ही भारत सरकार ने प्रदेश को उत्तम कृषि पद्धतियों और फार्म यांत्रिकी में वृद्धि के लिए भी सम्मानित किया है। प्रदेश ने पिछले दो सालों से लगातार देश में सर्वाधिक कृषि विकास दर हासिल कर दिखाई है। वर्ष 2011-12 में सर्वाधिक 18.89 प्रतिशत और 2012-13 में 13 प्रतिशत से अधिक कृषि विकास दर रही है।

खेती को लाभ का धंधा बनाना है, इसलिए खेती की लागत कम करना जरूरी है। इस हेतु यह तय किया गया कि किसान को अल्पकालीन कृषि ऋण शून्य प्रतिशत ब्याज पर दिया जाए। इसमें किसानों को खाद-बीज के लिए ऋण मिलने में आसानी हुई है। जहाँ वर्ष 2003-04 में किसानों को सहकारी बैंकों से फसल ऋण कुल 1 हजार 273 करोड़ रुपए दिया गया था, वहाँ अब 10 हजार 235 करोड़ रुपए फसल ऋण के रूप में दिए गए हैं। अब प्रदेश में 70 लाख किसानों के पास 'किसान क्रेडिट-कार्ड' उपलब्ध हैं। क्रेडिट-कार्ड का लाभ किसानों के साथ-साथ एक लाख 80 हजार वन-भूमि पट्टाधारियों को उपलब्ध करवाया गया है। जब भी फसलों का नुकसान हुआ, शासन ने बिना देर किए किसानों को राहत पहुँचाने का काम किया है। इसके लिए राहत राशि में विगत 10 वर्षों में उल्लेखनीय वृद्धि की गई है।

आज के वैश्विक दौर में व्यावसायिक बैंकों से प्रतिस्पर्द्धा के लिए सक्षम बनाने के उद्देश्य से सहकारी बैंकों में 'नाबार्ड' के सहयोग से 'कोर-बैंकिंग' लागू की जा रही है।

सहकारिता के माध्यम से भंडारण क्षमता को बढ़ाने के लिए अब तक लगभग 1300 प्राथमिक सहकारी संस्थाओं को निःशुल्क भूमि आवंटित की जा चुकी है। गेहूँ खरीदी पर बोनस राशि बढ़ाकर प्रति क्विंटल 150 रुपए की गई है। धान खरीदी पर भी पहली बार बोनस दिया है। इस वर्ष मक्के की फसल पर भी बोनस दिया जाएगा। लिहाजा उपार्जन ने प्रदेश के इतिहास में

अभूतपूर्व कीर्तिमान कायम किया है। खरीदी का पैसा सीधे किसानों के खातों में जा रहा है।

नतीजे सबके सामने हैं। सरकार के इन प्रयासों के कारण प्रदेश में कृषि उत्पादकता लगातार बढ़ी है। गेहूँ उत्पादन वर्ष 2002-03 के 49 लाख 23 हजार मीट्रिक टन से बढ़कर 127 लाख मीट्रिक टन हो गया है। चावल उत्पादन में 10 लाख 32 हजार मीट्रिक टन से 22 लाख 27 हजार मीट्रिक टन की वृद्धि बीते नौ साल में हुई है। सोयाबीन उत्पादन वर्ष 2003 के 26 लाख 74 हजार मीट्रिक टन से बढ़कर 62 लाख 61 हजार मीट्रिक टन हो गया है। कृषि उपज मंडी समितियों में वर्ष 2002-03 में कृषि उपजों की कुल आवक 106.76 लाख मीट्रिक टन थी, जो अब बढ़कर 234 लाख मीट्रिक टन हो गई है।

उद्यानिकी में जहाँ वर्ष 2003-04 में फल, फूल, सब्जी, मसाले आदि का क्षेत्रफल 4 लाख 68 हजार हेक्टेयर था, वह वर्तमान में 13 लाख हेक्टेयर हो गया है।

दुग्ध उत्पादन बढ़ाने के लिए सुनियोजित प्रयास किए गए हैं। इसका परिणाम यह है कि प्रदेश में वर्ष 2004 में दुग्ध उत्पादन 5.38 मिलियन टन से बढ़कर आज 8.83 मिलियन टन हो गया। दुग्ध सहकारी समितियों की संख्या वर्ष 2004 में 3 हजार 32 से बढ़कर आज 4 हजार 987 हो गई है। वर्ष 2004 में स्थानीय दुग्ध विक्रय 2 लाख 96 हजार लीटर प्रतिदिन था, जो वर्तमान में 5 लाख 86 हजार लीटर प्रतिदिन हो गया है। एक लाख 62 हजार मछुआरों का दुर्घटना बीमा कर प्रदेश अंतर्देशीय जल-क्षेत्र वाले राज्यों में देश में सबसे आगे है। मछुआरों के लिए सुव्यवस्थित बाजार बनाए जा रहे हैं। मछुआरों के कल्याण के लिए 'मध्य प्रदेश राज्य मछुआरा कल्याण बोर्ड' का गठन किया गया है। मछुआरों को क्रेडिट कार्ड भी दिए जा रहे हैं। उनके लिए आवास-निर्माण की योजना भी बनी है।

इस एक दशक में सिंचाई क्षमता में अभूतपूर्व वृद्धि हुई है। वर्ष 2003

में केवल 7 लाख 50 हजार हेक्टेयर में रबी सिंचाई होती थी। गत वर्ष तक इसे बढ़ाकर 25 लाख हेक्टेयर किया गया है। सिंचाई जल के बेहतर उपयोग के लिए 'राज्य माइक्रो इरिगेशन मिशन' प्रारंभ किया गया है। अधूरी चली आ रही सिंचाई परियोजनाओं को अभियान चलाकर पूरा करवाया गया है।

प्रदेश आज बिजली के क्षेत्र में अभूतपूर्व क्रांत के दौर से गुजर रहा है। 'अटल ज्योति अभियान' के जरिए पूरे प्रदेश में शहरी और घरेलू आबादी को दिन-रात बिजली और सिंचाई के लिए कम-से-कम 10 घंटे बिजली मिल रही है। इसमें गाँवों की अर्थव्यवस्था और ज्यादा गतिशील हो रही है तथा आने वाले समय में गाँवों में लघु एवं कुटीर उद्योगों का जाल बिछेगा। इसमें गाँवों में रोजगार के विपुल अवसर सृजित होंगे। वर्ष 2003-04 में उपलब्ध विद्युत् क्षमता 4 हजार 673 मेगावाट थी, जो अब बढ़कर 10 हजार 655 मेगावाट हो गई है। ट्रांसमिशन हानि भी 7.93 प्रतिशत से घटकर 3.30 प्रतिशत हो गई है, जो देश में सबसे कम है।

गैर-पारंपरिक ऊर्जा स्रोतों से विद्युत् उत्पादन के लिए 'नवीन सौर ऊर्जा नीति-2012' भी प्रदेश में लागू की गई है।

मध्य प्रदेश में माँ, बहन, बेटियों के आर्थिक और सामाजिक सशक्तीकरण के लिए निरंतर कदम उठाए गए हैं। प्रदेश के गरीब, जरूरतमंद और निराश्रित परिवारों की बेटियों के विवाह की जिम्मेदारी सरकार ने ली है। 'मुख्यमंत्री कन्यादान योजना' और 'मुख्यमंत्री निकाह योजना' के अंतर्गत अब तक लाखों विवाह संपन्न हो चुके हैं। 'बेटी बचाओ अभियान' से समाज के सभी वर्ग जुड़ रहे हैं। ऐसे माता-पिता के लिए, जिनकी केवल बेटियाँ हैं, 'मुख्यमंत्री कन्या अभिभावन पेंशन योजना' शुरू की गई है। देश ही नहीं, विश्व की अनोखी 'लाड़ली लक्ष्मी योजना' पर हमें गर्व है। बेटियों के जन्म के प्रति सकारात्मक सोच लाने और उन्हें सुरक्षित भविष्य देनेवाली इस योजना को कई राज्यों ने अपनाया है। वर्ष 2007 से अब तक करीब 15 लाख बेटियों को इसका लाभ दिया गया है। अपने गाँव से दूसरे गाँव में पढ़ने जानेवाली छात्राओं को निःशुल्क

साइकिल और दो जोड़ा गणवेश दिए जा रहे हैं।

गर्भवती माताओं और बीमार बच्चों के लिए चौबीसों घंटे आपातकालीन परिवहन अब सभी जिलों में उपलब्ध है। 900 से ज्यादा वाहन और 50 कॉल सेंटर काम कर रहे हैं। प्रदेश में 276 'पोषण पुनर्वास केंद्र' भी काम कर रहे हैं। मातृ मृत्यु दर प्रति लाख जन्म 379 से घटकर 277 हो गई है। गर्भवती महिला को प्रसव के लिए अस्पताल आने के लिए 'जननी एक्सप्रेस' की मुफ्त सुविधा उपलब्ध है। घर पर प्रसव होने पर गरीब परिवार की गर्भवती महिला के बैंक अकाउंट में सीधे 500 रुपए जमा होते हैं।

मुख्यमंत्री शहरी घरेलू कामकाजी महिलाओं की कल्याण की योजना में अब तक 2 लाख 28 हजार कामकाजी महिलाओं को परिचय-पत्र दिए गए हैं। उनका कौशल बढ़ाने के लिए आई.टी.आई., कौशल विकास केंद्र, पॉलीटेक्निक तथा स्वयंसेवी संस्थाओं के माध्यम से प्रशिक्षण भी दिया जा रहा है।

स्थानीय निकायों के चुनावों में महिलाओं को पचास प्रतिशत आरक्षण दिया गया है। उनके लिए सरकारी नौकरियों में एक-तिहाई, संविदा शिक्षकों की भरती में 30 प्रतिशत आरक्षण की व्यवस्था की गई है।

महिलाओं की सुरक्षा के प्रति म.प्र. सरकार पूर्ण रूप से सजग व कटिबद्ध है। इसके अलावा शिक्षण संस्थाओं में छात्राओं को आत्मरक्षा के लिए जूडो-कराटे का प्रशिक्षण व महिलाओं में जागरूकता लाने के लिए विभिन्न स्थानों पर जनजागृति शिविरों का आयोजन किया जा रहा है। महिलाओं के विरुद्ध अपराधों में त्वरित और गुणात्मक विवेचना तथा न्यायालय द्वारा आरोपियों को दंडित करने के लिए शासन की कटिबद्धता के परिणामस्वरूप वर्ष 2012 में कुल 806 सत्र प्रकरण में आरोपियों को सजा दिलाई गई एवं वर्ष 2013 में अब तक 544 सत्र प्रकरण में आरोपियों को सजा दिलावाई जा चुकी है। नारी सम्मान की रक्षा के लिए उठाए गए कड़े कदमों के तहत अब 15 दिन में चालान पेश किया जा रहा है।

मध्य प्रदेश में इसी वर्ष अब तक 10 ऐसे प्रकरणों में अपराधियों को मृत्युदंड दिलाया गया है तथा 264 प्रकरण में आजीवन कारावास की सजा से दंडित करवाया गया है।

मध्य प्रदेश के भविष्य को गढ़ने में युवा पीढ़ी एक बहुत बड़ी शक्ति के रूप में है, जो उत्साह और आत्म-विश्वास से भरपूर है। सरकार उनके भविष्य को उज्ज्वल बनाना चाहती है।

प्रदेश विकास की उड़ान भरने को तैयार है। प्रदेश के नवनिर्माण में युवाओं की प्रतिभा, क्षमता और योग्यता का उपयोग करना होगा। हमारे युवा नौकरी माँगने वाले नहीं, देनेवाले बनें, इस दृष्टि से मुख्यमंत्री युवा स्व-रोजगार योजना, मुख्यमंत्री युवा इंजीनियर कांट्रेक्टर योजना, चर्मशिल्पी, बाँसशिल्पी, केशशिल्पी, घुमक्कड़ और विमुक्त जातियों के लिए रोजगार योजनाओं के साथ-साथ 'टंट्या भील रोजगार योजना' भी लागू की गई है।

मध्य प्रदेश के सुदूर गाँवों के गरीब परिवारों के युवाओं को रोजगार मुहैया करवाने के लिए 250 से अधिक रोजगार मेलों के जरिए डेढ़ लाख से अधिक युवाओं को रोजगार दिया गया है। युवाओं को रोजगार प्राप्त करने योग्य बनाने के लिए 'कौशल विकास मिशन' भी शुरू किया गया है। सरकार द्वारा प्रदेश के छात्रों को उच्च शिक्षा ऋण प्रदान करने हेतु ब्याज अनुदान एवं गारंटी दी जा रही है।

युवाओं के शैक्षणिक अवसरों को बेहतर बनाने के लिए वर्ष 2003 में उच्च शिक्षा के लिए जो बजट राशि मात्र 285 करोड़ रुपए थी, वह वर्ष 2013 में बढ़ाकर 1 हजार 135 करोड़ रुपए कर दी गई है। सात नए विश्वविद्यालय स्थापित किए गए हैं, 11 नए निजी विश्वविद्यालयों को मान्यता दी गई है, 82 नए शासकीय महाविद्यालय स्थापति किए, 110 महाविद्यालय में 'कौशल विकास योजना' लागू की। आज ऑनलाइन प्रवेश प्रक्रिया से प्रदेश के एवं प्रदेश के बाहर दूरस्थ अंचलों में निवास कर रहे विद्यार्थी घर बैठे महाविद्यालयों में प्रवेश प्राप्त कर सकते हैं। केंद्र सरकार ने भी हमारी

इस प्रवेश प्रक्रिया की सराहना की है।

तकनीकी शिक्षा के क्षेत्र में सरकार ने पिछले दस वर्ष में एक बड़ा मुकाम हासिल किया है। वर्ष 2002-03 में उच्च तकनीकी शिक्षण संस्थानों की संख्या 186 थी, जो आज बढ़कर 728 है। प्रवेश क्षमता तब 24 हजार 231 थी, जो अब 1 लाख 37 हजार 901 हो गई है। आई.टी.आई. की संख्या 2003 में 162 थी, जो अब बढ़कर 376 हो गई है। प्रवेश क्षमता 17 हजार 866 थी, जो अब 33 हजार तक बढ़ गई है। तकनीकी शिक्षा में महिलाओं की भागीदारी बढ़ाने के लिए प्रदेश में 38 पॉलीटेक्निक खोले गए हैं। पिछले 10 वर्ष में पॉलीटेक्निक महाविद्यालयों में 199 नवीन पाठ्यक्रम आंरभ किए गए हैं। सभी जिलों में आदर्श आई.टी.आई. की स्थापना की जा रही है। चिकित्सा महाविद्यालय आरंभ हो गया है तथा रतलाम, शहडोल और विदिशा में चिकित्सा महाविद्यालय स्थापित करने का निर्णय लिया जा चुका है। प्रदेश में स्नातक एवं स्नातकोत्तर स्तर पर मेडिकल पाठ्यक्रमों की सीटों में ऐतिहासिक वृद्धि हुई है।

मेधावी विद्यार्थियों को हर तरह का प्रोत्साहन और शाला भवन सहित शिक्षकों की कमी को पूरा करने का कार्य निरंतर जारी है। वर्ष 2003 में जहाँ 78 हजार 434 स्कूल थे, आज 1 लाख 20 हजार 39 स्कूल हैं। तब 1 लाख 690 शिक्षक थे, जो आज बढ़कर 3 लाख 77 हजार 540 हो गए हैं। प्राथमिक एवं माध्यमिक विद्यालयों में बच्चों को दाखिला दिलवाने की दर 99 प्रतिशत तक पहुँच गई है।

खेल एवं युवा कल्याण विभाग का बजट वर्ष 2004-05 में 6 करोड़ 24 लाख रुपए था, जो बढ़कर वर्ष 2012-13 में 112 करोड़ 90 लाख रुपए हो गया है। 'मुख्यमंत्री खेल कल्याण कोष' और खेल प्राधिकरण स्थापित किए गए हैं। हमारे खिलाड़ियों ने पिछले सालों में लगातार अच्छा प्रदर्शन किया है और राष्ट्रीय खेलों में 1600 से अधिक पदक जीते हैं। अभी हाल में विश्व जूनियर महिला हॉकी चैंपियनशिप प्रतियोगिता में राष्ट्रीय टीम ने पहली

बार पदक जीतकर इतिहास बनाया है। इस टीम में मध्य प्रदेश महिला हॉकी अकादमी से प्रशिक्षित 7 बेटियाँ थीं। प्रदेश के युवा खिलाड़ी आज राष्ट्रीय एवं अंतरराष्ट्रीय स्पर्द्धाओं में अपना स्थान बना रहे हैं। राज्य सरकार के प्रयासों को भारत सरकार ने भी 'खेल प्रोत्साहन पुरस्कार' प्रदान कर मान्यता दी है।

समाज में जो सबसे पीछे और सबसे नीचे रह गया है, हमारे लिए वह सबसे पहले है। इस सोच के मद्देनजर राज्य में अनुसूचित जातियों, जनजातियों, पिछड़े वर्ग, अल्पसंख्यक, गरीबों तथा निराश्रितों के कल्याण को नई दिशा दी गई है। कुल 1 लाख 82 हजार वनाधिकार के पट्टे देकर मध्य प्रदेश भारत में अग्रणी है। इनमें से एक लाख से अधिक पट्टाधारियों के क्रेडिट कार्ड बने और उन्हें ऋण सुविधा भी मिल रही है। पट्टे की भूमि पर कपिलधारा के कुएँ भी निर्मित किए जा रहे हैं। पहली बार इन पट्टाधारियों को अब मकान भी दिए जा रहे हैं। 'बाँस विदोहन शुल्क' का पूरा लाभांश बाँस काटनेवालों को देने का प्रावधान पहली बार प्रदेश में हुआ है। बैगा, सहरिया, भारिया, कोल जैसी विशेष जनजातियों के लिए विकास अभिकरण बनाए गए हैं। अनुसूचित जनजाति की पोस्ट मैट्रिक छात्रवृत्ति के लिए आय सीमा 2 लाख रुपए से बढ़ाकर 3 लाख रुपए की गई है। 'एकलव्य शिक्षा विकास योजना' में तेंदूपत्ता संग्राहकों के प्रतिभाशाली बच्चों को नौवीं कक्षा के बाद की शिक्षा का खर्च शासन द्वारा उठाने की पहल की गई है।

अनुसूचित जाति कल्याण के क्षेत्र में पिछले नौ वर्ष में शिक्षा बजट में साढ़े चार गुना, छात्रावासों की सीट में दोगुनी, प्रशिक्षण व्यय में 25 गुनी, स्वरोजगार प्रशिक्षणार्थियों की संख्या में सौ गुनी और छात्रावास निर्माण राशि में चार गुनी वृद्धि की गई है। पिछड़ा वर्ग कल्याण के लिए 6 नवीन योजना—क्रमशः उच्च शिक्षा के लिए विदेश अध्ययन छात्रवृत्ति, पिछड़ा वर्ग के बेरोजगार युवक-युवतियों को रोजगार प्रशिक्षण, मुख्यमंत्री पिछड़ा वर्ग स्वरोजगार योजना, मध्य प्रदेश पिछड़ा वर्ग व्यावसायिक प्रतिभा पुरस्कार,

जिला स्तरीय 50 सीटर कन्या छात्रावास और जिला स्तरीय 100 सीटर बालक छात्रावास—प्रारंभ की गई हैं।

अल्पसंख्यक वर्ग के लिए पृथक् से प्री-मैट्रिक छात्रवृत्ति, पोस्ट मैट्रिक छात्रवृत्ति और मेरिट-कम-मीन्स छात्रवृत्ति प्रारंभ की गई हैं। अल्पसंख्यक युवाओं को सामान्य रोजगार योजना में तो अवसर दिए ही जा रहे हैं, साथ ही उनको रोजगार मुहैया करवाने के लिए 'मुख्यमंत्री अल्पसंख्यक स्वरोजगार योजना' भी शुरू की गई है। उर्दू अकादमी, वक्फ बोर्ड, हज कमेटी और मसजिद कमेटी। भोपाल के बजट में उल्लेखनीय वृद्धि की गई है।

प्रदेश में पं. दीनदयाल उपाध्याय के 'एकात्म मानव दर्शन' पर केंद्रित 'अंत्योदय योजनाओं' के माध्यम से गरीबों को सामाजिक सुरक्षा देने में राज्य सरकार को सफलता मिल रही है। दखलरहित अधिनियम, 1970 में संशोधन कर पात्र हितग्राहियों को चिह्नित कर अधिकार-पत्र प्रदान किए जाने की कार्यवाही की जा रही है।

हमने गरीब हितग्राहियों को योजनाओं का ज्यादा-से-ज्यादा लाभ पहुँचाने के लिए जिला स्तरीय 'अंत्योदय मेलों' की अनूठी व्यवस्था की। देश में अपनी तरह के इस नवाचारी प्रयास में हितग्राहियों को एक साथ, एक स्थान पर समवेत उपस्थिति में पारदर्शी तरीके से लाभ मिलता है। अब तक 435 अंत्योदय मेलों में 85 लाख से ज्यादा हितग्राही को लाभ मिला है।

'मुख्यमंत्री अन्नपूर्णा योजना' के अंतर्गत अब 1 रुपए किलो गेहूँ, 2 रुपए किलो चावल तथा 1 रुपए किलो आयोडाइज्ड नमक उपलब्ध करवाया जा रहा है। इसके लिए प्रदेश सरकार एक हजार करोड़ रुपए से अधिक की सब्सिडी दे रही है। अकेले रहनेवाले गरीब वरिष्ठ नागरिकों के लिए अंत्योदय अन्न योजना लागू की गई है।

'मुख्यमंत्री रिक्शाचालक हाथ-ठेला कल्याण योजना' में रिक्शा चालकों और हाथ-ठेला चालकों को वित्तीय सहायता दी गई है। 'मुख्यमंत्री घरेलू कामकाजी महिला कल्याण योजना' में कामकाजी महिलाओं को फोटो परिचय-

पत्र देने के साथ ही कौशल प्रशिक्षण दिलाया गया है। पथ पर विक्रय करने वालों के लिए कल्याण योजना में करीब 75 हजार हितग्राहियों को फोटो परिचय-पत्र वितरित किए गए हैं। पाँच हजार रुपए तक की इकाई शुरू करने पर 2500 रुपए का अनुदान दिया जा रहा है। 'मुख्यमंत्री खेतिहर मजदूर सामाजिक सुरक्षा योजना' में परिवारों को प्रसूति सहायता, छात्रवृत्ति, बीमा-दुर्घटना सहायता, विवाह सहायता, अंतिम संस्कार के लिए सहायता जैसी सुविधाएँ मिल रही हैं। शहरों में काम की तलाश में आनेवाले गरीब मजदूरों के लिए आवास और भोजन की व्यवस्था के लिए बनाए गए रैन बसेरों में पाँच रुपए प्रति थाली भोजन देने की 'राम-रोटी योजना' लागू है। प्रदेश में अभी 100 से ज्यादा रैन बसेरों का संचालन हो रहा है।

'स्पर्श अभियान' निःशक्त व्यक्तियों को नए उत्साह और ऊर्जा के साथ जीवन जीने के मौके देने का अभियान है। एक हजार से ज्यादा शिविर लगाकर 8 लाख निःशक्त लोगों की पहचानकर उन्हें जरूरी उपकरण और उपचार तथा आर्थिक सहायता मुहैया करवाई गई है।

विकास के पथ पर प्रदेश के तेजी से बढ़ने के लिए जरूरी है कि अधोसंरचना विकास पर जोर दिया जाए। मध्य प्रदेश में वर्ष 2003 से अब तक लगभग 95 हजार किलोमीटर सड़कों का निर्माण हुआ है। 'प्रधानमंत्री ग्राम सड़क योजना' में 52 हजार किलोमीटर सड़कों का निर्माण कर प्रदेश को देश में प्रथम स्थान मिला। साथ ही 10 हजार 249 किलोमीटर स्टेट हाईवे का निर्माण भी इस अवधि में हुआ। 'प्रधानमंत्री ग्राम सड़क योजना' में शामिल होने में वंचित क्षेत्रों के लिए 'मुख्यमंत्री ग्रामीण सड़क योजना' लागू की गई, जिसमें 9 हजार 109 गाँव को जोड़ने के लिए 7 हजार 161 सड़कों का 3 हजार 634 करोड़ रुपए की राशि से निर्माण किया जा रहा है।

ढाई सौ से कम आबादी वाले सभी अनुसूचित जनजाति बहुल गाँव और 500 से कम आबादी के सामान्य गाँव में सड़क निर्माण के लिए 'मुख्यमंत्री ग्रामीण सड़क योजना' लागू की गई है। योजना में करीब 16 हजार किलोमीटर

सड़कें बन रही हैं। 'पंच परमेश्वर' योजना में गाँवों के अंदर की सड़कों, नाली का निर्माण करने के लिए ग्राम पंचायतों को अब तक 2 हजार 800 करोड़ रुपए की राशि दी गई है। आँगनवाड़ी भवन, ई-पंचायत कक्ष के संधारण संबंधी काम भी हो रहे हैं। 'मुख्यमंत्री आवास मिशन' के अंतर्गत एक लाख ग्रामीण स्वयं अपना मकान बना रहे हैं।

'मुख्यमंत्री पेयजल योजना' में 1 हजार 200 पेयजल परियोजना का क्रियान्वयन जारी है। समूह जल प्रदाय योजनाओं के माध्यम से पेयजल आपूर्ति के लिए मध्य प्रदेश जल निगम का गठन किया गया है। हैंडपंपों से प्रदेश को पाटने के बाद अब नल-जल योजनाओं पर बल दिया जा रहा है। मई 2010 से प्रारंभ एक हजार जनसंख्या वाले गाँव में 'मुख्यमंत्री पेयजल योजना' के अंतर्गत अब तक 2 हजार 839 योजनाएँ पूर्ण की जा चुकी हैं।

मनरेगा की मजदूरी जल्दी भुगतान के लिए 15 हजार वित्तीय संस्थाओं के माध्यम से सुविधा सुलभ कराई गई है। मनरेगा अंतर्गत गाँवों में समुदाय उपयोगी निर्माण कार्यों में मध्य प्रदेश देश में सबसे आगे है। प्रदेश सरकार ने पंचायत प्रतिनिधियों का मानदेय बढ़ाया है और सरपंचों के मानदेय में पाँच गुना बढ़ोतरी की है। पंजों को पंचायत की बैठकों में शामिल होने पर पहली बार मानदेय दिया जा रहा है।

नगर आर्थिक विकास की बहुत बड़ी प्रेरक शक्ति हैं। नगरों का सुनियोजित विकास जिस प्राथमिकता के साथ अब किया जा रहा है, वह प्रदेश के लिए एक अभूतपूर्व अनुभव है। वर्तमान में नगरीय निकायों में लगभग 6 हजार 655 करोड़ रुपए की योजनाएँ संचालित की जा रही हैं। 'मुख्यमंत्री शहरी अधोसंरचना विकास कार्यक्रम' के जरिए 1 हजार 500 करोड़ रुपए के कार्य किए जा रहे हैं। नगरीय क्षेत्रों में पेयजल, सीवरेज एवं ठोस अपशिष्ठ प्रबंधन के 754 करोड़ रुपए की लागत के कार्यों का क्रियान्वयन जारी है। नगरों को स्वच्छ एवं सुंदर बनाने के लिए 'एकीकृत नगरीय स्वच्छता कार्यक्र म' लागू किया गया है।

शहरी गरीबों के लिए आवासों का निर्माण किया जा रहा है। नगरीय क्षेत्र में अधोसंरचना विकास संसाधन जुटाने एवं तकनीकी सहयोग देने के लिए 'मध्य प्रदेश शहरी अधोसंरचना कोष' का गठन किया गया है। मुख्यमंत्री शहरी पेयजल योजना के जरिए 37 नगरीय निकाय में 500 करोड़ रुपए से अधिक के कार्य प्रारंभ किए गए हैं।

खेती के विकास के साथ-साथ अब प्रदेश तेजी से औद्योगीकरण की ओर बढ़ रहा है। औद्योगिक निवेश की वृद्धि से रोजगार के अवसर बढ़े हैं और राज्य के राजस्व में भी वृद्धि हुई है। इससे लोगों के जीवन-स्तर में भी सुधार आ रहा है। उद्योगों के विकास के लिए लैंड बैंक बनाने के साथ ही निवेश संबंधी औपचारिकताएँ पूरी करने के लिए 'एकल-खिड़की व्यवस्था' लागू की गई है। वर्तमान में प्रदेश में 500 करोड़ रुपए की राशि से 13 औद्योगक क्षेत्रों का उन्नयन किया जा रहा है। प्रदेश आज टेक्सटाइल, ऑटो-मोबाइल, पॉवर और आई.टी. के हब के रूप में विकसित हो रहा है।

चार नए इंडस्ट्रियल कॉरिडोर भोपाल-इंदौर, भोपाल-बीना-सागर, जबलपुर-सतना-सिंगरौली और मुरैना-ग्वालियर-गुना विकसित किए जा रहे हैं। इंदौर में बड़ी-बड़ी आई.टी. कंपनियाँ आ रही हैं।

इलाज कराना लोगों का बुनियादी अधिकार है। इस दृष्टि से इस वर्ष दो बड़े कदम उठाए गए हैं। 'सरदार वल्लभभाई पटेल निःशुल्क औषधि वितरण योजना' में सभी जिला अस्पतालों में न्यूनतम आवश्यक दवाएँ मुफ्त दी जा रही हैं और सभी शासकीय जिला चिकित्सालयों में मुफ्त जाँच की भी सुविधा प्रदान की जा रही है। 'जननी सुरक्षा योजना' में सभी जिलों में संस्थागत प्रसव को बढ़ावा देने की निःशुल्क परिवहन सुविधा से 60 लाख से ज्यादा महिलाएँ लाभान्वित हुई हैं। 'दीनदयाल चलित अस्पताल योजना' में 123 मोबाइल हेल्थ यूनिट कार्यशील हैं। 'संजीवनी 108' के माध्यम से राज्य के सभी जिलों में 604 वाहनों के जरिए आपात परिवहन सुविधा उपलब्ध करवाई गई है। शिशु मृत्यु-दर वर्ष 2004 में 86 प्रति हजार थी, जो

कम होकर 59 प्रति हजार हो गई है। संस्थागत प्रसव का प्रतिशत 24 से बढ़कर 84 प्रतिशत हुआ है। सभी जिला चिकित्सालय को अपग्रेड किया गया है। बिस्तरों की संख्या 9 हजार 800 से बढ़कर 13 हजार 400 हो गई है। सभी 50 जिलों में नवजात शिशु गहन चिकित्सा इकाइयों की स्थापना की जा चुकी है। कुपोषण से मुक्ति के उद्देश्य से 'अटल बाल आरोग्य एवं पोषण मिशन' संचालित किया गया है।

हमारा विश्वास है कि मनुष्य की आवश्यकताएँ सिर्फ भौतिक ही नहीं, बल्कि आध्यात्मिक भी हैं। हर बुजुर्ग को इस बात से विशेष आध्यात्मिक संतोष मिलता है कि वह अपने जीवन में एक बार अपने श्रद्धा-स्थल का दर्शन कर सके। इसे ध्यान में रखते हुए देश में पहली बार राज्य में 'मुख्यमंत्री तीर्थ-दर्शन' किए हैं। यह सिलसिला निरंतर चल रहा है। श्रीलंका में सीताजी का मंदिर, साँची के पास 'बौद्ध विश्वविद्यालय' तथा भोपाल में 'हज हाउस' बनाया जा रहा है। प्रदेश की पर्यटन संभावनाओं को साकार करने में भी पिछले 10 वर्ष में विशेष सफलता हासिल हुई है। आज प्रदेश में 'निवेश मित्र पर्यटन प्रोत्साहन नीति' लागू है। पर्यटन क्षेत्र को उद्योग का दर्जा दे दिया है।

पर्यटन विस्तार के लिए 10 विशेष क्षेत्र—इंदिरा सागर, गांधी सागर, बाण सागर, साँची, ओरछा, मांडू, खजुराहो, दतिया, तवा नगर-मढ़ई और तामिया-पातालकोट—विकसित किए जा रहे हैं।

बेहतर कानून व्यवस्था सुनिश्चित करने के लिए गंभीर एवं सार्थक प्रयास किए गए हैं। दस्यु समस्या पर काबू पाया गया है। प्रदेश में सांप्रदायिक सद्भाव है और समाज के सभी वर्ग सौहार्द के वातावरण में रह रहे हैं। प्रदेश ने शांति के टापू के रूप में अपनी पहचान बनाई है। पिछले 10 वर्ष में सरकार द्वारा पुलिस के 30 हजार 151 पद की वृद्धि की गई है। पुलिस बल की संख्या और उनके लिए आधुनिक तकनीकी संसाधनों की उपलब्धता बढ़ाई जा रही है तथा उनके प्रशिक्षण का उन्नयन एवं आधुनिकीकरण किया जा रहा है। पुलिस

कर्मचारियों की स्वास्थ्य समस्याओं के निराकरण के लिए 'मध्य प्रदेश पुलिस स्वास्थ्य सुरक्षा योजना' लागू की गई है।

प्रदेश की प्रगति एवं विकास में कर्मचारियों का हमेशा महत्त्वपूर्ण स्थान रहा है। यह जरूरी है कि वे पूरी कर्मठता एवं तन्मयता से अपने कर्तव्यपालन में लगे रहें। अतः सरकार द्वारा एक के बाद एक, अनेक कर्मचारी हितैषी निर्णय लिये गए हैं। अभी हाल ही में शासकीय कर्मचारियों को केंद्र के बराबर महँगाई भत्ता दिया गया है। दैनिक वेतन भोगी, पंचायत सचिव, शिक्षक, आँगनवाड़ी सहायता एवं कार्यकर्ता, विद्युत् मंडल कर्मचारी, मंत्रालयीन कर्मचारी, वनरक्षक, संविदा अनुदेशक आदि विभिन्न कर्मचारी संवर्गों को लाभ देने के लिए सरकार ने निरंतर निर्णय लिये हैं।

प्रदेश के सुशासन संबंधी नवाचारों को राष्ट्रीय-अंतरराष्ट्रीय मान्यता मिली है, जो एक बड़ी उपलब्धि है। नागरिकों को समय पर सेवाएँ देने के लिए प्रदेश द्वारा बनाए गए 'लोक सेवा गारंटी अधिनियम' को संयुक्त राष्ट्र संघ का 'लोक सेवा अवॉर्ड' 2012 प्राप्त हुआ है। इसके अंतर्गत 1 करोड़ से अधिक आवेदकों के मामलों का निश्चित समय-सीमा में निराकरण हुआ है। देश के 14 राज्यों ने मध्य प्रदेश के इस नवाचार को अपनाया है। राजस्व प्रशासन को मजबूत बनाने के लिए नियमों और प्रक्रियाओं को सरल बनाया गया है। प्रदेश में 12 नवीन तहसीलों का सृजन किया गया है। पारदर्शी प्रशासन के लिए 'ई-उपार्जन' के फलस्वरूप इस वर्ष उपार्जन प्रक्रिया अत्यंत सुगम रही है।

मध्य प्रदेश ने पिछले 10 वर्ष में अभूतपूर्व गति से विकास का काफी लंबा सफर तय किया है, किंतु यह एक पड़ाव मात्र है, मंजिल नहीं। अभी तो हमें विकास की नई मंजिलें छूनी हैं और ऐसा प्रदेश बनाना है, जहाँ सब सुखी रहें, सब निरोग हों, सबका कल्याण हो तथा प्रदेश और देश के विकास में नागरिक अपना सर्वश्रेष्ठ योगदान कर सकें। इस हेतु हम सब यह कहते हुए एक बार पुनः कृत-संकल्प हों—

''किसी आँख में आँसू आए, सबका मन गीला हो जाए,
अगर पड़ोसी भूखा हो तो हमसे भोजन किया न जाए,
हर विंध्याचल झुककर छोटी चट्टानों को गले लगाए,
छोटी-से-छोटी सरिता को सागर की छाती दुलराए,
हर घर नंदनवन हो जाए, हँसे फूल कलियाँ मुसकाएँ
ऐसा मध्य प्रदेश बनाएँ, ऐसा मध्य प्रदेश बनाएँ।''

□

गणतंत्र-पताका रहे, गगन पर छाई

भारत के गौरवशाली गणतंत्र की 57वीं वर्षगाँठ के अवसर पर स्वतंत्रता संग्राम के सैनिकों को नमन करते हैं, जिन्होंने स्वतंत्रता और प्रजातंत्र की स्थापना के लिए महान् त्याग और बलिदान दिया। हमारी गणतांत्रिक व्यवस्था का आदर्श सभी नागरिकों को न्याय, स्वतंत्रता, बराबरी सुनिश्चित करना तथा देश की एकता और अखंडता कायम रखना है। हमारा संविधान इन आदर्शों का साक्षी है। देश में गणतांत्रिक व्यवस्था लागू होने के दिन का यह पावन पर्व हमें हमारी पिछली उपलब्धियों और कमजोरियों के आकलन का भी अवसर प्रदान करता है, जिससे हम भविष्य में और बेहतर उपलब्धियाँ प्राप्त कर सकें।

गणतंत्र की स्थापना का उद्देश्य देश में गरीबी, सामाजिक असमानता और निरक्षरता को समाप्त कर सभी को संविधान सम्मत बराबरी के अधिकार के साथ समान अवसर उपलब्ध कराना है। नागरिकों को सड़क, बिजली, पानी, शिक्षा, स्वास्थ्य जैसी मूलभूत सुविधाएँ सुनिश्चित कर एक समृद्धशाली, आधुनिक एवं शक्तिशाली भारत का निर्माण करना है। गणतांत्रिक व्यवस्था के 57 वर्ष पूरे होने के बाद भी हम अपने लक्ष्यों से काफी दूर हैं।

कई राज्यों के मुकाबले मध्य प्रदेश विकास की दौड़ में काफी पीछे छूट गया था। बी.जे.पी. सरकार ने सभी के सहयोग से इस स्थिति में तेजी से बदलाव के लिए सक्रिय प्रयास किए हैं। विकास के प्रयासों को चुनावी

राजनीति से दूर रखकर और विकास को जन-आंदोलन का स्वरूप देकर ही समृद्ध मध्य प्रदेश के संकल्प को प्राप्त कर सकते हैं। इसी रणनीति पर चलकर सरकार तेजी से आम आदमी तक विकास का लाभ पहुँचाने का प्रयास कर रही है।

मध्य प्रदेश में समृद्धि लाने के लिए, समग्र विकास के लिए, समाज के सभी वर्गों की आर्थिक उन्नति के लिए सरकार ने बहुआयामी प्रयास शुरू किए हैं। सड़क, बिजली, पानी, शिक्षा और स्वास्थ्य की सुविधाओं का तेजी से विस्तार किया जा रहा है। प्रदेश की 70 प्रतिशत आबादी आज भी आजीविका के लिए कृषि एवं सहयोगी व्यवसायों पर निर्भर है। खेती को लाभ का व्यवसाय बनाने तथा उद्यानिकी और खाद्य प्रसंस्करण इकाइयों को बढ़ावा देने के लिए लगातार कदम उठाए जा रहे हैं। किसानों की आर्थिक उन्नति के बगैर समृद्ध मध्य प्रदेश की कल्पना नहीं की जा सकती। इसी उद्देश्य से अल्पावधि सहकारी कृषि ऋणों की ब्याज दर घटाकर पिछली एक अप्रैल से सात प्रतिशत कर दी गई है। राज्य में कृषि उत्पादन दुगुना करना के लिए विभिन्न प्रयास किए जा रहे हैं। एक लाख खेत-तालाबों के निर्माण के साथ बड़े तालाबों की 'अटल तालाब योजना' भी शुरू की गई है।

प्रदेश की माँग के अनुसार अधिकाधिक विद्युत् आपूर्ति के लिए प्रयास किए जा रहे हैं। वर्ष 2006-07 में 6,054 मेगावाट की अधिकतम माँग की पूर्ति की गई, जो प्रदेश के इतिहास में सर्वाधिक है। साथ ही 21 जिलों की ग्रामीण विद्युतीकरण योजनाओं को स्वीकृति प्राप्त हुई है। एक हजार मेगावाट क्षमता की 'इंदिरा सागर परियोजना' के बिजलीघर का निर्माण पूरा होने के बाद 'बाणसागर परियोजना' में 425 मेगावाट की उत्पादन क्षमता की स्थापना का काम पूरा हुआ है। आगामी कुछ महीनों में बीरसिंहपुर तथा अमरकंटक में कुल 710 मेगावाट क्षमता की विद्युत् इकाइयाँ उत्पादन शुरू कर देंगी। 'ओंकारेश्वर परियोजना' की 520 मेगावाट क्षमता की इकाइयों का निर्माण तेजी से चल रहा है तथा यहाँ शीघ्र उत्पादन शुरू हो जाएगा। मड़िखेड़ा बाँध

में 60 मेगावाट विद्युत् उत्पादन जल उपलब्धता के अनुरूप इसी वर्ष से प्रारंभ हो जाएगा। खजुराहो में अभी हाल में संपन्न हुई निवेशक बैठक में 8,800 मेगावाट विद्युत् उत्पादन के समझौते हस्ताक्षरित हुए हैं, जिनका लगभग एक-तिहाई अंश राज्य को भी प्राप्त होगा। इस प्रकार विद्युत् उत्पादन में आत्मनिर्भरता प्राप्त करने के लक्ष्य की ओर हम तेजी से बढ़ रहे हैं।

कृषि उत्पादन के लिए सिंचाई सुविधाओं का तेजी से विस्तार किया जा रहा है। 'इंदिरासागर, रानी अवंतीबाईसागर, बरगील डायवर्जन, ओंकारेश्वर, जोबट, अपरबेदा, राजघाट' जैसी बड़ी परियोजनाओं की नहरों का निर्माण पूरा किया जा रहा है। धार जिले की 'मान परियोजना' पूरी की गई है तथा उससे सिंचाई का लाभ मिलने लगा है। प्रदेश के सभी जिलों में नई लघु सिंचाई योजनाओं का निर्माण भी किया जा रहा है। छिंदवाड़ा जिले में 583 करोड़ रुपए की लागत से प्रस्तावित 'पेंच व्यपवर्तन योजना' की भारत सरकार से स्वीकृति प्राप्त की गई है। नर्मदा घाटी की परियोजनाओं से पिछले तीन सालों में प्रदेश के सिंचाई रकबे में 52 हजार 763 हेक्टेयर की उल्लेखनीय वृद्धि दर्ज की गई है।

सहकारी क्षेत्र के सुदृढ़ीकरण के लिए 'वैद्यनाथन समिति' की सिफारिशों को राज्य सरकार ने स्वीकार किया है, जिसके फलस्वरूप कृषि सहकारी साख संस्थाओं को, 2,567 करोड़ रुपए प्राप्त होंगे। सहकारी क्षेत्र का वास्तविक लाभ सुनिश्चित करने के लिए सहकारी अधिनियम में संशोधन किया गया है।

मध्य प्रदेश में विकास को जन-आंदोलन बनाने के लक्ष्य को प्राप्त करने के लिए जनसहयोग से करोड़ों पौधे लगाने के 'हरियाली महोत्सव' तथा गिरते भू-जल की स्थिति में सुधार के लिए दो लाख जल-संरचनाओं का निर्माण करने के लिए 'जलाभिषेक अभियान' को सफलतापूर्वक संचालित किया गया। ये कार्यक्रम आगामी वर्षों में भी जारी रहेंगे।

उज्जैन में संस्कृत विश्वविद्यालय की स्थापना की जा रही है। सागर में

मेडिकल कॉलेज तथा रीवा जिले में पशु चिकित्सा महाविद्यालय शुरू किया जा रहा है। गंजबासौदा में कृषि महाविद्यालय खोला जा रहा है।

तेज गति से विकास के लिए किए गए प्रयासों के फलस्वरूप मध्य प्रदेश की पहचान अब विकासशील प्रदेश के रूप में स्थापित हो चुकी है। हमारा तंत्र गण के लिए पूरे समर्पण और सुविधा से काम करे, इस प्रयोजन से दो दिवसीय 'मंथन-2007' का आयोजन किया गया। उसमें आए सुझावों को क्रियान्वित करके गणतंत्र की भावना के अनुरूप गण और तंत्र के रिश्ते मजबूत बनाए जाएँगे।

कर्मचारियों को महँगाई भत्ते की किश्तें दी जा रही हैं। पचास प्रतिशत महँगाई भत्ते को मूल वेतन में जोड़ने का निर्णय लिया गया है। शासकीय कर्मचारियों की वेतन विसंगति के निराकरण के लिए गठित 'ब्रह्मस्वरूप समिति' की अनुशंसाएँ लागू की गई हैं।

दिल्ली की एक स्वयंसेवी संस्था ने पिछले एक वर्ष में विभिन्न राज्यों में 'सूचना का अधिकार' अधिनियम की क्रियान्वयन-समीक्षा करने पर मध्य प्रदेश को अग्रणी राज्यों की श्रेणी में पाया है। 'मुख्यमंत्री कन्यादान योजना' जैसी नई योजनाएँ प्रदेश में शुरू हुई हैं। 'कन्यादान योजना' के तहत एक वर्ष में लगभग दस हजार कन्याओं का विवाह हुआ है। आदिवासी विद्यार्थियों की छात्रवृत्ति में वृद्धि और अन्य सुविधाएँ, अस्पतालों में रोगियों को दिए जानेवाले भोजन के व्यय में ढाई गुना वृद्धि, जल-संसाधन योजनाओं के अमल के लिए दुगुने बजट, प्राकृतिक आपदाओं से पीड़ित किसानों को अधिक राहत और खेल बजट में चार गुनी वृद्धि राज्य की बेहतर वित्तीय स्थिति का ही प्रमाण नहीं है, बल्कि वह इन उपेक्षित क्षेत्रों के प्रति शासन की बढ़ती सजगता और संवेदनशीलता का भी प्रमाण है।

वित्तीय सुधार के गंभीर प्रयासों के फलस्वरूप अब एक भी दिन ओवर ड्राफ्ट की स्थिति नहीं रही। बेहतर वित्तीय प्रबंधन के कारण विकास विभागों के बजट आवंटन में पहले के मुकाबले काफी वृद्धि संभव हुई है, जिसके

फलस्वरूप अब राज्य के सभी क्षेत्रों में तेजी से निर्माण के काम चल रहे हैं। प्रदेश की 11वीं पंचवर्षीय योजना लगभग 68 हजार 800 करोड़ रुपए की होगी। यह पिछली पंचवर्षीय योजना से लगभग 43 हजार करोड़ रुपए अधिक होगी। आगामी वर्ष की वार्षिक योजना भी इस वर्ष से लगभग 1,980 करोड़ रुपए अधिक की होगी।

ग्रामीण विकास के क्षेत्र में मध्य प्रदेश अन्य राज्यों से आगे है। 'रोजगार गारंटी योजना' तथा 'प्रधानमंत्री ग्रामीण सड़क योजना' पर अमल में इस वर्ष मध्य प्रदेश पहले स्थान पर रहा। राज्य में 'प्रधानमंत्री ग्रामीण सड़क योजना' के अंतर्गत अब तक 11 हजार 536 किलोमीटर लंबाई की 2,441 सड़कों का निर्माण पूरा हुआ है, जिससे 4,209 गाँव सड़कों से जुड़ चुके हैं। एक हजार और गाँवों को सड़कों से जोड़ा जा रहा है। इसके अलावा लोक-निर्माण विभाग के अंतर्गत मध्य प्रदेश में 2,600 करोड़ रुपए की लागत से 12 हजार 300 किलोमीटर से अधिक लंबाई की सड़कों का निर्माण या नवीनीकरण तथा 91 बड़े पुलों का निर्माण पूरा किया जा चुका है। अब आगामी दो वर्षों में 2,700 करोड़ रुपए की लागत से 11 हजार किलोमीटर सड़कों के निर्माण या नवीनीकरण तथा 85 बड़े पुलों का निर्माण पूरा किया जाएगा।

भोपाल, इंदौर एवं जबलपुर शहरों के समग्र विकास के लिए 'जवाहरलाल नेहरू नेशनल अर्बन रिन्यूअल मिशन' के अंतर्गत पेयजल प्रदाय योजना, निकास व्यवस्था, शहरी यातायात, शहरी गरीबों के आवास एवं अन्य अधोसंरचना विकास संबंधी 1,404 करोड़ रुपए की 29 परियोजनाएँ स्वीकृत हुई हैं, जबकि 18 छोटे एवं मध्यम शहरों की अधोसंरचना विकास के लिए 219 करोड़ रुपए की परियोजनाएँ मंजूर हुई हैं। 'एकीकृत आवास' एवं 'गंदी बस्ती विकास योजना' 11 शहरों के लिए प्रारंभ की गई हैं, जिसमें 141 करोड़ रुपए का निवेश कर शहरी गरीबों के लिए आवास निर्माण किया जाएगा। ए.डी.बी. के वित्तीय सहयोग से 1,366 करोड़ रुपए की परियोजनाएँ

भोला, इंदौर, ग्वालियर एवं जबलपुर शहरों के लिए स्वीकृत हुई हैं।

'नई उद्योग नीति' तथा 'प्रोजेक्ट क्लियरेंस इंप्लीमेंटेशन बोर्ड' के माध्यम से उद्योगों की स्थापना में तेजी आई है। बोर्ड के माध्यम से बड़े एवं प्राथमिकता के क्षेत्रों के उद्योगों में लगभग 85 हजार करोड़ रुपए के निवेश का मार्ग प्रशस्त हुआ है। 'खजुराहो इन्वेस्टर्स मीट' में 39 हजार करोड़ रुपए से अधिक के निवेश प्रस्ताव प्राप्त हुए हैं, जो इस क्षेत्र में शासन की ठोस पहल का नतीजा है।

विकास का लाभ जनसाधारण, विशेषकर समाज के गरीब वर्गों तक पहुँचाने, समस्याओं के निराकरण और समाज के विभिन्न वर्गों से सीधा संवाद करने के लिए महिला पंचायत, किसान पंचायत तथा आदिवासी पंचायत का आयोजन किया जा चुका है, जिसके बहुत ही अच्छे परिणाम निकले हैं। आगे अन्य वर्गों की पंचायतों का आयोजन भी किया जाएगा। महिला सशक्तीकरण की दशा में स्थानीय संस्थाओं में महिलाओं के लिए 50 प्रतिशत निर्वाचित स्थान आरक्षित रखने, महिलाओं की 'दुर्गावती पुलिस बटालियन', पुलिस में महिलाओं को दस प्रतिशत आरक्षण तथा महत्त्वपूर्ण थानों में क्रमशः महिला डेस्क की स्थापना महिला पंचायत के महत्त्वपूर्ण निर्णय हैं।

सामाजिक विकास के क्षेत्र में प्रगति के क्षेत्र में प्रगति के लिए शिक्षा तथा स्वास्थ्य सुविधाओं में लगातार विस्तार किया जा रहा है। विशेषकर ग्रामीण क्षेत्रों तथा कमजोर वर्गों में शिक्षा के प्रसार के लिए लागू 'निःशुल्क साइकिल', 'गणवेश' तथा 'पाठ्यपुस्तक वितरण' जैसी योजनाओं का विस्तार किया गया है। इन योजनाओं का लाभ अब सभी गरीब वर्गों के विद्यार्थियों को मिल रहा है। उच्च शिक्षा को बढ़ावा देने के लिए 'गाँव की बेटी योजना' लागू की गई है।

मातृ-शिशु मृत्युदर कम करने तथा कुपोषण कम करने के लिए नई योजनाएँ शुरू की गई हैं तथा पुरानी योजनाओं पर प्रभावी अमल किया जा रहा है। ग्रामीण क्षेत्रों में लाभकारी आर्थिक गतिविधियों को बढ़ाने के लिए

स्व-सहायता समूहों को बढ़ावा दिया जा रहा है। महिलाओं के लगभग एक लाख स्वसहायता समूहों को सक्रिय किया गया है। आदिवासी प्रधान जिलों में तीन दुधारू पशुओं की 'कामधेनु योजना' तथा एक रुपए प्रति किलो की दर से आयोडीन नमक देने की योजना भी शुरू की गई है। आदिवासी पंचायत में विभिन्न जनजातियों के लोग बड़ी संख्या में शामिल हुए हैं।

आदिवासी छात्रावास और आश्रमों में रहनेवाले विद्यार्थियों की शिष्यवृत्ति बढ़ाई जा रही है। नवीं और दसवीं कक्षा के आदिवासी बालक-बालिकाओं की राज्य छात्रवृत्ति की दरों में दोगुनी वृद्धि की जा रही है। सभी आदिवासी विकासखंड मुख्यालयों में सामुदायिक भवन निर्मित किए जाएँगे तथा चलित अस्पतालों की व्यवस्था की जाएगी। फ्लोराइड से प्रभावित आदिवासी अंचलों में वैकल्पिक पेयजल की व्यवस्था की जाएगी। आदिवासियों के जीविकोपार्जन में काम आनेवाले बाँस के पौधे रोपने के लिए इस वर्ष विशेष अभियान आगामी 'हरियाली महोत्सव' के अंतर्गत चलाया जाएगा। 'मुख्यमंत्री आवास योजना' के अंतर्गत आदिवासियों के लाभ के लिए 15 हजार से अधिक आवास निर्मित किए जाएँगे।

सर्वोच्च न्यायालय ने मध्य प्रदेश में संपूर्ण गोवंश के वध पर लगाए गए प्रतिबंध की पुष्टि की है। गोवंश के विकास के लिए गोपालन तथा 'पशु संवर्धन बोर्ड' के माध्यम से प्रदेश में गोशालाओं को चार करोड़ 74 लाख रुपए की सहायता दी गई है। दुग्ध संघ के माध्यम से दुग्ध उत्पादकों को बेहतर आर्थिक लाभ सुनिश्चित किया गया है तथा 87 नई मिल्क कूलर इकाइयाँ स्वीकृत की गई हैं।

प्रदेश में सांस्कृतिक-पुरातात्त्विक संरक्षण की गतिविधियों को बढ़ाने के उद्देश्य से 'डॉ. विष्णु श्रीधर वाकणकर राष्ट्रीय सम्मान' प्रारंभ किया गया है। 'अमर शहीद चंद्रशेखर आजाद राष्ट्रीय सम्मान' की स्थापना के साथ ही 'चंद्रशेखर आजाद जन्म शताब्दी वर्ष' में इलाहाबाद से आजादी की जन्मस्थली भाबरा, जिला झाबुआ तक 'आजाद संदेश-यात्रा' का आयोजन किया गया।

स्वतंत्रता संग्राम में आदिवासियों के योगदान को सामने लाने के लिए भी विशेष प्रयास किए गए हैं। स्वतंत्रता संग्राम के आदिवासी योद्धा टंट्या भील एवं उनके सहयोगी भीमानायक से जुड़े ऐतिहासिक तथ्यों का दस्तावेजीकरण किया जा रहा है। आदिवासी नायकों की स्वतंत्रता संग्राम में भागीदारी का विवरण पाठ्य-पुस्तकों में शामिल किया जा रहा है। प्रथम स्वतंत्रता संग्राम के दो सेनानियों—शंकर शाह और रघुनाथ शाह—के नाम पर पुरस्कार प्रारंभ किए गए हैं।

मध्य प्रदेश में कानून तथा व्यवस्था की स्थिति अपेक्षाकृत बहुत अच्छी है। राज्य में विभिन्न धर्मों के त्योहार शांति एवं सद्भावनापूर्ण माहौल में मनाए जा रहे हैं। प्रदेश में पूरी तरह से 'सर्वधर्म समभाव' का वातावरण है। पुलिस के प्रभावी कदमों से इस वर्ष 42 से अधिक दस्यु मारे गए हैं। दस्युओं एवं अपराधियों पर अंकुश रखा जा रहा है। नक्सली गतिविधियों पर नियंत्रण के लिए पुलिस को अत्याधुनिक संसाधन उपलब्ध कराए गए हैं।

पर्यटन केंद्रों में बेहतर सुविधाओं के लिए भी कदम उठाए गए हैं। अठारह महत्त्वपूर्ण पर्यटन केंद्रों को बेहतर सड़कों से जोड़ा जा रहा है। भोपाल, पंचमढ़ी, बरगी बाँध, तिघरा बाँध (ग्वालियर) तथा बेनीसागर बाँध (खजुराहो) में पर्यटकों के लिए जल-क्रीड़ा सुविधाएँ विकसित की गई हैं। तीर्थयात्रियों तथा पर्यटकों की सुविधा के लिए अमरकंटक, डिंडोरी, मंडला, भेड़ाघात, होशंगाबाद तथा नेमावर में नदी के घाटों का विकास किया जा रहा है तथा वहाँ सुविधाएँ विकसित की जा रही हैं। भोपाल की बड़ी झील के बाद अब मोहिनीसागर बाँध (शिवपुरी), इंदिरासागर बाँध (खंडवा), वांचू पॉइंट (इंदौर), चंबल नदी (मुरैना), महेश्वर तथा ओंकारेश्वर में भी जल-क्रीड़ा सुविधाएँ विकसित की जाएँगी।

इस प्रकार स्वतंत्रता तथा देश में गणतंत्र की स्थापना के उद्देश्यों की प्राप्ति की दिशा में आगे बढ़ने के लिए तथा मध्य प्रदेश के समग्र विकास के लिए सक्रिय प्रयास किए जा रहे हैं। गणतंत्र समर्पित नागरिकों से मजबूती

पाता है। आइए, आज हम सब गणतंत्र दिवस के पावन अवसर पर समृद्ध और विकसित मध्य प्रदेश के निर्माण का गौरव प्राप्त करने के लिए मिलकर प्रयास करने का संकल्प करें। प्रसिद्ध कवि बच्चन के विश्वास को भी दोहराएँ—

'हिंद महासागर की लहरों में है जब तक तरुणाई,
भारत की गणतंत्र पताका रहे गगन पर छाई।'

□

समृद्ध व विकसित मध्य प्रदेश

भारत के 58वें गणतंत्र दिवस के अवसर पर मध्य प्रदेश के नागरिक इस तथ्य पर गर्व म्हसूस कर सकते हैं कि उनके द्वारा निर्वाचित राज्य सरकार अपने वायदों को पूरा करने के सतत प्रयासों के साथ विकास के कई क्षेत्रों में अभूतपूर्व उपलब्धियाँ प्राप्त कर रही है। प्रधानमंत्री ग्रामीण सड़क योजना, स्वर्ण जयंती ग्राम स्वरोजगार योजना, संपूर्ण ग्राम स्वरोजगार योजना, एकीकृत जल ग्रहण क्षेत्र विकास कार्यक्रम, राष्ट्रीय ग्रामीण स्वास्थ्य मिशन, राष्ट्रीय ग्रामीण 'रोजगार गारंटी योजना' तथा निजी भागीदारी से वित्तीय संसाधन जुटाने में मध्य प्रदेश अग्रणी है।

सड़क, बिजली, पानी सहित अधोसंरचना विकास के सभी क्षेत्रों में तेजी से विकास हुआ है। साथ ही शिक्षा, स्वास्थ्य, किसान, महिला, मजदूर एवं समाज के कमजोर वर्गों के लिए अभिनव योजनाएँ लागू की गई हैं।

प्रदेश की महिलाओं को सम्मान और बराबरी का हक सुनिश्चित करने के लिए उनकी शिक्षा तथा स्वास्थ्य सुविधाओं के विस्तार के साथ-साथ स्थानीय संस्थाओं और पंचायतों में पचास प्रतिशत, शिक्षकों के चयन में पचास प्रतिशत तथा पुलिस बल में दस प्रतिशत आरक्षण दिया गया है। वन समितियों के अध्यक्ष के एक-तिहाई पद महिलाओं के लिए आरक्षित किए गए हैं। 'रानी दुर्गावती महिला पुलिस बटालियन' का भी गठन किया जा रहा है। विकास योजनाओं का लाभ महिलाओं को सुनिश्चित करने के लिए 13 विभागों का लाभ महिलाओं को सुनिश्चित करने के लिए 13 विभागों की

योजनाओं में 'जेंडर बजटिंग' लागू की गई है। महिला सशक्तीकरण तथा शिक्षा विस्तार के लिए 'लाड़ली लक्ष्मी', 'गाँव की बेटी' तथा 'मुख्यमंत्री कन्यादान' जैसी अभिनव योजनाएँ शुरू की गई हैं। शिक्षा, विशेषकर महिला शिक्षा को बढ़ावा देने के लिए शालेय विद्यार्थियों को निःशुल्क साइकिलें, पाठ्य-पुस्तकें, गणवेष एवं छात्रवृत्ति-शिष्यवृत्ति देने की योजनाओं का विस्तार किया गया है।

पिछले चार वर्षों में 4117 करोड़ रुपए लागत से 16300 किलोमीटर राज्य मार्ग एवं मुख्य सड़कों का निर्माण और उन्नयन किया गया है। एशियन डेवलपमेंट बैंक की सहायता से 1600 करोड़ रुपए की लागत से 1800 किलोमीटर सड़कों का निर्माण आगामी सितंबर से शुरू हो जाएगा। इसी वर्ष 6771 किलोमीटर सड़कों की मरम्मत के लिए 479 करोड़ रुपए की विशेष योजना मंजूर की गई है। इसके अतिरिक्त 'प्रधानमंत्री सड़क योजना' के अंतर्गत राज्य में अब तक 15892 किलोमीटर लंबाई की 3462 सड़कों का निर्माण किया जा चुका है। इससे 4286 गाँव सड़कों से जुड़ चुके हैं। अब तक इस वर्ष 2060 किलोमीटर लंबाई की 446 सड़कों को पूरा कर 590 गाँवों को सड़कों से जोड़ा गया है।

विद्युत् उत्पादन में आत्मनिर्भरता के लिए राज्य सरकार द्वारा लगातार प्रयास किए जा रहे हैं। प्रत्येक गाँव में एक हजार मेगावाट क्षमता की जल स्रोतों के संरक्षण के प्रति नागरिकों को जागरूक बनाया जा रहा है। 'खेत तालाब योजना' तथा 'बलराम ताल योजना' के उत्साहजनक परिणाम मिले हैं। 'हरियाली महोत्सव' के अंतर्गत दस करोड़ पौधे लगाए गए हैं।

खेती पर आज भी प्रदेश की 70 प्रतिशत आबादी की आजीविका निर्भर है। इस उद्देश्य से खेती को लाभ का व्यवसाय बनाने के लिए राज्य सरकार लगातार प्रयास कर रही है। अल्प अवधि के सहकारी ऋणों पर सात प्रतिशत ब्याज दर लागू की गई है। सहकारी समितियों के शत-प्रतिशत किसान सदस्यों को क्रेडिट कार्ड उपलब्ध कराने की योजना के अंतर्गत तीस लाख

कार्ड दिए जा चुके हैं। प्राकृतिक आपदा में राहत देने संबंधी नियमों में संशोधन कर किसानों को पहले के मुकाबले दुगुनी राहत का प्रावधान किया गया है। सूखाग्रस्त क्षेत्र घोषित करने के नियमों को भी किसानों के हित में उदार बनाया गया है। खेती से संबंधित पशुपालन तथा दुग्ध उत्पादन जैसे व्यवसायों को भी बढ़ावा दिया जा रहा है। गो-संवर्धन बोर्ड द्वारा जैविक खेती को लोकप्रिय बनाने के लिए किसानों में जागरूकता अभियान शुरू किया गया है।

खेतिहर मजदूरों के संपूर्ण परिवार के कल्याण के लिए 'मुख्यमंत्री मजदूर सुरक्षा योजना' लागू की गई है। इस योजना के अंतर्गत बच्चे के जन्म पर माता को 45 दिन एवं पिता को 15 दिन की मजदूरी के बराबर की राशि दी जाती है। उनके बच्चों की शिक्षा के लिए पहली कक्षा से उच्च शिक्षा तक छात्रवृत्ति, कन्या-विवाह तथा परिवार के स्वास्थ्य एवं बीमा का भी प्रावधान है। असंगठित क्षेत्र के अन्य श्रमिकों के लिए भी कर्मकार मंडल द्वारा समान कल्याणकारी योजनाओं पर अमल किया जा रहा है।

राज्य सरकार के प्रयासों से प्रदेश में गंभीर कुपोषण की दर घटकर 0.78 प्रतिशत रह गई है। पोषण आहार के लिए बजट आवंटन 110 करोड़ रुपए से बढ़ाकर इस वर्ष 300 करोड़ रुपए कर दिया गया है। आँगनवाड़ियों में गर्भवती माताओं और बच्चों के लिए सुविधाओं में विस्तार किया गया है तथा नए कार्यक्रम शुरू किए गए। मातृ एवं बाल मृत्यु-दर घटाने, संस्थागत प्रसव को बढ़ावा देने के उद्देश्य से गर्भवती माताओं को प्रसव पूर्व एवं प्रसव के लिए आर्थिक सहायता तथा अस्पताल तक परिवहन की योजनाओं से लाखों परिवार लाभान्वित हुए हैं।

प्रदेश की सभी शासकीय प्राथमिक एवं माध्यमिक शालाओं के भवन स्वीकृत किए जा चुके हैं। इस वर्ष दस हजार से अधिक शिक्षकों के पद निर्मित किए गए हैं। 1119 माध्यमिक स्कूल, 737 हाई स्कूल तथा 185 हायर सेकंडरी स्कूल खोलने का निर्णय लिया गया है। शालेय शिक्षा की

परीक्षा प्रणाली में सुधार हेतु पाँचवीं एवं आठवीं में बोर्ड की परीक्षा समाप्त करने का निर्णय लिया गया है।

उच्च शिक्षा के क्षेत्र में भी राज्य सरकार ने ठोस कदम उठाए हैं। सागर में अगले सत्र से चिकित्सा महाविद्यालय की शुरुआत के लिए 150 करोड़ रुपए स्वीकृत कर निर्माण कार्य प्रारंभ कर दिया गया है। 45 साल बाद प्रदेश में कोई शासकीय चिकित्सा महाविद्यालय खुल रहा है। इससे बुंदेलखंड, विशेषकर सागर अंचल की दशकों पुरानी माँग पूरी हुई है। रीवा में पशु चिकित्सा महाविद्यालय तथा गंजबासौदा में कृषि महाविद्यालय खोला गया है।

योजना के अंतर्गत आदिवासी उपयोजना क्षेत्रों के विकास के लिए पिछले वर्ष के 1858 करोड़ रुपए के प्रावधान को इस वर्ष बढ़ाकर 2746 करोड़ रुपए किया गया है। इसी प्रकार अनुसूचित जाति उपयोजना के अंतर्गत पिछले वर्ष के 1373 करोड़ रुपए के प्रावधान को बढ़ाकर इस वर्ष 1833 करोड़ रुपए किया गया है। अनुसूचित जाति और जनजाति के विद्यार्थियों की छात्रवृत्ति एवं छात्रावासों की सुविधाओं में वृद्धि की गई है।

मध्य प्रदेश को लगातार चार वर्षों से कुशल वित्तीय प्रबंधन सुनिश्चित करने का गौरव प्राप्त है। इस उपलब्धि के लिए राज्य को भारत सरकार से पिछले तीन वर्षों में 917 करोड़ रुपए की प्रोत्साहन राशि भी प्राप्त हुई है। शिक्षा कर्मियों, संविदा शिक्षकों, पंचायत कर्मियों तथा आँगनवाड़ी कार्यकर्ताओं की सेवा शर्तें और मानदेय-वेतन में सुधार, 'ब्रह्मस्वरूप समिति' की सिफारिशों को लागू करना, शासकीय कर्मियों के मूल वेतन में 50 प्रतिशत महँगाई भत्ता जोड़ना तथा उन्हें लगातार महँगाई भत्ते की किश्तों की स्वीकृति बेहतर वित्तीय स्थिति के कारण ही संभव हो सकी है।

राज्य सरकार ने पिछले तीन वर्षों की उपलब्धियों को कायम रखते हुए औद्योगिक विकास के लिए तेजी से आगे कदम बढ़ाए हैं। औद्योगीकरण में तेजी लाने के लिए खजुराहो में इन्वेस्टर्स मीट तथा सिंगापुर, मलेशिया,

इंग्लैंड और अमेरिका के साथ दिल्ली, मुंबई और बंगलौर में निवेशकों से चर्चाओं के बाद इंदौर में आयोजित 'ग्लोबल इन्वेस्टर्स सम्मिट' की सफलता एक बड़ी उपलब्धि है। इससे प्रदेश में उद्योगों की स्थापना के लिए अच्छा वातावरण बना है।

'सुराज मिशन' के तहत प्रशासन को और अधिक जनोन्मुखी तथा संवेदनशील बनाने के प्रयासों में भी राज्य सरकार को काफी सफलता मिली है। 'मंथन' कार्यशाला, मुख्यमंत्री समाधान ऑनलाइन, जनदर्शन, मुख्यमंत्री निवास में पंचायतों के माध्यम से समाज के विभिन्न वर्गों से संवाद के बाद समस्याओं का निराकरण तथा नए कार्यक्रमों की शुरुआत, जिला कार्यालयों में 'समाधान एक दिन में' योजना, विकासखंड स्तर पर लोक कल्याण शिविरों का आयोजन जैसे अभिनव कार्यक्रमों से प्रशासन जनता के अधिक निकट पहुँचा है, जिससे समस्याओं के निराकरण में तेजी आई है। रिक्त आरक्षित पदों पर भरती के साथ सामान्य वर्गों की भरती पर प्रतिबंध हटा लिया गया है।

जनसमस्याओं के निराकरण, पारदर्शिता बढ़ाने तथा तेजी से विकास के प्रयासों को बल प्रदान करने के लिए प्रशासन में सूचना प्रौद्योगिकी के उपयोग को भी बढ़ावा दिया जा रहा है। राजधानी को सभी विकासखंड मुख्यालयों से जोड़ने के लिए 'स्टेट वाइड एरिया नेटवर्क की योजना' एकीकृत एवं स्वीकृत हो चुकी है। इससे 9000 से अधिक 'कॉमन सर्विस सेंटरों' की स्थापना की जाएगी।

खेल क्षेत्र में अनेक नई योजनाएँ लागू की गई हैं। पुरुष और महिला हॉकी अकादमियों के गठन के साथ ही खेल बजट में लगभग पाँच गुना वृद्धि की गई। विभिन्न खेलों के लिए प्रशिक्षण केंद्र खोलने का भी निर्णय लिया गया है।

मध्य प्रदेश के निवासियों को देश के बाहर स्थित आस्था केंद्रों की यात्रा के लिए अनुदान की सुविधा शुरू की गई है। राज्य सरकार ने जनभावनाओं

का आदर करते हुए पाकिस्तान स्थित सिख तीर्थस्थल ननकाना साहिब, हिंदू तीर्थस्थल माता हिंगलाज देवी मंदिर और तिब्बत में कैलाश मानसरोवर की यात्रा के लिए 50 प्रतिशत व्यय देने की व्यवस्था की है।

प्रदेश में सांस्कृतिक गतिविधियों को भी बढ़ावा दिया जा रहा है। संस्कृति विभाग द्वारा किए जानेवाले सम्मान अब बढ़ी हुई राशि के साथ दिए जा रहे हैं। स्वतंत्रता संग्राम सेनानियों की पेंशन बढ़ाकर 6,000 रुपए की गई है। जन-भावनाओं का आदर करते हुए 'रामपथ विकास योजना' पर भी काम शुरू किया है। 'नर्मदा परिक्रमा पथ' का भी विकास किया जाएगा।

प्रदेश में सांस्कृतिक-धार्मिक केंद्रों, ऐतिहासिक स्थलों, प्राकृतिक रमणीय केंद्रों तथा औद्योगिक केंद्रों में पर्यटन की असीम संभावनाएँ हैं। ऐतिहासिक इमारतों को पर्यटन केंद्रों और होटल के स्वरूप में विकसित करने की पहल की जा रही है। पर्यटन के विकास में निजी पूँजी निवेश बढ़ाने के प्रयास शुरू किए गए हैं।

मध्य प्रदेश अन्य राज्यों के मुकाबले शांत प्रदेश है; परंतु अनेक वर्षों से डकैती तथा पिछले कई वर्षों से नक्सलियों की गतिविधियाँ प्रदेश के कुछ हिस्सों में जन-जीवन तथा विकास गतिविधियों को प्रभावित करती रही हैं। राज्य सरकार ने इन दोनों असामाजिक गतिविधियों पर अंकुश सुनिश्चित किया है। डकैती तथा नक्सली समस्या पर पूर्ण नियंत्रण रखा गया। सांप्रदायिक सौहार्द बनाए रखने, गंभीर अपराधों के विरुद्ध तत्काल काररवाई करने तथा कानून-व्यवस्था की स्थिति बनाए रखने के लिए राज्य शासन प्रतिबद्ध है।

राज्य सरकार समाज के सभी वर्गों की बेहतरी तथा प्रदेश के सर्वांगीण विकास के लिए दृढ़ संकल्पित है। यह संकल्प, हम सभी की सक्रिय भागीदारी से ही पूरा होगा। अतः हम सभी समृद्ध एवं विकसित मध्य प्रदेश के निर्माण में सहभागी बनें।

□

कर्तव्यों को निभाने में दिखाएँ तत्परता

भारत के 60वें गणतंत्र दिवस पर प्रदेश की जनता ने विकास की गंगा को प्रदेश के धरातल पर उतारने के हमारे संकल्प को आशीर्वाद दिया। नया जनादेश सरकार की कार्यशैली, उसकी योजनाओं तथा किए गए कार्यों की पुष्टि है। जन-विश्वास की इस धरोहर को सुरक्षित रखने तथा जन-विश्वास पर खरा उतरने की सरकार पूरी कोशिश करेगी।

पिछले पाँच वर्षों में सड़क, बिजली और पानी सहित अधोसंरचना के क्षेत्र में तेजी से काम किया है। विद्युत् उत्पादन क्षमता में 3147 मेगावाट की वृद्धि हुई, जो पचास साल में निर्मित कुल क्षमता से अधिक है। विद्युत् पारेषण क्षमता भी 3800 मेगावाट से बढ़ाकर 7600 मेगावाट की गई। इस अवधि में पारेषण हानि को 4.09 प्रतिशत तक लाने का कीर्तिमान स्थापित हुआ। अगले पाँच सालों में 5800 मेगावाट की अतिरिक्त क्षमता सृजित करने की योजना है। ग्रामीण घरों में 24 घंटे और कृषि के लिए पर्याप्त बिजली देने के लिए फीडर अलग करने की योजना पर अमल किया जाएगा।

पिछले पाँच साल में प्रदेश में करीब 40 हजार किलोमीटर लंबाई की सड़कें बनी हैं। 'प्रधानमंत्री सड़क योजना' में हमारी उपलब्धियों को केंद्र सरकार ने भी सराहा है। राज्य सरकार ने संभागीय मुख्यालयों को फोर लेन और जिला मुख्यालयों को टू-लेन सड़कों से जोड़ने का निर्णय लिया है।

'मुख्यमंत्री सड़क योजना' शुरू की जाएगी, जिसके जरिए कम आबादीवाले गाँव भी सड़क से जुड़ सकेंगे।

पिछले पाँच साल में सरकार ने 50 हजार बसाहटों और 39 हजार ग्रामीण शालाओं में शुद्ध पेयजल व्यवस्था की है। अब शेष बसाहटों में भी यह काम किया जाएगा। सिंचाई परियोजनाओं की पूर्णता पर सरकार का विशेष ध्यान है। बाणसागर, राजघाट, मणिखेड़ा, मान, जोबट और काकासाहेब गाडगिल जैसी वर्षों से लंबित योजनाएँ पूरी की गईं। अब आनेवाले समय में महान्, बारियारपुर, माही, बावनथड़ी, सिंध फेज-2, अपरबेदा, लोअरगोई और पुनासा उद्वहन सिंचाई योजनाओं को पूर्ण कर 10 लाख हेक्टेयर से अधिक क्षेत्र में अतिरिक्त सिंचाई क्षमता निर्मित की जाएगी।

नई जल नीति के माध्यम से सतही व जमीनी जल संवर्द्धन के सार्थक उपाय होंगे और पुराने जल स्रोतों को पुनर्जीवित किया जाएगा।

खेती को लाभदायी बनाने के लिए सरकार ने उत्पादन लागत को कम करने और कृषि उपजों का उचित मूल्य दिलाने पर ध्यान केंद्रित किया है। खेती के लिए सस्ती बिजली, सिंचाई सुविधाओं का विकास, समय पर खाद-बीज की उपलब्धता सुनिश्चित करने के साथ ही सरकार ने सहकारी कृषि ऋणों की ब्याज दर को घटाकर पाँच प्रतिशत कर दिया है। वर्ष 2008 में सरकार ने समर्थन मूल्य पर गेहूँ की खरीदी पर 100 रुपए क्विंटल का बोनस देने के साथ ही गेहूँ उपार्जन की कारगर व्यवस्था की। 'कृषक ऋण राहत योजना' के अंतर्गत बकाया बिजली बिलों की आधी राशि जमा करने पर शेष राशि और अधिभार की छूट दी गई। इस योजना को मार्च 2009 तक बढ़ा दिया गया है। पाँच साल में महँगाई में वृद्धि के बावजूद खेती के लिए बिजली को सस्ता किया गया। पहले 300 यूनिट तक 1.20 रुपए और उससे अधिक पर 1.70 रुपए की दर पर मिलनेवाली बिजली अब 500 यूनिट तक 75 पैसे प्रति यूनिट और इससे अधिक की खपत होने पर 1.10 रुपए प्रति यूनिट दी जा रही है। विगत पाँच वर्षों में खेती के लिए बिजली के प्रदाय पर

सरकार ने लगभग 4600 करोड़ की सब्सिडी दी है।

सूखाग्रस्त क्षेत्र घोषित करने के नियमों को उदार बनाया गया। फसल, पशु, मकान हानि संबंधी राहत के नियमों में दी जानेवाली सहायता दोगुने से भी अधिक हो गई।

शिक्षा-सुविधाओं के विकास के लिए भी हमने पूरी प्रतिबद्धता से कार्य किया है। कर्मी व्यवस्था को समाप्त कर नई गुणवत्तापूर्ण शिक्षा संस्कृति बनाने पर सरकार का जोर है। एक जुलाई 2008 को 3500 हायर सेकंडरी, हाईस्कूल और मिडिल स्कूल खोले गए। लगभग 55 हजार नए शिक्षकों की भरती के साथ ही अच्छा परिणाम देनेवाले शिक्षकों को पुरस्कृत करने की योजना भी शुरू की गई। परिणामस्वरूप 10वीं और 12वीं के परीक्षा परिणाम में सुधार आया। तकनीकी और व्यावसायिक शिक्षा के विस्तार के अंतर्गत सागर में मेडिकल कॉलेज, रीवा में वेटनरी कॉलेज, गंजबासौदा में कृषि महाविद्यालय, ग्वालियर में संगीत विश्वविद्यालय और कृषि विश्वविद्यालय स्थापित किए गए हैं। राज्य सरकार के विशेष प्रयासों से भोपाल और इंदौर में अनेक नए केंद्रीय शिक्षण संस्थान स्थापित होने जा रहे हैं। शिक्षा के लोकव्यापीकरण के उद्देश्य से राज्य में अब प्रत्येक पाँच किलोमीटर की दूरी पर हाईस्कूल प्रारंभ किए जाएँगे।

स्वास्थ्य सुविधाओं के विस्तार एवं गरीब के इलाज की भी सरकार ने चिंता की है। जिला अस्पतालों की क्षमता 9000 से बढ़ाकर 13000 बिस्तर की गई। पिछले एक साल में ही प्रदेश में 100 से अधिक नई स्वास्थ्य संस्थाएँ मंजूर की गई हैं। प्रसव हेतु 'उपचार एवं सहायता योजना' प्रारंभ की। प्रदेश में 'जननी एक्सप्रेस' योजना लागू की गई है। संस्थागत प्रसव पिछले एक साल में 71 प्रतिशत से बढ़कर 77 प्रतिशत हो गया है। इसी तरह आँगनवाड़ी को मंगल दिवस, बाल शक्ति, शक्तिमान के माध्यम से आकर्षक बनाया गया। गंभीर कुपोषण कम होकर अब 0.56 प्रतिशत हो गया है।

आज मध्य प्रदेश में महिला सशक्तीकरण की उपलब्धियों का उदाहरण

पूरे देश में दिया जा रहा है। जननी सुरक्षा, लाड़ली लक्ष्मी, स्थानीय-नगरीय निकाय में 50 प्रतिशत महिलाओं का आरक्षण, गाँव की बेटी, बालिकाओं को साइकिल वितरण, कन्यादान तथा जेंडर बजटिंग के माध्यम से महिला कल्याण की सशक्त नींव रखी गई है।

पिछले 5 वर्षों में विभिन्न निवेशक सम्मेलनों के दौरान 309 समझौता ज्ञापन के माध्यम से रुपए 3 लाख 72 हजार करोड़ के पूँजी निवेश के प्रस्ताव तैयार हुए। इसमें से रुपए 1 लाख 30 हजार करोड़ का निवेश मूर्त रूप ले रहा है। मध्य प्रदेश में औद्योगिक निवेश का वातावरण उत्साहवर्धक रहा है। देश में निवेश की दृष्टि से मध्य प्रदेश 5वाँ सबसे आकर्षक राज्य है।

'सुराज मिशन' के तहत प्रशासन को और अधिक जनोन्मुखी तथा संवेदनशील बनाने के प्रयासों में भी राज्य सरकार को काफी सफलता मिली है। 'मंथन' कार्यशाला, मुख्यमंत्री समाधान ऑनलाइन, जनदर्शन, मुख्यमंत्री निवास में पंचायतों के माध्यम से समाज के विभिन्न वर्गों से संवाद के बाद समस्याओं का निराकरण तथा नए कार्यक्रमों की शुरुआत, जिला कार्यालयों में 'समाधान एक दिन में' योजना, विकासखंड स्तर पर लोक कल्याण शिविरों का आयोजन जैसे अभिनव कार्यक्रमों से प्रशासन जनता के अधिक निकट पहुँचा है। शासन में लोगों की भागीदारी बढ़ाने के लिए 'आइडियाज फॉर सी.एम.' वेबसाइट शुरू की गई है। राजधानी को सभी विकासखंड मुख्यालयों से जोड़ने के लिए 'स्टेट वाइड एरिया नेटवर्क' की योजना स्वीकृत हो चुकी है। इसमें 9000 से अधिक 'कॉमन सर्विस सेंटरों' की स्थापना की जा रही है।

शिक्षा कर्मियों, संविदा शिक्षकों, पंचायत कर्मियों तथा आँगनवाड़ी कार्यकर्ताओं की सेवा-शर्तें और मानदेय-वेतन में सुधार, 'ब्रह्मस्वरूप समिति' की सिफारिशों को लागू करना, शासकीय कर्मियों के मूल वेतन में 50 प्रतिशत महँगाई भत्ता जोड़ना तथा उन्हें लगातार महँगाई भत्ते की किश्तों की स्वीकृति सरकार की अपने कर्मचारियों के प्रति संवेदनशीलता का प्रमाण है।

प्रदेश के मजदूर, शिल्पी, कारीगर और कलाकार हमारे प्रदेश की धरोहर हैं। मजूदरों के लिए नई 'श्रम नीति' घोषित की गई। अब 'मुख्यमंत्री मजदूर सुरक्षा योजना' के तहत प्रसव का खर्च एवं परिवार को दो महीने की मजदूरी के बराबर पैसा दिया जा रहा है। अप्रैल 2008 से 'आम आदमी बीमा योजना' शुरू की गई है। 'सफाई कामगार आयोग' और 'माटी कला बोर्ड' का भी गठन किया गया है।

'राष्ट्रीय ग्रामीण रोजगार गांरटी योजना' के क्रियान्वयन में मध्य प्रदेश इस साल भी देश में अग्रणी राज्यों में एक है। इस योजना के अंतर्गत एक करोड़ से अधिक लोगों को 'जॉब कार्ड' वितरित किए जा चुके हैं। योजना के अंतर्गत एक लाख 50 हजार से अधिक कार्य पूर्ण कराए जा चुके हैं और दो लाख 66 हजार कार्य प्रगतिरत हैं। भोपाल की बड़ी झील सहित प्रदेश के सभी तीर्थों के सरोवरों, बावड़ियों, तालाबों का जीर्णोद्धार जनसहभागिता से करने की मुहिम शुरू की गई है।

शहरों की बढ़ती आबादी के मद्देनजर स्वच्छता, ठोस अपशिष्ट प्रबंधन, नगरीय यातायात, पेयजल, गरीबों के लिए आवास, व्यावसायिक परिसरों के निर्माण तथा स्वास्थ्य सुविधाओं के विस्तार को प्राथमिकता दी जा रही है। शहरी मलिन बस्तियों के विकास और पुनर्स्थापन का कार्य भी किया जा रहा है। पचास हजार से ज्यादा झुग्गीवासियों को उनके आधिपत्य की भूमि के अधिकार-पत्र सौंपे गए हैं।

राज्य सरकार द्वारा अनुसूचित जाति-जनजाति तथा पिछड़े वर्गों के सामाजिक, शैक्षणिक और आर्थिक उत्थान के लिए कारगर कदम उठाए गए हैं। हमने अनुसूचित जाति पंचायत बुलाई और उनके लिए प्रचलित योजनाओं का पुनर्गठन किया। शिष्वृत्ति एवं छात्रवृत्ति में वृद्धि तथा पोस्ट मैट्रिक छात्रवृत्ति के लिए अभिभावकों की आय सीमा में वृद्धि इसी का परिणाम थे। इस वर्ग के शिक्षित बेरोजगारों के लिए 'रोजगार गारंटी प्रशिक्षण योजना' भी आरंभ की गई। अनुसूचित जनजाति और अन्य परंपरागत वननिवासी (वन अधिकारों

की मान्यता) अधिनियम 2006 के अंतर्गत वनवासियों को उनका अधिकार प्रदान करनेवाला मध्य प्रदेश देश का पहला प्रदेश है। गंभीर वन अपराधों को छोड़कर उनके विरुद्ध दर्ज करीब डेढ़ लाख आपराधिक प्रकरण वापस लेने के साथ ही उनके जब्त किए गए सामान को भी लौटाया गया है। तेंदुपत्ता श्रमिकों की संग्रहण दर में दो साल में 100 रुपए की वृद्धि करने के साथ ही उनके बकाया बोनस की राशि भी वितरित की गई। आदिवासी क्षेत्रों में चलित चिकित्सालयों की व्यवस्था, शिक्षा का विस्तार, छात्रवृत्ति और छात्रावासी सुविधाओं में वृद्धि की गई।

सामान्य वर्गों के निर्धन लोगों की बेहतरी के लिए एक आयोग बनाया गया। आयोग की सिफारिशों के अनुरूप प्रथम चरण में सामान्य वर्ग के निर्धन बच्चों की शिक्षा के लिए स्कूली और उच्च शिक्षा स्तर से लेकर व्यावसायिक पाठ्यक्रमों के लिए अनेक छात्रवृत्ति योजनाएँ शिक्षा सत्र 2008 से लागू की गईं।

खेल क्षेत्र में अनेक नई योजनाएँ लागू की गई हैं। पुरुष और महिला हॉकी अकादमियों के गठन के साथ ही खेल बजट में लगभग पाँच गुना वृद्धि की गई। परिणामस्वरूप राष्ट्रीय खेल स्पर्धाओं में प्रदेश के प्रदर्शन में सुधार आया।

प्रदेश में सांस्कृतिक गतिविधियों को भी बढ़ावा दिया जा रहा है। सांस्कृतिक आयोजनों और उत्सवों को जिला स्तर तक ले जाया जा रहा है। जन भावनाओं का आदर करते हुए रामपथ विकास योजना पर भी काम शुरू हुआ है। स्वतंत्रता संग्राम सेनानियों की पेंशन बढ़ाकर 6,000 रुपए की गई है।

प्रदेश में कानून एवं व्यवस्था को सुदृढ़ बनाने के लिए अनेक प्रयास किए गए हैं। पुलिस बल में नई भरती के साथ ही 'आतंकवाद निरोधक बल' (ए.टी.एस.) का गठन किया गया है। सशस्त्र बलों को साधन-सुविधा संपन्न बनाने की दिशा में कार्य चल रहा है। डकैतों का उन्मूलन, 'सिमी'

जैसे आतंकवादी संगठन के नेटवर्क को ध्वस्त करने और नक्सलवाद पर नियंत्रण सरकार की प्रमुख उपलब्धियाँ हैं।

समृद्ध और विकसित मध्य प्रदेश के अपने लक्ष्य की पूर्ति के लिए राज्य सरकार ने सात सर्वोच्च प्रथमिकताएँ तय की हैं। इनमें अधोसंरचना विकास, खेती को लाभदायी बनाना, महिला सशक्तीकरण, निवेश, सुशासन, स्वास्थ्य और शिक्षा सुविधाओं का विकास और बेहतर कानून-व्यवस्था शामिल हैं। इनकी प्रभावी पूर्ति के लिए सात स्थायी कार्यदल गठित किए गए हैं। इन कार्यदलों में शासकीय अधिकारियों के अतिरिक्त विषय विशेषज्ञों को भी शामिल किया गया है, ताकि बेहतर योजनाओं एवं कार्यक्रमों का निर्माण हो सके।

स्वर्णिम मध्य प्रदेश को गढ़ने में आप सभी का सहयोग अपेक्षित है। यह समय प्रदेश के विकास और आम जनता के कल्याण में खुद को समर्पित करने का है। यह तभी संभव है जब सरकार और समाज एक साथ खड़े हों। हमें 'अपना मध्य प्रदेश' का भाव जाग्रत् करना है। हम अधिकारों के प्रति जितना संवेदनशील रहते हैं, कर्तव्यों को पूरा करने में उससे ज्यादा सजगता दिखानी होगी। हमें बिजली की बचत करने, पानी के अपव्यय को रोकने, स्वच्छता लाने, हरियाली को संरक्षित करने और आतंकी इरादों से देश को बचाने के सभी उपाय करने हैं। अगर हम अपनी भूमिका से जुड़े दायित्वों का निर्वाह पूरी निष्ठा से करें तो न केवल प्रदेश की उन्नति का मार्ग प्रशस्त होगा, बल्कि अपने जीवन की सार्थकता भी अनुभव कर सकेंगे।

□

वन-ग्रामों का उत्थान

हाल ही में नगरीय निकायों और पंचायत राज संस्थाओं में आए नव निर्वाचित जन-प्रतिनिधि प्रदेश को अग्रणी बनाने में अपनी भूमिका का निर्वहन ईमानदारी से करेंगे। सरकार और समाज को जोड़ने के लिए सरकार द्वारा 'आओ बनाएँ अपना मध्य प्रदेश' अभियान शुरू किया है। हर नागरिक को यह संकल्प लेना होगा कि वह प्रदेश को बेहतर बनाने में अपना सर्वश्रेष्ठ योगदान देगा। इस अभियान को और प्रभावी बनाने के लिए 'मध्य प्रदेश बनाओ यात्रा' भी शुरू की गई है।

राज्य सरकार ने सात प्राथमिकताएँ—क्रमशः खेती को लाभ का धंधा बनाना, निवेश-वृद्धि, अधोसंरचना विकास, शिक्षा और स्वास्थ्य, महिला सशक्तीकरण, सुशासन और सुरक्षा एवं कानून व्यवस्था निर्धारित की हैं। इनकी पूर्ति के लिए समयबद्ध कार्यक्रम बनाकर कार्य किया जा रहा है।

कृषि को लाभ का धंधा बनाना राज्य की सर्वोच्च प्राथमिकता है। किसानों के लिए सहकारी ऋणों की ब्याज दर को 16 प्रतिशत से कम कर पाँच प्रतिशत किया गया। गेहूँ और धान के समर्थन मूल्य पर बोनस भी दिया जा रहा है। 'किसान कॉल सेंटर' की सुविधा कृषकों में अत्यंत लोकप्रिय हुई है। इस साल विभिन्न योजनाओं के जरिए 58 हजार 777 हेक्टेयर में उद्यानिकी क्षेत्र का विस्तार भी किया गया है।

प्रदेश की 73 कृषि उपज मंडी समितियों को फल-सब्जी के लिए अधिसूचित किया गया है। हमने 228 मंडी प्रांगणों में किसानों को पाँच रुपए

में भोजन देने की व्यवस्था की है। किसानों की सुविधा के लिए पिछले साल 24 नई तहसीलों का गठन तथा भू-अधिकार एवं ऋण पुस्तिका को एकीकृत किया गया है। पशुधन संवर्द्धन की दिशा में 'प्रथम पशु चिकित्सा विज्ञान विश्वविद्यालय' की स्थापना जबलपुर में की गई। इसके अलावा 12 नए पशु औषधालय खोलने के साथ ही 25 पशु चिकित्सा संस्थाओं को सुदृढ़ किया गया।

मध्य प्रदेश में नए उद्योगों की स्थापना से निवेश में वृद्धि हो रही है। वर्ष 2003 में निवेश के मामले में प्रदेश देश में दसवें स्थान पर था जबकि अब छठे पर है। सरकार की उद्योग हितैषी नीति के फलस्वरूप कुल 40 हजार करोड़ रुपए के निवेश की परियोजनाएँ स्थल पर मूर्त रूप ले रही हैं। ग्यारह जिलों में औद्योगिक क्षेत्र विकसित करने का काम प्रगति पर है। बीते पाँच वर्षों में 89 वृहत् उद्योगों तथा 87 हजार से अधिक लघु और अति लघु उद्योगों की स्थापना हुई। इससे दो लाख से ज्यादा लोगों को रोजगार मिला है।

अधोसंरचना विकास में सड़कों का प्रमुख स्थान है। पिछले छह साल में 52 हजार किलोमीटर लंबाई की सड़कें प्रदेश में बनी हैं। इस वर्ष 11 हजार किलोमीटर सड़कें बनाई जा रही हैं। 'प्रधानमंत्री ग्रामीण सड़क योजना' के अमल में प्रदेश लगातार अव्वल बना हुआ है। राजधानी को संभाग मुख्यालयों से चार लेन सड़कों, संभाग को जिला मुख्यालयों से दो लेन सड़कों से जोड़ा जा रहा है। प्रदेश में, विशेषकर ग्रामीण क्षेत्रों में सड़क यात्री परिवहन को सुलभ तथा सुरक्षित बनाने के उद्देश्य से नई परिवहन नीति बनाई गई है।

सिंचाई सुविधा बढ़ाने के लिए इस वर्ष 1496 करोड़ रुपए का प्रावधान कर 90 हजार हेक्टेयर अतिरिक्त क्षेत्र में सिंचाई क्षमता निर्मित करने का लक्ष्य रखा गया है। कुल 3,750 करोड़ रुपए लागत की 16 मध्यम योजनाएँ तथा 1254 लघु योजनाएँ स्वीकृत की गई हैं। इनसे लगभग पौने चार लाख हेक्टेयर क्षेत्र में सिंचाई क्षमता निर्मित होगी। इसके अतिरिक्त नर्मदा घाटी

परियोजनाओं में वर्ष 2008-09 में 50 हजार हेक्टेयर क्षेत्र में सिंचाई क्षमता निर्मित की जा चुकी है।

बिजली विकास का आधार है। विद्युत् उत्पादन की स्थापित क्षमता में 3000 मेगावाट से अधिक की बढ़ोतरी हुई है। अगले पाँच साल में हमारा लक्ष्य लगभग 6500 मेगावाट की वृद्धि का है। इस वर्ष विद्युत् उत्पादन की परियोजनाओं के निर्माण और सुधार पर 1390 करोड़ रुपए का प्रावधान किया गया है। गाँवों में 24 घंटे और खेती के लिए 8 घंटे बिजली प्रदाय सुनिश्चित करने के लिए फीडर विभाजन का कार्य किया जा रहा है। 'कृषक राहत योजना' का लगभग पाँच लाख किसान लाभ ले चुके हैं। किसान को बिजली की बढ़ी दरों के बोझ से बचाने के लिए इस वर्ष 1300 करोड़ रुपए दिए जा रहे हैं।

हमने सूखे से उत्पन्न जल संकट से निपटने के लिए प्रदेश के तालबों और अन्य परंपरागत जल-स्रोतों के संरक्षण का अभियान संचालित किया। प्रदेश में 300 नल-जल योजनाएँ पूर्ण करने के साथ करीब दस हजार ग्रामीण बसाहटों और 300 शालाओं में पेयजल की व्यवस्था की गई।

इंदौर, भोपाल, जबलपुर एवं उज्जैन शहरों के सुनियोजित विकास के लिए 3,181 करोड़ रुपए लागत की 48 परियोजनाएँ स्वीकृत की गई हैं। शहरी गरीबों के लिए 59 हजार से ज्यादा आवास बनाए जा रहे हैं। शहरी घरेलू कामकाजी बहनों का पंजीकरण कर उनके परिवार की सामाजिक सुरक्षा, शिक्षा, चिकित्सा और कौशल उन्नयन संबंधी जरूरतों को पूरा किया जाएगा।

राज्य में 'राष्ट्रीय ग्रामीण रोजगार गारंटी योजना' को पूरी तत्परता से लागू किया गया है। इसके तहत इस वर्ष लगभग 38 लाख ग्रामीण परिवारों को रोजगार उपलब्ध करया गया है और उन्हें मजदूरी के रूप में लगभग 1600 करोड़ रुपए वितरित किए गए हैं। गाँव-गाँव में रोजगार के अवसर निर्मित किए गए हैं। योजना के तहत इस वर्ष 3 लाख 24 हजार निर्माण कार्य

हाथ में लिये गए हैं और अब तक एक लाख 43 हजार कार्य पूरे किए जा चुके हैं। 'जलाभिषेक कार्यक्रम' के अंतर्गत जल संरक्षण के कार्य निरंतर जारी हैं।

महिलाओं को स्थानीय निकायों में 5 प्रतिशत आरक्षण देने में हम अग्रणी रहे। 'लाड़ली लक्ष्मी योजना' महिला सशक्तीकरण की दिशा में मील का पत्थर साबित हो रही है। अब तक लगभग 3 लाख 85 हजार बालिकाओं को इसका लाभ दिया जा चुका है। इसी तरह 'मुख्यमंत्री कन्यादान योजना' का लाभ एक लाख से अधिक कन्याओं को मिल चुका है। 'साँझा चूल्हा व्यवस्था' में 65 हजार महिला स्व-सहायता समूह कार्य कर रहे हैं।

प्रदेश में कुपोषण की दर में कमी आई है। लगभग 20,000 नए आँगनवाड़ी एवं उप-आँगनवाड़ी केंद्र प्रारंभ किए जा रहे हैं। गंभीर कुपोषित बच्चों के लिए 200 'पोषण पुनर्वास केंद्र' भी स्थापित किए गए हैं। वर्ष 2005 में संस्थागत प्रसव 26 प्रतिशत था, जो अब बढ़कर 72 प्रतिशत हो गया है। प्रदेश में शिशु एवं मातृ मृत्यु-दर में भी उल्लेखनीय कमी आई है।

प्रदेश में अनुसूचित जाति एवं अनुसूचित जनजाति के परिवारों के समग्र विकास और संरक्षण पर विशेष ध्यान दिया जा रहा है। वन अधिकार-पत्र देने में प्रदेश देश में अग्रणी बना हुआ है। अब तक एक लाख से अधिक दावे मान्य कर 70 हजार से अधिक अधिकार-पत्र सौंपे जा चुके हैं। वनवासियों की भूमि को खेती लायक बनाने और उन पर कुएँ खोदकर डीजल या विद्युत् पंप लगाने का काम भी किया जा रहा है। अनुसूचित जाति तथा जनजाति के छात्रों की शिक्षा के लिए हर साल हाईस्कूल, प्री और पोस्ट मैट्रिक छात्रावास तथा आश्रम शालाएँ खोली जा रही हैं। अनुसूचित जाति एवं जनजाति अत्याचार निवारण अधिनियम के अंतर्गत 14 विशेष न्यायालय स्थापित किए गए। विशेष भरती अभियान के माध्यम से लगभग 25 हजार पदों की पूर्ति की गई है तथा इस अभियान की अवधि को जून 2010 तक बढ़ाया गया है। अन्य पिछड़े वर्गों को लाभान्वित करने के लए क्रीमीलेयर हेतु निर्धारित आय-

सीमा ढाई लाख रुपए प्रतिवर्ष से बढ़ाकर साढ़े चार लाख रुपए की गई है। ग्रामीण क्षेत्र में सुलभ न्याय के लिए 40 जिलों में ग्राम न्यायालय स्थापित किए गए।

पिछले साल तेंदुपत्ता संग्राहकों को लगभग 112 करोड़ रुपए की मजदूरी वितरित की गई। 'हरियाली महोत्सव' में पिछले दो साल में 10 करोड़ से अधिक पौधों का रोपण किया गया। वर्ष 2010 को 'बाँस वर्ष' के रूप में मनाने का निर्णय लिया गया। वनग्रामों के उत्थान के लिए 279 करोड़ 44 लाख रुपए की एक नई योजना तैयार की गई है।

'मुख्यमंत्री हाथठेला' एवं 'साइकिल रिक्शाचालक कल्याण योजना 2009' प्रारंभ की गई है। उन्हें किराएदार से मालिक बनाने, उनकी शिक्षा, चिकित्सा तथा सामाजिक सुरक्षा के लए सहायता देने की व्यवस्था की गई है।

शिक्षा पर सरकार ने विशेष ध्यान दिया है। शासकीय विद्यालयों में पढ़नेवाले सभी विद्यार्थियों को निःशुल्क पाठ्य-पुस्तकें उपलब्ध कराई गई हैं। नए स्कूल- भवनों का निर्माण एवं शिक्षकों की भरती का कार्य निरंतर जारी है।

विश्वव्यापी मंदी, व्यापक सूखे के बावजूद मध्य प्रदेश की विकास दर में वृद्धि हुई, जबकि राष्ट्रीय स्तर पर विकास दर में गिरावट आई है। आयोजना व्यय में वर्ष 2003-04 की तुलना में 160 प्रतिशत से अधिक की वृद्धि हुई है। प्रदेश ने वर्ष 2008-09 में 5.57 प्रतिशत वृद्धि दर हासिल की। प्रति व्यक्ति आय वर्ष 1999-2000 की तुलना में 63 प्रतिशत से अधिक बढ़ी है।

युवाओं के लिए रोजगार के नए अवसर निर्मित करने तथा उन्हें रचनात्मक कार्यों में लगाने के लिए प्रदेश में नई 'युवा नीति' लागू की गई है। इस नीति में अन्य बातों के साथ प्रतिवर्ष 50 हजार युवाओं को रोजगार में स्थापित करने का लक्ष्य भी रखा गया है।

पिछले तीन साल में 14 खेलों की अकादमियाँ तथा कुल 196 'ग्रामीण

युवा केंद्र' स्थापित हुए। इन अकादमियों के खिलाड़ियों ने वर्ष 2009 में लगभग 800 पदक जीते।

शासन को जन-केंद्रित बनाकर सुशासन के उद्देश्य से प्रत्येक मंगलवार को विभिन्न स्तरों पर 'जन सुनवाई' कार्यक्रम शुरू किया गया है, जिसमें लोगों की समस्याओं का समयबद्ध निराकरण हो रहा है। सूचना प्रौद्योगिकी के उपयोग को बढ़ावा देकर प्रशासन में अधिक पारदर्शिता लाई जा रही है। 'सिटीजन चार्टर' को अधिनियम का स्वरूप दिया जाएगा।

सरकार प्रदेश में कानून का राज स्थापित करने में सफल रही है। खनिज एवं नशीले पदार्थ के अवैध व्यापार तथा भू-माफिया पर अंकुश लगाया गया है।

गृह-निर्माण सहकारी संस्थाओं की अवैधानिक गतिविधियों को सख्ती से रोककर वास्तविक सदस्यों को उनका हक दिलाया गया है। जमाखोरों तथा कालाबाजारियों के विरुद्ध सख्त कदम उठाए गए हैं। डकैत तथा नक्सलवाद की समस्या पर पूरा नियंत्रण किया गया है। सरकार का संकल्प है कि जहाँ किसी निर्दोष को कष्ट न हो, वहीं दोषी भी बच न पाए।

म.प्र. समाज के सभी वर्गों के सक्रिय सहयोग के साथ विकास-पथ पर आगे बढ़ेगा। अतः स्वर्णिम मध्य प्रदेश के निर्माण में सहभागी बनें।

□

शरीरमाद्यं खलु धर्म साधनम्

हम आज इसलिए सुरक्षित हैं, क्योंकि हमारे प्रदेश के सुधाकर सिंह जैसे भारत माँ के कई लाल देश की सुरक्षा के लिए अपनी कुरबानी देने में पीछे नहीं हटे। ऐसे ही वीरों की स्मृति में सरकार प्रदेश की राजधानी में 'शौर्य स्मारक' बना रही है। युवाओं में बहादुरी के इसी जज्बे को प्रोत्साहित करने के लिए राज्य शासन ने 'माँ तुझे प्रणाम' योजना प्रारंभ करने का निर्णय लिया।

इस योजना के तहत युवाओं को देश की अंतरराष्ट्रीय सीमाओं में एक्सपोजर विजिट (लोगोंवाल, तनोत माता का मंदिर, नाथुला दर्रा, अखनूर, लेह, कारगिल, नेफा, समुद्री सीमा आदि) हेतु भेजा जाएगा।

मध्य प्रदेश पुलिस तथा होमगार्ड के जवानों ने सुरक्षा और कानून-व्यवस्था बनाए रखने में कर्तव्यनिष्ठा, साहस और तत्परता का परिचय देते हुए अपराधों पर नियंत्रण के साथ दस्यु उन्मूलन, वाम चरमपंथियों पर नियंत्रण और आतंकी नेटवर्क को खत्म करने में सफलता प्राप्त की है। जिला प्रशासनों ने सांप्रदायिक सद्‌भाव और शांति व्यवस्था को बनाए रखा है। महिला संबंधी अपराधों की रोकथाम के लिए नवीन महिला अपराध शाखा का गठन किया गया है। पुलिस कर्मियों के लिए इस साल 4 हजार आवास बनाए जा रहे हैं। आबादी के मान से पुलिस बल में वृद्धि के संकल्प की पूर्ति के लिए 21 हजार नए पद स्वीकृत किए गए हैं। पुलिस बल को गंभीर बीमारियों के उपचार की निजी अस्पतालों में सुविधा मुहैया करवाने के लिए 'स्वास्थ्य

सुरक्षा योजना' बनाई गई है। पुलिस जवान जनसाधारण की सुरक्षा में पूरी तन्मयता से काम कर रहे हैं।

सुशासन सही मायनों में तभी प्रतिफलित होता है जब शासकीय नीतियों, निर्णयों, योजनाओं एवं कार्यक्रमों के निर्धारण, क्रियान्वयन तथा निगरानी में जनता की भागीदारी सुनिश्चित की जाए। जनता की भागीदारी तथा आवश्यकताओं को समझने के लिए सरकार ने लगातार समाज के विभिन्न वर्गों की पंचायतें आयोजित की हैं। इन वर्गों की आवश्यकताओं एवं प्राथमिकताओं को पंचायतों में हुए संवाद के माध्यम से बड़ी संख्या में नई योजनाएँ प्रारंभ की गईं।

पिछले नौ वर्षों में राज्य सरकार की पहल और उनके फलस्वरूप प्राप्त परिणामों को देशभर में एवं केंद्र सरकार द्वारा सराहा गया है। भारत सरकार ने विगत वर्ष खाद्यान्न उत्पादन में उत्कृष्ट प्रदर्शन के लिए इसी माह प्रदेश को 'कृषि कर्मण पुरस्कार' से सम्मानित किया है। गत वर्ष प्रदेश की आर्थिक वृद्धि दर लगभग 12 प्रतिशत रही, जो प्रदेश को देश के राज्यों की अग्रिम पंक्ति में लाकर खड़ा करती है। भारत सरकार ने केंद्रीय अनुदान के अधिकतम उपयोग के लिए भी म.प्र. सरकार को सम्मानित किया। आज प्रदेश का किसान कृषि कार्यों के लिए शून्य प्रतिशत की ब्याज दर पर कर्ज ले पा रहा है। इस वर्ष के अंत तक 10 हजार करोड़ रुपए के फसल ऋण वितरित होंगे। अगले वित्त वर्ष में 35 लाख किसानों को 12 हजार करोड़ रुपए के फसल ऋण दिए जाएँगे।

इसमें 540 करोड़ रुपए का ब्याज अनुदान राज्य सरकार देगी। इसी तरह के किसान हितैषी फैसलों से मध्य प्रदेश देश में सबसे ज्यादा 18.91 प्रतिशत दस वर्ष में प्रदेश के समग्र फसल उत्पादन में 112 प्रतिशत से अधिक की वृद्धि हुई है। 'कृषि कैबिनेट' के अभिनव प्रयोग से किसानों के हित में तेजी से निर्णय लेने का मार्ग प्रशस्त हुआ है।

किसानों को उनकी उपज का उचित मूल्य दिलाने हेतु ई-उपार्जन प्रणाली

के अंतर्गत किसानों का पंजीयन कर, उपज का मूल्य ऑनलाइन के माध्यम से, किसानों के खाते में सीधे कैश ट्रांसफर की व्यवस्था की गई है।

प्रदेश का सिंचाई परिदृश्य पूरी तरह से बदलने में सरकार को अभूतपूर्व सफलता मिली है। वर्ष 2003 के पूर्व के पूरे प्रादेशिक इतिहास में सात लाख हेक्टेयर कृषि भूमि सिंचित कर पाए थे। गत वर्ष तक इसे बढ़ाकर तिगुना यानी 21 लाख हेक्टेयर कर दिया गया। इस वर्ष सिंचाई के चौबीस लाख हेक्टेयर के लक्ष्य को भी पार कर पच्चीस लाख हेक्टेयर भूमि में सिंचाई कर रहे हैं।

प्रदेश की जीवन-रेखा नर्मदाजी से मालवा क्षेत्र के जल संकट के स्थायी समाधान की पहल हाल ही में शुरू हुई है। नर्मदा जल का उद्‌वहन कर क्षिप्रा, कालीसिंध, पार्वती और गंभीर नदियों में छोड़ने के लिए 'नदी जोड़ो योजना' पर कार्य शुरू कर दिया गया है। प्रथम चरण में नर्मदा का जल क्षिप्रा के उद्‌गम में प्रवाहित करने की 'नर्मदा-क्षिप्रा सिंहस्थ लिंक परियोजना' का कार्य शुरू हो गया है। इस महत्त्वाकांक्षी योजना के अंतर्गत तीन हजार गाँव और 73 शहर लाभान्वित होंगे। खेतों में भी सिंचाई की व्यवस्था की जाएगी।

किसानों ने उद्यानिकी फसलों के उत्पादन में पिछले तीन वर्षों में ढाई गुना और सब्जी उत्पादन में तीन गुना वृद्धि कर दिखाई। 5 लाख हेक्टेयर अतिरिक्त क्षेत्र को उद्यानिकी फसलों के अंतर्गत लाया गया है। फसलोत्तर प्रबंध एवं प्रसंस्करण को बढ़ावा देने के लिए 'हॉर्टिकल्चर हब' स्थापना की नीति भी बनाई गई है।

प्रदेश के कुल 3 लाख 72 हजार हेक्टेयर जलक्षेत्र में से 3 लाख 65 हजार हेक्टेयर क्षेत्र को मछली पालन में लाने में हम कामयाब हुए हैं। किसान की तर्ज पर मछुआरों को भी जीरो प्रतिशत ब्याज दर पर 'फिशरमैन कार्ड' देने की योजना को मत्स्य महासंघ के मछुआरों तक विस्तारित किया गया है। प्रदेश और देश के पहले 'गो-अभयारण्य' का भूमि-पूजन शाजापुर

जिले के सालरिया गाँव में हुआ है। 'गोपाल पुरस्कार योजना' का विस्तार विकासखंड स्तर तक कर दिया गया है।

प्रदेश वासियों को आज भी वह दिन याद होगा जब प्रदेश का एक बड़ा हिस्सा लगभग अंधकार में जीने का आदी हो गया था। आज 'अटल ज्योति अभियान' के जरिए इस वर्ष एक ऐसे युग में प्रवेश कर रहे हैं, जिसमें ग्रामीण आबादी को भी 24 घंटे बिजली और कृषि कार्यों के लिए न्यूनतम 8 घंटे बिजली मिलेगी। इससे न केवल ग्रामीण क्षेत्रों के विद्यार्थियों के शैक्षणिक प्रदर्शन में सुधार आएगा, अपितु वहाँ तरह-तरह के लघु और सूक्ष्म उद्यम भी खुल सकेंगे। नवीन और नवकरणीय ऊर्जा के विकास के लिए भी नई नीति लागू की गई है। देश का सबसे बड़ा सौर ऊर्जा संयंत्र नीमच जिले में निर्माणाधीन है। लघु जल विद्युत्, बायोमास, सौर और पवन ऊर्जा की 448 मेगावाट की वर्तमान क्षमता अगले साल के आखिर में 1600 मेगावाट होना संभावित है। नीमच, मंदसौर, श्योपुरकलाँ, राजगढ़ एवं रीवा जिलों में सौर ऊर्जा पार्क विकसित किए जा रहे हैं।

किसी समय अपनी खस्ताहाल सड़कों के लिए बदनाम हो चुके प्रदेश में आज तीव्र गति से सड़कों का जाल बिछाया जा रहा है। अकेले चालू साल में प्रदेश में लगभग नौ हजार किलोमीटर सड़कों का निर्माण/उन्नयन हुआ है। इन्हें मिलाकर पिछले नौ वर्षों में प्रदेश में 90 हजार किलोमीटर सड़कों का निर्माण/उन्नयन हो चुका है।

राष्ट्रीय राजमार्गों के उन्नयन के लिए भारत शासन से निरंतर प्रयास किया जा रहा है तथा माननीय प्रधानमंत्री से भी इस विषय में आग्रह किया गया है।

हमारे देश के प्राण गाँव हैं। किसी कवि ने कहा है—'है अपना हिंदुस्थान कहाँ, वह बसा हमारे गाँवों में।' ग्रामीण क्षेत्रों में निम्न स्तर की सुविधाएँ एवं रोजगार के अवसर कम होना पलायन का प्रमुख कारण बनता है। ग्रामों के सर्वांगीण विकास के प्रति सरकार सजग और प्रतिबद्ध है। गाँव में सड़क,

बिजली, पानी, आवास, नालियों और शौचालय जैसी बुनियादी सुविधाओं की कमी को दूर करने के लिए मुख्यमंत्री सड़क योजना, मुख्यमंत्री पेयजल मिशन, मुख्यमंत्री आवास योजना, अटल ज्योति अभियान और 'पंच परमेश्वर योजनाओं' के जरिए वे सभी सुविधाएँ जुटाईं, जो शहरों में उपलब्ध हैं। पिछले नौ वर्षों में 'प्रधानमंत्री ग्राम सड़क योजना' के अंतर्गत 11 हजार से अधिक 51 हजार किलोमीटर नई बारहमासी सड़कें बनाई गई हैं। पाँच सौ से कम आबादी वाले सामान्य और 250 से कम आबादी वाले आदिवासी बहुल गाँवों में सड़कों की कमी को महसूस करते हुए अभी दो वर्ष पूर्व 'मुख्यमंत्री सड़क योजना' आरंभ की, जिसके अंतर्गत लगभग दो हजार किलोमीटर की 1,211 नई सड़कें बनाई जा चुकी हैं। 'पंचपरमेश्वर योजना' के तहत नाली सहित आंतरिक सड़कों के निर्माण के लिए ग्राम पंचायतों को जनसंख्या के मान से राशि दी जा रही है। साथ ही जिला पंचायतों को एक-एक करोड़ और जनपद पंचायतों को 25 लाख रुपए वार्षिक एकमुश्त दिए गए हैं।

सड़कों के साथ ही ग्रामीण क्षेत्रों में परिवहन सुविधा में भी प्रगति हुई है। खुली परमिट नीति, कम टैक्स दरों पर ग्रामीण क्षेत्र में बस सुविधा की सुलभता, बस स्टैंडों का प्रबंधन, यात्रियों को सुरक्षित परिवहन सुविधा मुहैया करवाने की व्यवस्था की जा रही है। ग्रामीण मार्गों पर मात्र 60 रुपए प्रति सीट प्रतिमाह की दर से परमिट जारी किए जा रहे हैं।

ग्रामीण क्षेत्रों में पानी लाने के लिए महिलाओं को लंबी दूरी तय करनी पड़ती थी। अब जल्द ही यह बीती बात हो जाएगी। हमने मध्य प्रदेश जल निगम का गठन किया है। निगम के माध्यम से 27 सतही स्रोत आधारित योजनाओं से 614 ग्रामों को पेयजल उपलब्ध करवाने की काररवाई की जा रही है। हमने 'मुख्यमंत्री पेयजल योजना' भी लागू की है, जिसके तहत 2000 परियोजनाओं का क्रियान्वयन किया गया है।

ग्राम पंचायतों में सूचना प्रौद्योगिकी के जरिए शासकीय योजनओं का लाभ सुलभ करवाने के उद्देश्य से 'ई-पंचायत कक्ष' बनाने का काम प्रगति

पर है। 'मुख्यमंत्री आवास मिशन' के अंतर्गत एक लाख आवासहीन ग्रामीणों के मकान निर्माण के लिए प्रकरण स्वीकृत किए जा चुके हैं।

इनके अतिरिक्त इस वित्तीय वर्ष में 'इंदिरा आवास योजना' में 84 हजार से अधिक आवास बनाने का लक्ष्य है। 'मर्यादा अभियान' के पहले चरण में 12 हजार से अधिक ग्रामों को खुले में शौच की बुराई से मुक्त किया गया है। 'निर्मल भारत अभियान' के जरिए ग्रामीण क्षेत्रों में 3 लाख घरेलू शौचालय बन चुके हैं। हम सब लोग यह संकल्प लें कि अपनी बहू-बेटियों, बहनों-माँओं की मर्यादा की रक्षा के लिए गाँवों को खुले में शौच की बुराई से पूर्णतः मुक्त करेंगे।

'रोजगार गारंटी योजना' में सार्वजनिक उपयोग की स्थायी संपत्तियों के निर्माण में मध्य प्रदेश देश में अग्रणी है। प्रदेश में मनरेगा की मजदूरी और अन्य शासकीय योजनाओं की लाभ राशि के त्वरित भुगतान के उद्देश्य से 7 हजार 372 गाँव के आस-पास 'अल्ट्रा स्मॉल बैंक सुविधा' उपलब्ध कराई गई है। प्रदेश के सभी 50 जिलों में 'ग्रामीण आजीविका मिशन' शुरू हो रहा है।

ग्रामीण क्षेत्रों में खेल सुविधाओं के विस्तार के लिए 11045 ग्राम पंचायतों में 361 करोड़ रुपए की लागत से खेल मैदानों का निर्माण किया जा रहा है। बेहतर रिकार्ड प्रबंधन एवं सहजता से भूमि संबंधी रिकार्ड उपलब्ध कराने हेतु कंप्यूटरीकरण की महत्त्वाकांक्षी योजना पर कार्य हो रहा है। इसके साथ ही राजस्व अभिलेखागारों का आधुनिकीकरण किया जा रहा है।

प्रदेश स्थित 708 मजरे-टोलों को पृथक् राजस्थव ग्राम बनाए जाने की कार्यवाही युद्ध स्तर पर की जा रही है। राजस्व विभाग की सर्वाधिक सेवाओं को 'लोकसेवा गारंटी अधिनियम' के दायरे में लाया गया है, जिसमें इसका सर्वाधिक लाभ हमारे ग्रामीण अंचलों को ही मिलता है। राज्य शासन द्वारा हाल ही में पंचायत प्रतिनिधियों को मिलने वाले मानदेय की राशि में वृद्धि की गई है। सरपंचों के मानदेय में पाँच गुना तक वृद्धि की गई है, जबकि

पंचों को पहली बार प्रति बैठक मानदेय दिया जाएगा। सरपंचों को विकास कार्य के लिए राशि स्वीकृत करने के अधिकार दुगने कर दिए गए हैं। अनाबद्ध राशि 10 प्रतिशत से बढ़ाकर 20 प्रतिशत की जा रही है।

सरकार राज्य के नगरों को सुंदर, स्वच्छ और सुविधासंपन्न बनाना चाहती है। पिछले कुछ दशकों में शहरी आबादी में जबरदस्त वृद्धि हुई है। इसमें शहरी संरचनाओं पर दबाव बढ़ा है। इसके मद्देनजर नगर विकास योजनाएँ बनाकर उनके विकास के लिए 'मुख्यमंत्री शहरी अधोसंरचना विकास कार्यक्रम' प्रारंभ किया गया है। इस कार्यक्रम के जरिए 174 नगरीय निकायों को लगभग रुपए दो हजार करोड़ की राशि उपलब्ध कराई गई है। प्रदेश में किसी समय कुछ नगरीय निकाय ऐसे भी थे, जहाँ दस दिन में एक बार पानी उपलब्ध हो पाता था।

अब 'मुख्यमंत्री शहरी पेयजल योजना' के अंतर्गत 42 शहरों हेतु पेयजल योजनाएँ स्वीकृत की गई हैं। योजना में रुपए 635 करोड़ की राशि के कार्य प्रगति पर हैं। शहरों में पथ पर विक्रय करनेवालों के लिए कल्याण योजना लागू हो गई है। 'शहरी घरेलू-कामकाजी महिला कल्याण योजना' लागू की गई है। हाथठेला चालकों, साइकिल-रिक्शाचालकों और हम्मालों को भी सामाजिक सुरक्षा तथा आर्थिक सहायता प्रदान की जा रही है।

पिछले नौ वर्षों में हमारा निरंतर प्रयास रहा है कि नारी के विरुद्ध समाज में व्याप्त रूढ़ियों को समाप्त किया जाए तथा ऐसी योजनाएँ भी लागू की जाएँ, जिनमें महिलाओं को पूर्ण सम्मान मिले। इसीलिए कन्या भ्रूण हत्या के खिलाफ 'बेटी बचाओ अभियान' चलाया गया और 'लाड़ली लक्ष्मी योजना' लागू की गई, जिससे लाभान्वित बालिकाओं की संख्या आज 13 लाख से ऊपर हो गई है। 'मुख्यमंत्री कन्यादान और निकाह योजनाओं' का लाभ भी 2 लाख 29 हजार कन्याओं को मिला है। योजना की सहायता राशि भी 10 हजार रुपए से बढ़ाकर 15 हजार रुपए कर दी गई है।

राज्य शासन द्वारा कुपोषण के अभिशाप को समाप्त करने के लिए

'अटल बाल मिशन' तथा आई.सी.डी.एस. के माध्यम से योजनाएँ चलाई जा रही हैं। अति कुपोषित बच्चों के स्वास्थ्य सुधार हेतु पोषण पुनर्वास केंद्र के साथ समुदाय स्तरीय केंद्र भी स्थापित किए जा रहे हैं।

हाल ही में महिलाओं के विरुद्ध हुई कुछ घटनाओं ने मानवता को शर्मसार किया है। प्रदेश सरकार ऐसी घटनाओं पर अंकुश लगाने के लिए प्रतिबद्ध है। महिलाओं के विरुद्ध अपराधों के शीघ्र निराकरण के लिए 100 से अधिक लंबित प्रकरण वाले 9 जिलों में एडीजे स्तर के पृथक् न्यायालय स्थापित किए जा रहे हैं। इसके अलावा 52 अपर सत्र न्यायालय और अगले दो साल में 86 प्रथम श्रेणी न्यायिक मजिस्ट्रेट न्यायालयों की स्थापना की जाएगी। महिलाओं की शिकायतों पर त्वरित कार्यवाही सुनिश्चित करने के लिए 'महिला हेल्प लाइन' तथा 'कॉल सेंटर' एक जनवरी, 2013 से प्रारंभ किया गया है। इसमें 1090 नंबर पर महिलाएँ पूरे प्रदेश में कहीं से भी शिकायत कर सकती हैं। महिलाओं के विरुद्ध अपराध करनेवालों का डाटा बेस बनाया जा रहा है तथा ऐसे अपराधियों के शस्त्र लाइसेंस, ड्राइविंग लाइसेंस निलंबित/निरस्त करने तथा इन्हें शासकीय नौकरियों हेतु अयोग्य करने संबंधी कार्यवाही की जाएगी।

राज्य शासन ने 'जस्टिम वर्मा समिति' के सामने महिलाओं के विरुद्ध अपराधों की रोकथाम और संबंधित कानूनों को कड़ा बनाने की माँग रखी है। इन माँगों में दुष्कृत्य के कुछ अत्यंत गंभीर मामलों के लिए मृत्युदंड की सजा का प्रावधान करने की माँग भी शामिल है।

यह वर्ष युवाओं के आदर्श, स्वामी विवेकानंद का 150वाँ जन्मवर्ष है। इसे पूरे प्रदेश में समारोहपूर्वक मनाया जा रहा है। उनके आदर्श का अनुगमन करते हुए शिक्षा को रोजगार के साथ ही नैतिक संस्कारों के प्रदाय पर भी ध्यान दिया जाएगा। सभी स्तर की शिक्षा सुविधाओं के विस्तार के साथ ही रोजगारोन्मुखी शिक्षा पर ध्यान दिया जा रहा है। स्थानीय आवश्यकताओं, उद्योगों की जरूरतों और बाजार की माँग के अनुरूप रोजगारोन्मुखी नए

पाठ्यक्रमों को आई.टी.आई. और 'कौशल विकास केंद्रों' में लागू किया गया है। 'नई तकनीकी और कौशल विकास नीति' लागू की गई है। नौगाँव, शहडोल और झाबुआ में नए शासकीय इंजीनियरिंग कॉलेज खोले जा रहे हैं। इनमें प्रवेश क्षमता 50 हजार से ज्यादा और अल्प अवधि प्रशिक्षण कार्यक्रमों की क्षमता 97 हजार कर दी गई है। जिन विकासखंडों में आई.टी.आई. नहीं हैं, वहाँ भी कौशल का विकास करने के लिए रणनीति बनाई गई है। आदिवासी वर्ग के 25 हजार युवाओं एवं अनुसूचित जातियों के दस हजार युवाओं तथा अनुसूचित जातियों के दस हजार युवाओं को कौशल विकास प्रशिक्षण देने की विशेष योजना भी बनी है।

इस वर्ष प्रदेश में दो नए विश्वविद्यालय 'अटल बिहारी वाजपेयी अंतरराष्ट्रीय हिंदी विश्वविद्यालय' और बौद्ध तथा भारतीय ज्ञान अध्ययन विश्वविद्यालय, साँची स्थापित किए गए हैं। हिंदी विश्वविद्यालय अभियांत्रिकी, चिकित्सा, विज्ञान, प्रौद्योगिकी जैसे क्षेत्रों में उस भाषा के माध्यम से शिक्षा देगा, जिसमें मध्य प्रदेश का विद्यार्थी अपने आपको सहज महसूस करता है। महाविद्यालयों में रोजगारपरक पाठ्यक्रम शुरू किए गए हैं। 'गाँव की बेटी' योजना का लाभ अब निजी महाविद्यालय की छात्राओं को भी मिल रहा है।

अनुसूचित जाति और जनजाति के विद्यार्थियों की पुस्तकें तथा स्टेशनरी प्रदाय की राशि में बढ़ोतरी कर दी गई है। युवाओं को उच्च शिक्षा के लिए ऋण गारंटी देना सुनिश्चित किया है। परिणामस्वरूप मध्य प्रदेश में अब तक 95000 विद्यार्थियों को उच्च शिक्षा हेतु लोन दिया जा चुका है। मात्र इसी वर्ष 11000 विद्यार्थी लाभान्वित हुए हैं। अनुसूचित जाति/जनजाति वर्गों के लिए शिष्यवृत्ति की दरों को मूल्य सूचकांक से जोड़ दिया गया है। अल्पसंख्यक वर्ग के 1 लाख 86 हजार विद्यार्थियों को इस वर्ष प्री-मैट्रिक, पोस्ट-मैट्रिक तथा मैरिट कम मींस छात्रवृत्ति दी जा रही हैं।

हाल ही में संपन्न युवा पंचायत में लिये गए निर्णय के अनुसार विश्वविद्यालयों द्वारा डुप्लिकेट अंक सूची, माइग्रेशन प्रमाण-सत्र, प्रोविजनल

डिग्री प्रमाण-पत्र, अंक सूची में सुधार की सेवाओं को 'लोक सेवा गारंटी अधिनियम' में लाया जाएगा। स्मार्ट क्लास-रूम की स्थापना करते हुए स्नातक महाविद्यालयों में तकनीकी के माध्यम से पढ़ाई की व्यवस्था की जाएगी। शासकीय स्नातकोत्तर महाविद्यालयों के परिसरों को वाई-फाई सुविधा युक्त किया जाएगा। मध्य प्रदेश माध्यमिक शिक्षा मंडल की 12वीं परीक्षा में 85 प्रतिशत से अधिक अंक प्राप्त करनेवाले सरकारी या निजी स्कूलों के छात्रों को एक लैपटॉप दिया जाएगा।

'मुख्यमंत्री युवा स्वरोजगार योजना' के अंतर्गत प्रदेश के युवाओं को व्यापार/उद्योग, सेवा केंद्र, यातायात सुविधाएँ इत्यादि हेतु पच्चीस लाख रुपए की सीमा तक ऋण की सुविधा उपलब्ध कराई जाएगी। यह सुनिश्चित किया जाएगा कि युवाओं को उपर्युक्त ऋण की सुविधा, बिना भूमि या भवन को गिरवी रखे, प्राप्त हो सके अर्थात् इन ऋण की गारंटी की व्यवस्था राज्य शासन द्वारा की जाएगी। 50 हजार रुपए की सीमा तक 20 प्रतिशत की मार्जिन मनी भी शासन द्वारा दी जाएगी।

स्वरोजगार योजना के अंतर्गत आनेवाले सभी ऋणों पर 5 प्रतिशत प्रतिवर्ष ब्याज अनुदान भी प्रदाय किया जाएगा, जिससे युवाओं को ऋण चुकाने में सुविधा रहे। 'मुख्यमंत्री युवा कांट्रेक्टर योजना' के तहत प्रदेश में इंजीनियरिंग की शिक्षा प्राप्त करनेवाले युवाओं के लिए इंटर्नशिप तथा ट्रेनिंग की व्यवस्था की जाएगी। ट्रेनिंग पूरी होने पर इंजीनियरिंग स्नातकों को राज्य में कांट्रेक्टरशिप के लिए पंजीकरण हेतु अवसर प्राप्त हो सकेंगे, जिससे वे अपना खुद का व्यवसाय स्थापित कर सकें।

रोजगार के अवसरों को बढ़ाने के लिए औद्योगिक विकास को गति देने के प्रयास रंग ला रहे हैं। इंदौर में 28 से 30 अक्तूबर, 2012 को हुई 'ग्लोबल इन्वेस्टर्स सम्मिट' बहुत सफल रही है। सम्मिट में 3.77 लाख करोड़ रुपए के निवेश प्रस्ताव प्राप्त हुए, जिनसे लगभग 20 लाख लोगों को रोजगार मिलेगा। उद्योगों के लिए करीब 20 हजार हेक्टेयर सरकारी भूमि चिह्नित कर

ली गई है। प्रदेश के 29 जिलों में नए औद्योगिक क्षेत्र विकसित करने की योजना बनी है।

मध्य प्रदेश देश के खेल मानचित्र पर तेजी से उभर रहा है। पिछले नौ सालों में खेल एवं युवा कल्याण के बजट में 25 गुना से ज्यादा वृद्धि की है। वर्तमान और पूर्व खिलाड़ियों के लिए 'मुख्यमंत्री खिलाड़ी कल्याण कोष' स्थापित किया गया है। जूड़ो, कराटे, ताइक्वांडो, वूशू, फेंसिंग, बॉक्सिंग, कुश्ती, हॉकी, घुड़सवारी, शूटिंग, वॉटर स्पोर्ट्स, क्रिकेट, बैडमिंटन, तीरंदाजी के खेलों के लिए अकादमियाँ आरंभ की गई हैं। राष्ट्रीय खेलों के पदक विजेताओं की पुरस्कार राशि दुगुनी हो गई है। भोपाल के 'ओबेदुल्ला खाँ गोल्ड कप हॉकी स्पर्धा' को इस वर्ष अंतरराष्ट्रीय स्वरूप दिया दिया।

बालिकाओं और महिलाओं को मानसिक और शारीरिक रूप से सक्षम बनाने और आत्म-रक्षा के लिए प्रदेशव्यापी प्रशिक्षण योजना बनाई जा रही है। अब 'मुख्यमंत्री युवा ओलंपिक्स' का आयोजन ब्लॉक, जिला एवं राज्य स्तर पर किया जाएगा, जिसके विजेताओं को कन्याकुमारी स्थित 'विवेकानंद रॉक मेमोरियल भ्रमण' पर भेजा जाएगा।

प्रदेश में अनुसूचित जातियों और जनजातियों के सर्वांगीण विकास के उद्देश्य से राज्य आयोजना में जनसंख्या के प्रतिशत से अधिक राशि प्रावधानित करने की व्यवस्था की गई है। अनुसूचित जनजाति और अन्य परंपरागत (वन अधिकारों की मान्यता) अधिनियम का प्रभावी क्रियान्वयन किया गया है। राज्य सरकार का संकल्प है कि एक भी पात्रताधारी अपने अधिकार से वंचित न रहे। अब तक कुल 1 लाख 81 हजार 699 दावा अधिकार मान्य कर लिये गए हैं। अब अधिकारधारकों को कृषि प्रयोजन संबंधी अन्य सुविधाएँ भी उपलब्ध करवाई जा रही हैं।

वनों के संरक्षण और संवर्द्धन के प्रयास फलीभूत हो रहे हैं। 'फॉरेस्ट सर्वे ऑफ इंडिया' के अनुसार प्रदेश अपने 77 हजार 700 वर्ग किलोमीटर के वन आवरण को बरकरार रखने में सफल रहा है। वन्य-प्रणाली प्रबंधन

की दृष्टि से कई नए प्रयासों में प्रदेश को सफलता मिली है। वन-प्राणियों द्वारा जनहानि की राहत राशि में ही उल्लेखनीय वृद्धि की गई है। वन्य-प्राणियों द्वारा फसल हानि पर प्राकृतिक आपदा के अनुरूप सहायता देने की व्यवस्था की गई है। हर्रा, महुआ फूल, महुआ गुठली, नीमबीज, करंजबीज, लाख तथा अचार गुठली का न्यूनतम समर्थन मूल्य घोषित किया है। साथ ही चिरौंजी, शहद, माहुल पत्ता, आँवला एवं औषधीय वनोपजों का निःशुल्क संग्रहण करने की छूट दी गई है। तेंदुपत्ता संग्राहकों का पारिश्रमिक भी 650 रुपए प्रति मानक बोरा से बढ़ाकर 750 रुपए किया गया। बाँस के लाभ की 20 प्रतिशत राशि को बढ़ाकर शत-प्रतिशत किया गया है। वन क्षेत्र में 30 हजार हेक्टेयर में टसर कृषि पालन से 30 हजार वनवासी लाभान्वित हो रहे हैं।

हमारे दर्शन में यह मान्यता नहीं है कि 'शरीरमाद्यं खलु धर्म साधनम्'। इस मान्यता के अनुरूप राज्य सरकार 'सबके लिए स्वास्थ्य' की अवधारणा पर काम कर रही है। नवंबर 2012 से 'सरदार वल्लभ भाई पटेल निःशुल्क औषधि वितरण योजना' लागू की गई है। योजना के माध्यम से प्रदेश की सभी शासकीय चिकित्सा संस्थाओं में प्रत्येक वर्ग के रोगी को जरूरी दवाइयाँ मुफ्त दी जा रही हैं। शीघ्र ही निःशुल्क पैथोलॉजी जाँच की सुविधा उपलब्ध कराई जाएगी। 108 एंबुलेंस सेवा का विस्तार सभी जिलों में किया जा रहा है। डेढ़ सौ नई एंबुलेंस खरीदने का फैसला किया गया है। प्रदेश के 49 हजार 970 ग्राम में 'आँगनवाड़ी-सह-ग्राम आरोग्य केंद्र' गठित हो गए हैं। डायलिसिस यूनिट भी 34 जिला अस्पतालों में स्थापित की जा रही हैं। 'राज्य बीमारी सहायता निधि' के एक लाख रुपए तक के प्रकरण अब जिला स्तर और दो लाख रुपए तक के प्रकरण संभाग स्तर पर स्वीकृत करने की व्यवस्था कर दी गई है। 'दीनदयाल अंत्योदय उपचार योजना' का लाभ करीब पाँच लाख लोगों को मिला है। प्रदेश में 148 नए आयुष औषधालय खोले जा रहे हैं।

'मुख्यमंत्री तीर्थ-दर्शन योजना' वरिष्ठ नागरिकों के लिए आध्यात्मिक शांति का बड़ा जरिया बनी है। नवगठित 'तीर्थ एवं मेला प्राधिकरण' भी इस साल से अपना कार्य शुरू कर देगा। ग्रामीण क्षेत्र में 65 हजार 634 गरीब वरिष्ठ नागरिक एवं वृद्ध दंपती, जो अकेले रहते हैं, के भरण-पोषण के लिए राज्य सरकार द्वारा 'अंत्योदय अन्न योजना' की दर पर खाद्यान्न उपलब्ध करवाया जा रहा है।

लोकतंत्र की सफलता की कुंजी सुशासन में है। प्रदेश ने विभिन्न विभागों में पारदर्शिता लाने और कार्यक्षमता बढ़ाने के लिए ई-गवर्नेंस, ई-टेंडरिंग, ई-उपार्जन, ई-भुगतान और ई-मेजरमेंट में अभिनव पहल की है। 'लोकसेवा गारंटी कानून' के तहत नागरिकों को समय-सीमा में दी जानेवाली सेवाओं का दायरा बढ़ाया गया है। वर्तमान में 52 सेवाएँ इस अधिनियम के अंतर्गत आ गई हैं। आगे भी बहुत सी अन्य सेवाएँ इस कानून के दायरे में लाई जा रही हैं। संयुक्त राष्ट्र संघ द्वारा इस नवाचार की सराहना कर इसे अंतरराष्ट्रीय स्तर पर सम्मानित किया है। आज मध्य प्रदेश की तर्ज पर देश के दस से भी अधिक राज्यों ने उस कानून को लागू किया है। इस अधिनियम को प्रभावी ढंग से लागू करने के लिए 25 सितंबर, 2012 से 95 लोक सेवा केंद्रों के माध्यम से ऑनलाइन आवेदन प्राप्त करने की कारवाई प्रारंभ हो गई है। सूचना प्रौद्योगिकी सेवा का विकासखंड स्तर तक विस्तार किया गया है। 'नेशनल ऑप्टिकल फाइबर नेटवर्क' के जरिए सभी 23 हजार ग्राम-पंचायत को ब्रॉडबैंड कनेक्टिविटी से जोड़ा जा रहा है। ई-गवर्नेंस परियोजनाओं के बेहतर क्रियान्वयन की दिशा में 'स्टेट आई.टी. सेंटर' का इसी साल शुभारंभ किया गया है।

सुशासन के लिए कर्मचारी कल्याण सुनिश्चित करने हेतु राज्य सरकार संकल्पित है। 'अग्रवाल समिति' की अनुशंसाएँ लागू कर दी गई हैं। शासकीय सेवाओं में सीधी भरती से भरे जानेवाले पदों की अधिकतम आयु सीमा 35 से बढ़ाकर 40 वर्ष की गई। महिलाओं, आरक्षित वर्गों, निगम, मंडलों तथा

नगर सैनिकों के लिए अधिकतम आयु-सीमा 45 वर्ष निर्धारित की गई है।

भ्रष्टाचार पर प्रभावी नियंत्रण के लिए स्थापित 8 विशेष न्यायालयों के परिणाम सामने आने लगे हैं। इंदौर में एक और ग्वालियर में दो मामले में संपत्ति राजसात् करने के आदेश पारित हुए हैं। प्रदेश के विकास और कल्याण में अधिवक्ताओं का योगदान भी रहा है। इसे देखते हुए 'मुख्यमंत्री अधिवक्ता कल्याण योजना-2012' तैयार की गई है। युवा अधिवक्ताओं को अपनी प्रैक्टिस की शुरुआत में मदद करने के लिए सहायता दी जाएगी।

अत: मध्य प्रदेश के निवनिर्माण में प्रत्येक व्यक्ति प्रदेश की प्रगति में विशेष भूमिका निभा सकता है। हम सबके भीतर वह शक्ति है, जो विभिन्न विकास कार्यक्रमों को नई गति और दिशा प्रदान कर सकती है और सामाजिक एवं आर्थिक दृष्टि से प्रदेश का कायाकल्प कर सकती है। पिछले एक दशक में इसी शक्ति ने प्रदेश में नव चैतन्य का संचार किया है और विभिन्न क्षेत्रों में अपना लोहा मनवाया है। हम संकल्प लेते हैं कि अपने देश और प्रदेश के हित के लिए अपनी अंतिम साँस और रक्त की आखिरी बूँद तक इसी शक्ति, इसी निष्ठा और इसी लगन के साथ काम करते रहेंगे।

□

यथा नाम तथा काम

मध्य प्रदेश में जो अपनी तरह से कास्मोपोलिटन है, उस प्रदेश में जो स्वयं में एक 'मेल्टिंग पॉट' है। मध्य प्रदेश का मध्य नें होना सार्थक हो गया है। देखा जाए तो 'यथा नाम तथा काम' के सिद्धांत के अनुसार तो मध्य प्रदेश को औद्योगिक गतिविधियों के बीच में ही होना था। लेकिन यह पड़ा हुआ था हाशिए पर, मार्जिंस पर। यह दिन मध्य प्रदेश के लिए अपनी 'नियति से मुलाकात' का दिन है। यह प्रदेश आप सबके ध्यान के केंद्र में है।

यह सब अनायास और आकस्मिक रूप से नहीं हो गया। पिछले डेढ़ सालों में देश और दुनिया के अलग-अलग हिस्सों में जाकर इस राज्य के प्रति उत्सुकता जगाने और उन उत्सुकताओं को विश्वसनीय तरीके से रिप्लाई करने की कोशिश सरकार ने की है। देखा गया है कि मलेशियन कंपनियाँ यूरोप या संयुक्त राज्य अमेरिका में निवेश नहीं कर रही हैं, वे अफ्रीकन देशों में निवेश कर रही हैं; क्योंकि वे ऐसे हाई-पोटेंशियल देश हैं, जहाँ वे अपनी विशेषज्ञता को ट्रांसफर कर सकती हैं। भारत में भी 'कई बड़े नगर संतृप्ति की दहलीज तक' पहुँच गए हैं। अब भविष्य मध्य प्रदेश का है।

मध्य प्रदेश के होने का गर्व, वह 'वी फीलिंग', वह 'स्टेट डिस्टिंक्टिवनेस' मध्य प्रदेश में नहीं है, जो गुजराती, बंगाली, मराठी, तेलुगु या तमिल लोगों में है। यहाँ भी यह चीज पनपे। मध्य प्रदेश की पहचान और अस्मिता उभरे। शायद हमारी मूल पहचान ही यह है कि हम शुरू से ही सभी ओर से खुले हुए हैं। हर तरह के प्रभावों को हमने ग्रहण किया है। 'हम हमेशा से ग्लोबल

हैं। हम हमेशा से एक कॉमन मार्केट हैं'। दूसरी जगहों पर कॉमन मार्केट एक प्रोडक्ट होगा, हमारे यहाँ एक प्रोसेस है।

म.प्र. वह प्रदेश है, जहाँ शिशु मृत्युदर बहुत ज्यादा है। ऐसा प्रदेश है, जहाँ मातृ मृत्युदर राष्ट्रीय औसत से ज्यादा है। वे प्रदेश, जहाँ गरीबी और कुपोषण राष्ट्रीय औसत से ज्यादा है। ये कड़वे सच हैं। इनकी जानकारी म.प्र. की जनता को होनी चाहिए। क्योंकि साथ मिलकर ही हम इस युद्ध को जीतने की राह पर चल रहे हैं। प्रदेश की समृद्धि और संपदा हमारे लिए विरासत नहीं, न सही—यह हमारे लिए सृजन की चुनौती तो है।

जब 'ग्लोबल इन्वेस्टर्स मीट' की बात कही गई तो आदतन संदेहवादियों ने वैश्वीकरण के बारे में तमाम किस्म के शुबहे जाहिर किए। लेकिन 'वैश्वीकरण को शाप नहीं, शेप देने की जरूरत है।' कुछ लोगों ने कहा कि ग्लोबल के चक्कर में हम लोकल की उपेक्षा कर रहे हैं। आज की इस मीट में भी 50 से ज्यादा मध्य प्रदेश के निवेशक हैं। इसके पहले स्वयं इसी इंदौर में, भोपाल में और ग्वालियर में सरकार द्वारा स्थानीय उद्योगपतियों से सीधे चर्चा की गई। प्रदेश भर के लघु उद्यमियों की पंचायत मुख्यमंत्री निवास पर बुलाई थी। पूरे ध्यान से उनकी समस्याएँ सुनी थीं और वहीं उनके हित में बहुत से निर्णय लिये थे। इसी के साथ शिल्पियों और कारीगरों के 'टाइनी' और 'माइक्रो' सेक्टर की पंचायत भी आहूत की थी। हमारी शासन-शैली ही समावेशी है, इसलिए घरेलू उद्योगों की उपेक्षा का तो सवाल ही नहीं है। लेकिन इतना जरूर है कि 'वसुधैव कुटुंबकम्' की संस्कृतिवाले देश में ग्लोबल के प्रति एक आत्मविश्वास होना चाहिए। यह 'मल्टीडॉमेस्टिक कंपनियों' का समय है। 'हम पूरब-पश्चिम न देखें, बल्कि आगे देखें।'

कुछ लोग यह भी कहते हैं कि हम ग्लोबल मीट कुछ ज्यादा ही देरी से कर रहे हैं। यह तो हमें भारतीय जनता पार्टी के शासन के पहले वर्ष ही कर लेना था, अब क्या जब एक ही वर्ष रहा गया है। ऐसे मित्रवर न सरकार की सिंसिऑरिटी को जानते हैं, न हमारे आत्मविश्वास को। सिंसिऑरिटी इस

मायने में कि निवेशकों को अपने यहाँ बुलाने से पहले अपने आपको सुधारा गया। हमारे सामने 'लीगेसी प्रॉब्लम्स थीं'—विरासत की विकृतियाँ। खजाना खाली था, सड़कों की स्थिति दयनीय थी, बिजली की आपूर्ति के मामले में हम शब्दशः 'लालटेन युग' में थे। कल्पना कीजिए, अँधेरे में गड्ढों पर रेड कारपेट बिछाकर यदि आपको बुलाया जाए! पिछले लगभग 4 सालों में सरकार ने लगातार विकास के मोरचे पर एकाग्रचित्त होकर काम किया है। 32000 किमी. सड़कें बनाईं और बेहतर की हैं। 2611 मेगावाट जेनेरेटिंग कैपेसिटी जोड़ी, जबकि पूर्व के 50 वर्षों से भी अधिक समय में राज्य की जेनेरिटंग कैपेसिटी मात्र 2990 मेगावाट थी। राज्य की अर्थव्यवस्था को बेहतर फिस्कल प्रबंधन के जरिए पुनर्जीवित किया। इस काम में वक्त लगा, लेकिन सरकार ने यह कर दिखाया।

हमें अपना आँगन सुधारना था, तो हमने पॉलिसी रिजीम को भी बदलना तय किया। औद्योगिक नीति में, जो 2004 में ही बनी थी, उद्योगपतियों से मशविरा कर बहुत से परिवर्तन किए। अब मुख्य सचिव की अध्यक्षता में एक 'प्रोजेक्ट क्लीयरेंस ऐंड इंप्लीमेंटेशन बोर्ड' है, जिसने अभी तक सवा लाख करोड़ रुपए तक के निवेशों का मार्ग प्रशस्त किया है। सिर्फ औद्योगिक नीति ही नहीं, बल्कि उनके सेक्टोरल नीतियों को भी परिवर्तित किया गया है या उनके नीतिगत शून्य को खत्म किया गया है। रियल एस्टेट में एक अनुकूल वातावरण निर्मित करने के लिए नई हाउसिंग पॉलिसी आई है। गैर-वानिकी बंजर भूमि नीति, अपारंपरिक ऊर्जा स्रोत नीति, खनिज संसाधन नीति, खाद्य प्रसंस्करण नीति, ग्रेप प्रोसेसिंग नीति जैसी बहुत सी नीतियों को पिछले एक साल में ही बनाया गया है।

मध्य प्रदेश का स्ट्राइक और लॉक आउट रिकॉर्ड अच्छा होने को आपके सामने एक आकर्षण की तरह प्रस्तुत किया गया है। लेकिन यह किसी कमजोर या सुषुप्त श्रम आंदोलन का परिणाम नहीं है, बल्कि मध्य प्रदेश के भीतर किसी भी किस्म के अतिवाद की गैर-मौजूदगी का परिणाम है। म.प्र.

में यहाँ जातीय कटुताएँ नहीं है, इसलिए जाति-संघर्ष यहाँ नहीं है। हमारे यहाँ राजनीति भी उस तरह से रैडिकलाइज नहीं हुई है कि जिसके चलते एक मुख्यमंत्री दूसरे को जेल डालता है। मध्य प्रदेश मध्यमा प्रतिपदा के रास्ते पर चलता है।

मध्य प्रदेश के आकर्षण के रूप में लो-वेज, चीप लेबर जैसे प्रारंभिक अर्थशास्त्र को बताने की जगह आपका ध्यान यहाँ घट रही ज्ञान और संचार क्रांति और उसके कारण यहाँ बढ़ रही प्रोफेशनल की संख्या की ओर खींचना चाहूँगा। इसी कारण ई-गवर्नेंस में कई उन दक्षिणी राज्यों को भी पीछे छोड़ा है, जिन्होंने काफी हाइप पैदा किया था। यह ज्ञान क्रांति महत्त्वपूर्ण है। नॉलिज की खासियत ही यह है कि यह किसी भी प्रोडक्ट की तुलना में ज्यादा पोर्टेबल है। हमारे उच्च शिक्षा संस्थानों से निकल रहे बच्चे नॉलिज सप्लाई के स्रोत हैं। मध्य प्रदेश का मेगाब्रेन। नॉलिज की शेल्फ लाइफ कम-से-कम होती जा रही है, इसलिए हमारे आई.आई.एम., मेडीकल और इंजीनियरिंग कॉलेजों में लगातार आधुनिकीकरण हो रहा है।

राज्य की उपलब्धियाँ सरकार मात्र की उपलब्धियाँ नहीं हैं। वे मध्य प्रदेश की साढ़े छह करोड़ जनता की उपलब्धियाँ हैं। उन्हीं की मेहनत के कारण आज म.प्र. दलहन-तिलहन के उत्पादन में प्रथम है; उन्हीं के कारण आज अन्नोत्पादन में देश में तीसरे स्थान पर पहुँच गया है। मध्य प्रदेश के लोगों की एंटरप्राइजिंग नेचर को जो लोग कम करके आँकते हैं, वे बहुत बड़ी भूल कर रहे हैं।

कई मित्रों को 'ग्लोबल इन्वेस्टर्स मीट' शासन का 'सर्कस शो' लगता है, लेकिन सरकार के लिए यह इंडस्ट्री का 'डिज्नीफिकेशन' नहीं है। सरकार ने निवेशकों का कार्निवाल इकट्ठा नहीं किया है। न यह उत्सव है, न उत्सवधर्मिता। हमारे लिए यह एक प्लेज है। इसकी गरिमा को किसी की कुंठाओं से प्रभावित न होने देना है। एक उभरते हुए मध्य प्रदेश की राह में न किसी ईर्ष्या को हम बाधा बनने देंगे, न किसी साजिश को। आज की उपस्थिति

को देखकर कहा सकता है कि मध्य प्रदेश का ट्रेंड चल पड़ा है। इनवेस्टमेंट विज्डम की एक पुस्तक कहती है—'द ट्रेंड इज योर फ्रेंड'। अब यह काफिला रुकेगा नहीं।

लोग कहते हैं कि निवेश एक 'एक्ट ऑफ होप' है—आशा के आधार पर किया जानेवाला काम । निवेश एक 'एक्ट ऑफ फेथ' है—हमारी सन्निष्ठा का न्यास, हमारा धर्म। यहाँ लोग सिर्फ म.प्र. की अर्थव्यवस्था के तात्कालिक बूम के आधार पर ही नहीं चले आ रहे हैं। ऐसे बूम तो बबल या बुलबुले सिद्ध होते हैं। यहाँ से एक स्थायी साहचर्य की शुरुआत होती है। मध्य प्रदेश में परफार्मेंस की एक नई संस्कृति विकसित हुई है। चाहे वह 'रोजगार गारंटी योजना' हो या 'प्रधानमंत्री सड़क योजना', मध्य प्रदेश देश में प्रथम है। यही स्थिति जी.डी.पी. ग्रोथ के मामले में है। इसलिए ये निवेश विकास की धारा के रूप हैं, धारा के—स्ट्रीम के रूप में; किसी बबल या बुलबुले के रूप में नहीं।

किसी से भी जजमेंट की गलतियाँ हो सकती हैं, मोटिव की गलतियाँ नहीं। शुद्ध मन से, स्वस्थ चित्त से हम-आप इस मुकाम पर साथ आए हैं। यहाँ से हमारे साथ की शुरुआत है, अंत नहीं। इसलिए संवाद के मौके हमेशा बने रहेंगे। चाहे जन-दर्शन हो, जो एक तरह की पब्लिक हियरिंग है, जिसमें शासन की डिलीवरी सिस्टम की मैदानी स्थिति की जाँच की जाती है या मुख्यमंत्री निवास पर बुलाई गई पंचायतें, संवाद को ही अपने प्रशासन की मुख्य धुरी बनाया गया है। लोग श्रोता ही नहीं हैं, जिंदगी के प्लेटफार्म पर हमारे सहयात्री भी हैं।

□

म.प्र. स्थापना की वर्षगाँठ

आज के ही दिन वर्ष 1956 में मध्य प्रदेश का गठन हुआ था। प्रदेश के स्थापना दिवस की वर्षगाँठ पर प्राकृतिक एवं सांस्कृतिक सौंदर्य तथा विकास की अनेकानेक संभावनाओं से भरपूर इस पवित्र धरती को हम सब नमन करते हैं।

विगत वर्ष 1 नवंबर को जिस 'आओ बनाएँ अपना मध्य प्रदेश' अभियान का शुभारंभ किया गया था, उसकी भावना को प्रदेशवासियों ने गहराई से आत्मसात् किया है। विभिन्न अंचलों में रहनेवाले नागरिकों में भावनात्मक एकता मजबूत हुई है और प्रदेश के चहुँमुखी विकास में उनकी सक्रिय भागीदारी का नया अध्याय प्रारंभ हुआ है। विकास की गति को धीमा करनेवाली सामाजिक कुरीतियों, विभाजनकारी तत्त्वों तथा मतभेदों को भी समूल मिटाने का कार्य निरंतर जारी है। धीरे-धीरे एक नया मध्य प्रदेश आकार ले रहा है।

सरकार और समाज के साझे प्रयासों से ही समृद्ध एवं विकसित मध्य प्रदेश का निर्माण किया जा सकता है। विकास के मुद्दे पर व्यापक सर्वानुमति बनाने तथा सबकी भागीदारी सुनिश्चित करने में परिपक्व राजनैतिक एवं सामाजिक परंपराओं का सकारात्मक प्रभाव रहा है।

प्रदेश के विकास की संभावनाओं को मूर्तरूप देने के लिए विधानसभा के विशेष सत्र में 70 सुविचारित संकल्प पारित किए गए। विकसित राज्यों की अग्रिम पंक्ति में मध्य प्रदेश को सम्मिलित करने की यह आधारशिला थी। आर्थिक विकास दर में वृद्धि अधोसंरचना में आशातीत सुधार तथा

समाज के सभी वर्गों के लिए कल्याणकारी योजनाएँ अब मध्य प्रदेश की पहचान बन गई हैं। मध्य प्रदेश बनाने का अर्थ है—ऐसा सर्वांगीण समावेशी विकास, जिसमें हर व्यक्ति को उन्नति के अवसर प्राप्त हों और समाज खुशहाल बने। इस कल्पना को साकार करने के लिए यह आवश्यक है कि जो जहाँ है, वह वहीं अपने कर्तव्यों का पूरी निष्ठा एवं ईमानदारी से निर्वहन करे। कर्तव्यों के पालन को अपने अधिकारों पर वरीयता दे। डॉक्टर अपने मरीजों के उपचार में, इंजीनियर गुणवत्तापूर्ण निर्माण में, शिक्षक बच्चों को पढ़ाने में, किसान अपनी खेती में, उद्यमी उत्पादन में, जनप्रतिनिधि जनकल्याण में, प्रशासक स्वच्छ प्रशासन देने में अपना सर्वश्रेष्ठ समर्पित करें। इसके साथ-साथ अपने व्यापक सामाजिक दायित्व को पूरा करने के लिए हम सबको हरियाली, पानी तथा बिजली बचाना, बच्चों को स्कूल भेजना, टीकाकरण, स्वच्छता रखना जैसे रचनात्मक कार्यों में भी अपना सक्रिय योगदान देना होगा।

'एकात्म मानववाद' के जनक पंडित दीनदयाल उपाध्याय ने कहा था, "लोकतांत्रिक व्यवस्था जनता के प्रति शासन के कर्तव्यों की पूर्ति का उपकरण है, जिसकी प्रभावशीलता उत्तरदायित्व और अनुशासन में निहित है।" इसी विचार को साकार करने के लिए लोक सेवाओं के प्रदाय का गारंटी अधिनियम लागू किया गया है। यह शासन के प्रति आमजन के याचना भाव को लोकशक्ति में बदल देगा। मध्य प्रदेश देश का पहला राज्य है, जहाँ लोकसेवकों को और अधिक जवाबदेह तथा आम नागरिक को सशक्त बनानेवाला ऐसा कानून लागू किया गया है।

□

नवनिर्माण का सपना साकार करना है

मध्य प्रदेश के स्थापना दिवस की वर्षगाँठ पर 'आइए अपना मध्य प्रदेश बनाएँ' अभियान शुरू किया जा रहा है। पूरब से पश्चिम और उत्तर से दक्षिण तक फैले देश के नाड़ी तंत्र का केंद्र मध्य प्रदेश ही है। इस अभियान में सरकार का उद्देश्य है कि मध्य प्रदेश के हर निवासी में, भले ही वह भारत के अन्य प्रदेशों या विश्व के विभिन्न क्षेत्रों में निवासरत हो, अपने प्रदेश के प्रति गर्व, अपनत्व और इसके विकास में योगदान देने की ललक पैदा हो।

म.प्र. में प्रकृति और संस्कृति दोनों के सौंदर्य की बहुरंगी संपदाएँ बिखरी पड़ी हैं। सतपुड़ा और विंध्याचल की पर्वत-शृंखलाओं से लेकर नर्मदा, क्षिप्रा, चंबल, ताप्ती, वेत्रवती आदि पवित्र नदियाँ यहाँ हैं। भारत में प्रकृति ने हीरा केवल मध्य प्रदेश को दिया। देश का सबसे बड़ा वन क्षेत्र यहाँ है। साँची, खजुराहो, भीमबेटका के रूप में तीन विश्व धरोहरें हैं। प्रदेश के सामने इस प्राकृतिक और सांस्कृतिक संपन्नता का आदर्श उपयोग तय करने की चुनौती है, ताकि प्रदेश का प्रत्येक नागरिक भी संपन्न हो सके। सरकार ने विकास किया है, लेकिन उन्नति और प्रगति की बहुत सी संभावनाएँ अभी खुली हुई हैं।

प्रदेश को विकसित राज्यों की अग्रपांत में ले जाकर खड़ा करने के लिए

व्यापक सर्वानुमति तैयार किए जाने की जरूरत है। मध्य प्रदेश में राजनीतिक सौजन्य की एक लंबी परंपरा रही है। जब भी विकास की बात आती है तो सब राजनीतिक दल एक हो जाते हैं। मध्य प्रदेश बनाने का जो अभियान आरंभ किया जा रहा है, वह विकास में सबकी भागीदारी सुनिश्चित करने की पहल है। जो जहाँ जिस भूमिका में है, वह वहाँ अपने प्रदेश के प्रति अपने-अपने कर्तव्यों को पूरा करे। सरकार और समाज के साथ खड़े होने से ही प्रदेश के नवनिर्माण के सपने को साकार किया जा सकता है। सार्थक सामाजिक और आर्थिक अधोसंरचनाएँ विकसित करना सरकार और समाज दोनों का मिला-जुला काम है। इसमें प्रत्येक नागरिक को एक सक्रिय भूमिका निभानी है। हर नागरिक अपनी ऊर्जा का सकारात्मक उपयोग करे, अधिकारों से ज्यादा कर्तव्यों के प्रति सजगता और संवेदनशीलता दरशाए, तो लक्ष्य हासिल करना कठिन नहीं होगा। आवश्यकता सिर्फ इतनी है कि उन सब कारणों, कर्कशताओं और कड़वाहटों को मिटा दिया जाए, जो समाज को बाँटती और विकास की रफ्तार को मंद करती हैं।

इस अभियान के द्वारा अपनी संपदाओं का संरक्षण और संसाधनों का संतुलित उपयोग करना होगा। जहाँ हरियाली को बचाना है, वही उसे बढ़ाना भी है। इस हेतु प्रत्येक नागरिक को वृक्षारोपण से जुड़ना होगा। जल-संरक्षण भी हम सबकी सामूहिक जवाबदारी है। यही बात बिजली बचाने पर भी लागू होती है। अपने आस-पास के परिवेश को स्वच्छ रखने, नदियों तथा सरोवरों को स्वच्छ रखने के आदर्शों का पालन करना होगा। अपने पर्यावरण, अपने जंगलों, झीलों, वन्य जीवों की सुरक्षा और समृद्धि के लिए कटिबद्ध होना होगा। नशा हमारे सामाजिक जीवन का कलंक बन गया है, इसलिए नशा-मुक्ति के वास्ते भी सबको मिलकर मुहिम चलानी है।

इस अभियान में सामाजिक महत्त्व के कार्यों की ओर ही जनता के सहकार को आमंत्रित नहीं किया जा रहा है, बल्कि पारिवारिक जिम्मेदारियों की ओर भी ध्यान देना है, क्योंकि परिवार ही समाज की इकाई है। बच्चों की

शिक्षा और स्वास्थ्य पर ध्यान देने एवं बेटी का बिना किसी भेदभाव के पालन करने से परिवार सुखी एवं समृद्ध होगा। ऐसा परिवार ही उन्नत और विकसित प्रदेश की नींव बन सकता है।

'अपने मध्य प्रदेश' के सर्वांगीण विकास के हम सबके साझे सपने को मूर्त रूप देने के इस अभियान में सहभागी बनकर हम सब अपने प्रदेश के नवनिर्माण का संकल्प लें।

□

जननी जन्म भूमिश्च, स्वर्गादपि गरीयसी

देश की आजादी के पाँच दशकों के बाद मध्य प्रदेश विकास की दौड़ में अग्रिम पंक्ति में है। वर्तमान पंचवर्षीय योजना, जो मार्च 2012 में समाप्त हो रही है, उसमें प्रदेश की विकास दर 10 प्रतिशत से अधिक रहने की उपलब्धि हासिल हो रही है। यह उपलब्धि किसी एक व्यक्ति की नहीं, बल्कि पूरे प्रदेश की 7 करोड़ जनता की है। प्रदेशवासियों को सदैव आगे बढ़ने की लगन और इस दिशा में किए जा रहे अथक परिश्रम सराहनीय हैं।

हमारी संस्कृति की भावना है—'जननी जन्म भूमिश्च, स्वर्गादपि गरीयसी' अर्थात् माँ एवं जन्मभूमि का स्थान स्वर्ग से भी ऊपर है। यदि सभी ने मिलकर अपनी जन्मभूमि हेतु इसी भावना से अपना योगदान दिया तो कोई भी शक्ति राज्य को सर्वाधिक विकसित प्रदेश की श्रेणी में आने से नहीं रोक सकती। मध्य प्रदेश विभिन्न संस्कृतियों का अद्भुत संगम है, जहाँ बोलियों एवं क्षेत्र की विविधता होते हुए भी अपनी एक विशिष्ट पहचान बनाने का जज्बा है, और यही राज्य की प्राणवायु है। 'आओ बनाएँ अपना मध्य प्रदेश' अभियान इसी भावना की अभिव्यक्ति है।

प्रदेश की बढ़ती विकास दर में कृषि, उद्योग तथा सेवा—तीनों क्षेत्रों में लक्ष्य से अधिक उपलब्धि का योगदान रहा है। अगली पंचवर्षीय योजना में सरकार का लक्ष्य 12 फीसदी विकास दर हासिल करने का है। कृषि के क्षेत्र

में राष्ट्रीय वृद्धि दर से भी अधिक तेजी से वृद्धि होना निस्संदेह प्रदेश के किसानों की कड़ी मेहनत का परिणाम है। इस वर्ष 50 लाख टन गेहूँ उपार्जन कर मध्य प्रदेश ने पंजाब और हरियाणा के बाद देश में तीसरा स्थान हासिल किया है। सरकार ने भी कृषि संबंधित विषयों पर तुरंत और प्रभावी निर्णय लेने के लिए 'कृषि कैबिनेट' का गठन किया है।

यह अत्यंत प्रसन्नता का विषय है कि लोगों के प्रति सरकार की जवाबदेही तय करनेवाला मध्य प्रदेश का 'लोक सेवा प्रदाय गारंटी अधिनियम' अब पूरे देश के लिए मिसाल बन चुका है, लेकिन इस अधिनियम का सफल क्रियान्वयन जनता के हाथ में है। प्रारंभ में यह योजना 26 सेवाओं के साथ शुरू हुई थी। अभी पं. दीनदयाल उपाध्याय के जन्म दिवस 25 सितंबर से इसमें 26 और सेवाओं को जोड़ा गया है। प्रदेश में इसके लिए अलग से लोक सेवा प्रबंधन विभाग का गठन किया गया है। यह सुखद संयोग कहा जा सकता है कि समाज की अंतिम पंक्ति में खड़े अंतिम व्यक्ति की चिंता सबसे पहले करने की बात कहनेवाले पं. उपाध्याय ने 'एकात्म मानववाद' की अवधारणा को सबसे पहले मध्य प्रदेश में ही प्रकट किया था। उन्नत राज्य का सपना तो तब पूरा होगा जब सुदूर ग्रामीण अंचल में रहनेवाला और समाज की अंतिम पंक्ति में खड़ा नागरिक 'लोक सेवा गारंटी' में अपना हक पाकर मुसकराएगा।

जब अधिकारों की बात होती है तो अपने कर्तव्यों के बारे में जागरूकता भी उतनी ही आवश्यक है। जहाँ एक ओर तेजी से हो रहे विकास से ऊर्जा ग्रहण करें, तो वहीं दूसरी ओर अशिक्षा, कुपोषण, अस्वच्छता और समाज में बेटियों की उपेक्षा के दाग को जड़ से मिटाने का संकल्प भी लें। प्रदेश में ऐसी गंभीर समस्याओं से पूर्ण मुक्ति पाए बगैर विकास का सपना अधूरा रह जाएगा। प्रदेश के सभी बेटी-बेटा स्कूल जाएँ, प्रत्येक शिशु कुपोषण से मुक्त हो, प्रदेश में कहीं भी खुले में शौच की कुप्रथा नहीं रहे, तभी हम गर्व से विकसित प्रदेश के नागरिक होने का दावा कर सकते हैं। इसी के साथ हम सबको अपने गाँव और शहरों में पानी का अपव्यय रोकना होगा, बिजली बचानी होगी और सघन वृक्षारोपण

कर प्रदेश को हरा-भरा बनाना होगा।

प्रदेश में स्त्री के घटते लिंगानुपात और बेटियों के प्रति असहिष्णुता ने झकझोर कर रख दिया है। 'बेटी है तो कल है' यह महज एक नारा नहीं, बल्कि हमारे प्रदेश में हो रही सामाजिक क्रांति का सूत्रपात है। 'बेटी बचाओ अभियान' के माध्यम से पूरे समाज को जोड़ने के इस पवित्र प्रयास में सभी की महत्त्वपूर्ण भूमिका है। नवरात्रि के शुभ पर्व से प्रारंभ इस अभियान को सफल बनाना हम सबकी सामूहिक जिम्मेदारी है। यह एक सतत चलनेवाला यज्ञ है, जिसकी पूर्णाहुति बेटियों को उनका पूर्ण अधिकार दिलाकर ही होगी। हम सब मिलकर विकसित और समृद्ध मध्य प्रदेश के लिए अपने सर्वश्रेष्ठ योगदान का संकल्प लें। यह लक्ष्य तभी पूरा होगा, जब सब मिलकर एक साथ काम करेंगे।

□

अधोसरंचना निर्माण हेतु सार्वजनिक पूँजी निवेश

कृषि क्षेत्र से संबंधित बिंदुओं पर विचार-विमर्श करने हेतु एक विशेष बैठक आयोजित की गई। आयोग द्वारा गठित कार्यदलों की बैठकों में क्षेत्र-विशेष से संबंधित सुझाव रखने के अवसर पर भी राज्यों के प्रतिनिधियों को प्राप्त हुए हैं। इनमें से अनेक सुझाव 'प्रारूप योजना दस्तावेज' में सम्मिलित हुए हैं।

ग्यारहवीं पंचवर्षीय योजना अवधि अनुकूल आर्थिक परिदृश्य की पृष्ठभूमि में प्रारंभ हुई है। विश्व अर्थव्यवस्था ने वर्ष 2003-04 से महत्त्वपूर्ण रूप से उच्च विकास दर दर्ज की है, यद्यपि अभी हाल में ही इसमें कुछ कमी आई है। 10वीं पंचवर्षीय योजना के अंतिम वर्षों में कृषि विकास दर में भी सुधार हुआ है। बचत एवं निवेश की दरों में वृद्धि हुई है, विशेषकर अधोसंरचना निर्माण हेतु सार्वजनिक पूँजी निवेश में। हालाँकि खाद्य पदार्थों की कीमतों में तथा रुपए के मूल्य वृद्धि के कारण श्रमिक वर्ग की कठिनाइयाँ बढ़ी हैं। राज्यों की वित्तीय स्थिति में सुधार हुआ है, परंतु छठवें वेतन आयोग के परिप्रेक्ष्य में राज्यों पर वेतन आदि का अतिरिक्त भार अपरिहार्य है। इसके लिए केंद्र द्वारा राज्यों को अतिरिक्त धन उपलब्ध कराना चाहिए।

ग्याहरवीं योजना में सभी वर्गों के आर्थिक विकास को समाहित करने की अवधारणा सराहनीय है, क्योंकि 10वीं पंचवर्षीय योजना अवधि में आर्थिक

विकास की उच्च दर के बावजूद भौगोलिक क्षेत्रों एवं सामाजिक वर्गों के बीच का अंतर कम नहीं हो सका है और समाज के एक बड़े वर्ग को इस उच्च विकास दर का लाभ प्राप्त नहीं हो सका। 'प्रारूप योजना दस्तावेज' में इस अंतर को कम करने के लिए कुछ कार्यक्रम सम्मिलित किए गए हैं, परंतु अनेक महत्त्वपूर्ण बिंदुओं का समावेश नहीं है।

ग्यारहवीं पंचवर्षीय योजना के लिए जुटाए जानेवाले संसाधन सकल घरेलू उत्पाद के प्रतिशत के रूप में 13.54 प्रतिशत है, जो 10वीं पंचवर्षीय योजना अवधि में वास्तविक उपलब्धि 9.46 प्रतिशत की तुलना में महत्त्वपूर्ण रूप से 4.08 प्रतिशत अधिक है। वर्ष 2006-07 के बाजार मूल्य पर अधोसंरचना में अनुमानित पूँजी निवेश रुपए 20,60,193 करोड़ है, जो 10वीं पंचवर्षीय योजना में अधोसंरचना में निवेश से 136 प्रतिशत अधिक है। अधोसंरचना विकास पर जोर पूरी तरह से औचित्यपूर्ण है, परंतु अधोसंरचना के विभिन्न घटकों के मध्य प्राथमिकता पर पुनर्विचार जरूरी है। दूरसंचार का हिस्सा 10वीं पंचवर्षीय योजना अविध में 11.86 प्रतिशत से बढ़ाकर 11वीं पंचवर्षीय योजना में 12.54 प्रतिशत करना तथा सिंचाई का हिस्सा 10वीं योजना में 12.80 से घटाकर 11वीं योजना में 12.49 प्रतिशत करना प्रस्तावित है। यहाँ तक कि दूरसंचार में केंद्र का हिस्सा 31.25 प्रतिशत तथा सिंचाई में मात्र 9.62 प्रतिशत है। इस एकतरफा प्राथमिकता निर्धारण से सभी वर्गों को समाहित करनेवाले विकास की प्राप्ति नहीं की जी सकती। इसमें सुधार की आवश्यकता है।

विश्व अर्थव्यवस्था को आगे ले जानेवाले इंजन—अमेरिका, यूरोप तथा जापान की गति शिथिल होने के पूर्व संकेत मिल रहे हैं। इन देशों की अर्थव्यवस्था में शिथिलता से विकासशील देशों की जिंसों तथा निम्न तकनीकी औद्योगिक वस्तुओं की माँग पर महत्त्वपूर्ण प्रभाव पड़ता था। सौभाग्यवश ब्राजील, रूस, भारत तथा चीन जैसे देशों की आर्थिक शक्ति के प्रादुर्भाव के कारण इन वस्तुओं की माँग पर इस बार असर नहीं पड़ा है। लेकिन अब

विनिर्माण क्षेत्र में उच्च विकास दर को बनाए रखने के लिए औद्योगिक वस्तुओं के घरेलू बाजार के विस्तार को अधिक महत्त्व देने की आवश्यकता है। औद्योगिक वस्तुओं एवं सेवाओं के लिए घरेलू बाजार अभी भी शहरी मध्यम वर्ग पर अत्यधिक आश्रित है, जबकि यह हमारी आबादी की मात्र 20 प्रतिशत है। ग्रामीण बाजार हमारी घरेलू माँग का 40 प्रतिशत मात्र है, जबकि यह आबादी का 65 प्रतिशत है। इस बाजार के निरंतर विस्तार करने के लिए कृषि में उच्च विकास दर आवश्यक है। देश की दो-तिहाई जनता और 56 प्रतिशत कार्यबल को आजीविका प्रदान करनेवाले कृषि क्षेत्र के विकास के बिना आर्थिक विकास का लोकतांत्रिक तर्काधार संदेहास्पद हो जाता है। ग्रामीण अर्थव्यवस्था का मुख्य आधार होने के कारण कृषकों की आय में समुचित एवं सतत वृद्धि के बिना औद्योगिक क्षेत्र के विकास के लिए आवश्यक माँग/बाजार में भी वांछित वृद्धि नहीं हो पाएगी। आम आदमी, विशेषकर निम्न वर्ग के लोगों, के लिए खाद्यान्न जैसी आवश्यक वस्तुओं की पर्याप्त मात्रा में और उचित दाम पर उपलब्धता बनाए रखने के लिए भी कृषि का विकास आवश्यक है।

परिषद् की गत वर्ष आयोजित बैठक में आग्रह किया गया था कि 11वीं तथा 12वीं पंचवर्षीय योजनाओं को 'भारत की जल योजना' घोषित किया जाए तथा वृहत् सिंचाई परियोजनाओं को 'राष्ट्रीय परियोजना' के रूप में क्रियान्वित किया जाए। 'राष्ट्रीय राजमार्ग विकास परियोजना' की तर्ज पर सिंचाई क्षेत्र में राष्ट्रीय परियोजना के विचार को 'प्रारूप योजना दस्तावेज' में सम्मिलित किया गया है। सिंचाई के लिए जल संसाधनों का विकास, विशेषकर वर्षाधारित क्षेत्रों में जल संसाधनों का विकास, कुशल प्रबंधन और वैज्ञानिक तकनीकों का समुचित उपयोग कृषि की उत्पादकता और अर्थव्यवस्था को सुदृढ़ आधार प्रदान किए जाने के लिए सर्वाधिक महत्त्वपूर्ण है। वर्षा आधारित क्षेत्रों में सिंचाई के अभाव में पैदावार बढ़ानेवाली नई तकनीक के प्रभावी नहीं होने के कारण अभी भी औसत पैदावार लगातार निम्न स्तर पर बनी हुई

है। इन क्षेत्रों में भू-धारी वर्ग में भी गरीबी का प्रतिशत अपेक्षाकृत अधिक बना हुआ है। सिंचाई सुविधा में त्वरित विस्तार से न केवल कृषि उत्पादन में वृद्धि होगी, जिससे खाद्य पदार्थों के बढ़ते मूल्य को नियंत्रित किया जा सकेगा, बल्कि ग्रामीण क्षेत्रों में गरीबी को ठोस रूप से भी कम किया जा सकेगा तथा औद्योगिक वस्तुओं के लिए भी बाजार का विस्तार होगा। इससे दुष्चक्र प्रभावी रूप से समाप्त होगा तथा लाभकारी चक्र निर्मित होगा।

मोटे अनुमान के अनुसार देश के सिंचाई संसाधनों के समग्र विकास हेतु लगभग रुपए चार लाख करोड़ के निवेश की आवश्यकता है। वर्तमान गति से इस कार्यक्रम को संपन्न करने में 5 से 6 दशक लग जाएँगे। परिषद् इस कार्यक्रम को 10 वर्ष के अंदर पूरा करने का निर्णय ले। इस निवेश राशि में राज्य और केंद्र की आधा-आधा हिस्सेदारी हो। प्रत्येक प्रदेश की एक 'समग्र समेकित सिंचाई योजना' बननी चाहिए। इस योजना में वृहत्, मध्यम, लघु सिंचाई परियोजनाओं के साथ-साथ वर्षा जल संरक्षण का काम भी समाहित हो। 'ड्रिप' जैसी आधुनिक सिंचाई पद्धतियों को सस्ते दाम पर उपलब्ध कराना और सिंचाई के लिए आवश्यक ऊर्जा आपूर्ति भी इस योजना का भाग हो। वर्षा जल संधारण सहित सिंचाई की सभी योजनाओं को केंद्र तथा राज्य सरकारों के एक ही विभाग के अंदर रखे जाने से कार्यक्रम के क्रियान्वयन में सुविधा होगी।

ग्यारहवीं योजना अवधि में कम-से-कम नदी क्षेत्रों को जोड़नेवाली एक परियोजना का क्रियान्वयन प्रारंभ करना स्वागत योग्य कदम है। मध्य प्रदेश द्वारा उत्तर प्रदेश के साथ प्रस्तावित 'केन-बेतवा लिंक परियोजना' के लिए सहमति-पत्र पर हस्ताक्षर किए गए हैं। परियोजना के सर्वेक्षण एवं अन्वेषण का कार्य राष्ट्रीय जल विकास अभिकरण को सौंपा गया है। इसे शीघ्र संपादन करने की आवश्यकता है, जिससे 11वीं योजना अवधि में इसको राष्ट्रीय परियोजना के रूप में क्रियान्वित किया जा सके।

प्रतिस्पर्धात्मक विश्व में तीव्र आर्थिक विकास दर प्राप्त करने तथा

पिछड़े हुए क्षेत्रों में निवेश आकर्षित करने के लिए प्रारूप योजना दस्तावेज ने अच्छी गुणवत्ता की अधोसंरचना को सबसे अधिक महत्त्वपूर्ण आवश्यकता के रूप में चिह्नित किया है। दृष्टिकोण-पत्र ने यह माना था कि पिछड़े राज्यों में कमजोर अधोसंरचना के कारण उनका विकास प्रतिकूल रूप से प्रभावित हुआ है। 'बैकवर्ड रीजन ग्रांट फंड' के अंतर्गत अत्यंत अल्प संसाधन उपलब्ध होते हैं, जिनसे राज्य के भीतर अधोसंरचना के अंसतुलन को सीमित रूप से ही दूर करने में मदद मिलती है। राज्यों के बीच अधोसंरचना असंतुलन को दूर करने के लिए यह पूरी तरह से पर्याप्त नहीं है। निजी निवेश का बड़ा हिस्सा देश के विकसित क्षेत्रों में जा रहा है, जिससे राज्यों एवं क्षेत्रों के बीच का अंतर बढ़ रहा है। अधोसंरचना विकास के केंद्रीय कार्यक्रम तथा विशेष आर्थिक प्रक्षेत्र के माध्यम से औद्योगिक अधोसंरचना का निजी क्षेत्र द्वारा विकास, दोनों ही विकसित क्षेत्रों को लाभ पहुँचा रहे हैं। गत वर्ष राष्ट्रीय विकास परिषद् की बैठक में इन विषयों को उठाया गया था, परंतु 'प्रारूप योजना दस्तावेज' में इन चिंताओं को दूर करने के लिए कोई पहल नहीं की गई है।

गत वर्ष परिषद् की बैठक में सुझाव आया था कि क्षेत्रीय असंतुलन को कम करने के लिए एक उपाय यह भी है देश के आदिवासी क्षेत्रों में औद्योगिक तथा सामाजिक विकास के लिए निजी निवेश निवेश को उसी तरह प्रोत्साहित किया जाए जैसे विशेष दर्जा प्राप्त राज्यों के लिए किया जा रहा है। प्रारूप योजना-पत्र में यह स्वीकार किया गया है कि हिमाचल तथा उत्तराखंड जैसे पहाड़ी राज्यों के लिए उत्पाद शुल्क संबंधी वर्तमान छूटों के कारण अन्य राज्यों से पूँजी का पलायन हुआ है तथा यह अनुशंसा की गई है कि इन प्रोत्साहनों की जगह पूर्णत: अथवा आंशिक रूप से अधोसंरचना के त्वरित विकास कार्यक्रम को लिया जाना चाहिए। अधोसंरचना विकास के इसी तरह के कार्यक्रम अन्य पिछड़े क्षेत्रों, विशेषकर आदिवासी क्षेत्रों के लिए भी लाए जाने की आवश्यकता है।

राज्यों की लागत हिस्सेदारी के आधार पर नवीन परियोजनाएँ लेने की रेलवे की नीति पर पुनर्विचार करने की आवश्यकता है। यह पिछड़े राज्यों के प्रति न्याय नहीं है। इनमें से अधिकांश राज्यों में आदिवासियों की बड़ी आबादी है तथा रेल संपर्क का अभाव है। खनिज संपदा संपन्न आदिवासी इलाकों को तो खनिज संपदा दोहन के कारण रेल संपर्क प्राप्त हो गया है तथा उच्च किराए की दरों के कारण उनके द्वारा अन्य भौगोलिक तथा आर्थिक क्षेत्रों को कॉस सब्सिडाइज भी किया गया है; परंतु खनिज संपदा रहित आदिवासी क्षेत्र स्थानीय अर्थव्यवस्था के विकास हेतु रेल परियोजनाओं में पूँजी निवेश आकर्षित करने में असफल रहे हैं। ऐसे अनेक जिलों में नक्सली हिंसा की वारदातें हो रही हैं। रोजगार के अवसरों के निर्माण के लिए स्थानीय अर्थव्यवस्था का विविधीकरण आवश्यक है और इसके लिए जरूरी है रेल संपर्क। मैं यहाँ पुनः आग्रह करना चाहूँगा कि कम-से-कम वी.आर.जी.एफ. में शामिल पिछड़े जिलों की नवीन रेल परियोजनाओं में राज्य की हिस्सेदारी की माँग रेलवे द्वारा न की जाए।

केंद्र के द्वारा राष्ट्रीय राजमार्ग विकास का एक अति महत्त्वाकांक्षी कार्यक्रम प्रारंभ किया गया है, परंतु 'स्वर्ण चतुर्भुज परियोजना' में पिछड़े राज्यों को लगभग अनदेखा किया गया है। विकसित क्षेत्रों में ही प्रस्तावित एक्सप्रेस हाईवे के आने की संभावनाएँ हैं। विनिर्माण क्षेत्र में निजी पूँजी निवेश को सुगम बनाने के लिए राजमार्ग महत्त्वपूर्ण अधोसंरचना है। 'प्रारूप योजना दस्तावेज' में स्वीकार किया गया है कि राष्ट्रीय राजमार्गों के रख-रखाव के लिए उपलब्ध कराई जा रही धनराशि अपर्याप्त है। इस तरह मध्य प्रदेश जैसे राज्य न केवल राष्ट्रीय राजमार्गों के उन्नयन, बल्कि उनके रख-रखाव के लिए भी धनराशि से वंचित हैं। मध्य प्रदेश में यह एक विचित्र स्थिति है कि ग्रामीण सड़कें तो उच्च गुणवत्ता की हैं, परंतु राष्ट्रीय राजमार्ग जीर्ण-शीर्ण हैं। इससे राज्य में पूँजी निवेश के वातावरण पर प्रतिकूल प्रभाव पड़ रहा है। राज्य के द्वारा प्रदेश में स्थिति कतिपय राष्ट्रीय राजमार्गों का उन्नयन निजी

भागीदारी से करने में रुचि दिखाई गई है, परंतु इसके लिए आवश्यक भू-अर्जन की लागत भी वहन करने में केंद्र के द्वारा असमर्थता व्यक्त की गई है।

ग्याहरवीं योजना अवधि में विद्युत् उत्पादन क्षमता विस्तार का लक्ष्य 78577 मेगावाट रखा गया है। यह 10वीं योजना अवधि की उपलब्धि का साढ़े तीन गुना है। 'प्रारूप योजना दस्तावेज' में इसे अति महत्त्वाकांक्षी लक्ष्य मानना सही है। 10वीं योजना में लक्ष्य प्राप्त न होने का एक प्रमुख कारण उपकरण प्रदायकों द्वारा समय पर उपकरणों की प्रदायगी न किया जाना है। 'प्रारूप योजना दस्तावेज' में इस समस्या का समाधान नहीं है। देश में पारेषण व वितरण हानियाँ तथा भुगतान करनेवाले ग्राहकों के लिए बिजली की दरें दुनिया में सबसे अधिक बनी हुई हैं। 'राजीव गांधी ग्रामीण विद्युतीकरण परियोजना' के अंतर्गत वितरण व्यवस्था के और विस्तार से इस व्यवस्था पर दबाव और बढ़ रहा है। वितरण हानियों तथा विद्युत् दरों को कम करने के लिए वितरण व्यवस्था के उन्नयन हेतु ठोस पूँजी निवेश की आवश्यकता है। ए.पी.डी.आर.पी. अंतर्गत वितरण व्यवस्था के उन्नयन हेतु केंद्रीय सहायता में महत्त्वपूर्ण वृद्धि की जानी चाहिए।

गत वर्ष परिषद् की बैठक में राज्यों द्वारा यह निवेदन किया गया था कि सर्वशिक्षा अभियान के अंतर्गत उनकी हिस्सेदारी नहीं बढ़ाई जानी चाहिए, क्योंकि इससे कार्यक्रम के लिए संसाधनों की उपलब्धता पर प्रतिकूल प्रभाव पड़ सकता है। केंद्र शासन द्वारा राज्यों के निवेदन पर विचार किया गया तथा यह सहमति हुई कि राज्यों की हिस्सेदारी 11वीं योजना अवधि में चरणबद्ध रूप से बढ़ाई जाएगी। इससे इस कार्यक्रम के माध्यम से शैक्षणिक अधोसंरचना का विस्तार करने में पिछड़े राज्यों को निश्चित रूप से मदद मिलेगी। यह प्रस्ताव कि 10वीं पंचवर्षीय योजना अवधि में नियुक्त शिक्षकों को सर्वशिक्षा अभियान अंतर्गत वेतन भुगतान नहीं किया जाना चाहिए, बल्कि नए नियुक्त होनेवाले शिक्षकों के वेतन का ही भुगतान किया जाना चाहिए, इस पर भी पुनर्विचार किए जाने की आवश्यकता है। 10वीं योजना अवधि में सर्वशिक्षा

अभियान के अंतर्गत शिक्षकों के वेतन पर किया जानेवाला व्यय 20 व्यय प्रतिशत था, जिसका एक-चौथाई हिस्सा राज्यों द्वारा वहन किया गया। यदि इस अभियान से इस घटक को हटा दिया जाता है, तो उससे राज्यों की हिस्सेदारी 35 प्रतिशत से बढ़कर वास्तविक रूप से 50 प्रतिशत हो जाएगी, जो राज्यों की हिस्सेदारी को चरणबद्ध रूप से बढ़ाने के बारे में हुई आम सहमति के विपरीत है।

सर्वशिक्षा अभियान के अंतर्गत शिक्षों के 75 प्रतिशत पदों को महिलाओं के लिए आरक्षित करने के प्रस्ताव पर गंभीर पुनर्विचार करने की आवश्यकता है। इन स्कूलों के लिए स्थानीय रूप से अर्हता प्राप्त उम्मीदवारों के मिलने में व्यावहारिक कठिनाई भी हो सकती है; और इस कारण इस बात की प्रबल संभावना है कि ये पद नगरीय क्षेत्र के उम्मीदवारों से भरे जाएँ, जिससे शिक्षकों की अनुपस्थिति की समस्या और गंभीर हो सकती है। इस बात की भी संभावना है कि अनुसूचित जाति तथा जनजाति की महिलाओं के लिए आरक्षित पद उपयुक्त उम्मीदवारों की कमी के कारण खाली रह जाएँ।

'प्रारूप योजना दस्तावेज' में यह उल्लेख है कि अनुसूचित जाति तथा जनजाति सामाजिक वर्गों में शाला छोड़ने की दर अभी भी अपेक्षाकृत अधिक है। ऐतिहासिक कारणों से यह वर्ग अन्य सामाजिक वर्गों की तुलना में पीछे रहे हैं। शैक्षणिक अधोसंरचना का लाभ इन वर्गों तक पहुँचाने तथा उन्हें अध्ययन हेतु उपयुक्त वातावरण उपलब्ध कराने की दृष्टि से छात्रावास, आश्रम, रहवासी स्कूल जैसी विशिष्ट संस्थाएँ अत्यंत उपयोगी तथा प्रभावी रही हैं। सर्वशिक्षा अभियान प्रारंभ होने के पहले भी इन अधोसंरचनाओं के निर्माण की आधी लागत केंद्र सरकार वहन करती थी। यद्यपि 10वीं योजना में सर्वशिक्षा अभियान में केंद्र की हिस्सेदारी 75 प्रतिशत थी, अनुसूचित जाति तथा जनजाति के लिए संचालित विशिष्ट संस्थाओं के लिए केंद्र की हिस्सेदारी 50 प्रतिशत ही रही। इस विसंगति को सुधारने की आवश्यकता है। अनुसूचित जाति तथा जनजाति के छात्रों के लिए संचालित विशिष्ट

शैक्षणिक संस्थाओं के लिए केंद्रीय हिस्सेदारी 75 प्रतिशत होनी चाहिए। मध्य प्रदेश में शिक्षा दर में लिंग-विभेद को कम करने के लिए ग्रामीण क्षेत्र की ऐसी सभी बालिकाओं को, जिन्हें 3 किमी. से अधिक दूरी पर स्कूल जाना पड़ता है, सरकार की ओर से मुफ्त साइकिलें दी जा रही हैं।

कृषि भूमि से भार कम करने के लिए ग्रामीण क्षेत्रों में कृषि से इतर रोजगार के अवसर निर्मित किए जाने और ग्रामीणों के तकनीकी कौशल को संवर्धित करने की आवश्यकता पर जो बल दिया गया है, वह स्वागत योग्य है; परंतु इसके लिए आवश्यक है कि केंद्र और राज्य सरकारें मिलकर एक देशव्यापी कौशल संवर्धन की ठोस योजना बनाएँ और सभी स्तर की तकनीकी शिक्षा और दीक्षा के लिए उपयुक्त संख्या में तकनीकी संस्थाओं की स्थापना की जाए।

कम सकल दर्ज संख्या अनुपातवाले जिलों में 370 नए महाविद्यालयों की स्थापना तथा उच्च गुणवत्ता के 6000 आदर्श विद्यालयों की स्थापना का प्रस्ताव सराहनीय है। प्रस्तावित महाविद्यालयों की अधोसंरचना निर्माण पर पूरा पूँजीगत व्यय केंद्र द्वारा वहन करना चाहिए, क्योंकि आवर्ती व्यय का भार तो सतत रूप से राज्यों पर ही किया जाएगा। इससे गरीब राज्यों के शैक्षणिक पिछड़ेपन को दूर करने में कुछ हद तक मदद मिलेगी। यह भी प्रस्ताव है कि 16 राज्यों में, जहाँ कोई केंद्रीय विश्वविद्यालय नहीं है, वहाँ एक-एक विश्वविद्यालय स्थापित किया जाए तथा 14 विश्व स्तर के विश्वविद्यालय अतिरिक्त रूप से स्थापित किए जाएँ। यह आग्रह है कि मध्य प्रदेश जैसे पिछड़े राज्य को इनमें से कुछ विश्व स्तर के विश्वविद्यालय मिलेंगे, जिनमें यांत्रिकी तथा चिकित्सा शिक्षा जैसी विभिन्न अकादमिक शाखाएँ होंगी।

'राष्ट्रीय ग्रामीण स्वास्थ्य मिशन' के अंतर्गत किए जा रहे प्रयासों के प्रभाव संस्थागत प्रसव के हिस्से में वृद्धि तथा ग्रामीण क्षेत्रों में स्वास्थ्य केंद्रों के क्रियाशील होने के रूप में परिलक्षित होने लगे हैं। ग्रामीण क्षेत्रों में सभी

मुख्य संवर्गों की कमी को 'प्रारूप योजना दस्तावेज' में मुख्य चिंता के रूप में सही चिह्नित किया गया है। अभावग्रस्त राज्यों में 60 नए चिकित्सा महाविद्यालय और 225 नर्सिंग महाविद्यालय निजी और शासकीय भागीदारी में स्थापना से यह अंतर कम होगा। हम इस प्रयास का स्वागत करते हैं। इसी प्रकार जिन सेवाविहीन क्षेत्रों में नियमित डॉक्टर पर्याप्त संख्या में उपलब्ध नहीं हैं, वहाँ लाइसेंस प्राप्त पंजीकृत चिकित्सकों की व्यवस्था को पुनः चालू करना एक अच्छा निर्णय है। ग्रामीण क्षेत्रों में सेवा पहुँचाने की दृष्टि से नर्स प्रैक्टिशनर्स को भी ऐसा ही उत्तरदायित्व दिए जाने पर विचार किया जाना चाहिए। लिंग अनुपात सुधारने के लिए 'लाड़ली लक्ष्मी योजना' प्रारंभ की है। इसके तहत जन्म पर राजकोष में इतनी राशि बचत पत्रों के रूप में कन्या के नाम जमा कराई जाती है कि उसे 18 वर्ष तक शिक्षा के विभिन्न चरणों में 1,18000 रुपए की राशि प्राप्त हो जाए। गरीबों की बेटियों के सामूहिक विवाहों के अवसर पर 6,000 रुपए का उपयोगी सामान शासन की ओर से 'कन्यादान योजना' के तहत दिया जाता है।

आदिवासी क्षेत्रों में वर्ष 2004-05 में गरीबों का प्रतिशत 47.3 है, जो अखिल भारतीय स्तर से 20 प्रतिशत अधिक है। जहाँ वर्ष 1993-94 से 2004-05 के अंतराल में राष्ट्रीय स्तर पर गरीबी का अनुपात 8.7 प्रतिशत घटा है, वहीं चिंता की बात है कि आदिवासी क्षेत्रों में यह कमी केवल 2.7 प्रतिशत रही है।

आदिवासी क्षेत्रों में इस चिंताजनक स्थिति का मुख्य कारण कृषि की अत्यंत कम उत्पादकता है और इस कम उत्पादकता का एकमात्र कारण है सिंचाई के साधनों में अनुपलब्धता। सिंचाई सुविधाओं के निर्माण से कृषि उत्पादकता में वृद्धि वन संसाधनों तथा आजीविका खेती पर जीवनयापन करनेवाले किसी भी समाज के विकास के लिए आवश्यक है। ए.आई.बी.पी. सुविधा के अंतर्गत लघु सिंचाई योजनाओं की त्वरित स्वीकृति एवं क्रियान्वयन के लिए वनभूमि के व्यपवर्तन की अनुमति की प्रक्रिया को सरल बनाने की

आवश्यकता है। 'प्रारूप योजना पत्र' में सिंचाई क्षमता के निर्माण में इस सुविधा की उपयोगिता को सही स्वीकारा गया है, क्योंकि ऐसी योजनाओं की गर्भावधि अल्प है। ऊँची-नीची भू-संरचना तथा वनभूमि के व्यपवर्तन पर रोक के कारण विगत तीन दशकों में आदिवासी क्षेत्रों में सिंचाई सुविधाओं का विकास अवरुद्ध रहा है। कृषि उत्पादकता में सुधार के कारण भूमि की भूख कायम है। कृषि उत्पादकता में वृद्धि कमी के कारण वन संसाधनों पर दबाव निरंतर बढ़ रहा है। भू-संरचना की दृष्टि से ये सभी क्षेत्र ऊँचे-नीचे हैं। इस कारण परंपरागत सिंचाई योजनाओं के माध्यम से सिंचाई के संसाधनों का विकास वहाँ संभव नहीं है। विडंबना यह है कि सिंचाई के साधनों के विकास में वनभूमि का उपयोग माननीय सर्वोच्च न्यायालय और अन्य वैधानिक प्रतिबंधों के कारण नहीं हो पा रहा है। केंद्र सरकार और सभी राज्य सरकारों द्वारा मिलकर इस मामले को आपातकालीन मानकर न्यायपालिका के साथ विधिवत् चर्चा करके अविलंब नहीं सुलझाया गया, तो स्थिति को विस्फोटक होने से नहीं रोका जा सकता। नक्सलवादी आतंकवाद के लिए ऐसी ही दशा पृष्ठभूमि का निर्माण करती है।

आदिवासियों के अधिकारों की रक्षा हेतु पारित केंद्रीय अधिनियम की अधिसूचना और क्रियान्वयन को अनावश्यक रूप से विलंबित किया जा रहा है। हम पुरजोर माँग करते हैं कि इस अधिनियम को लागू किए जाने के लिए अपेक्षित अधीनस्थ विधान, मार्गदर्शक सिद्धांत और नियम तुरंत प्रकाशित किए जाएँ और निर्धारित अवधि में आदिवासियों को उनके चिरप्रतीक्षित अधिकार औपचारिक रूप से दर्ज कराने का काम हो।

देश के गरीबों में कृषक मजदूरों का प्रतिशत 1993-94 के 41 से बढ़कर 1999-2000 में 47 होना चिंता का विषय है, विशेषकर जब गरीबी का राष्ट्रीय औसत इसी दौरान 37 से घटकर 27 हो गया है। इसका यह अर्थ है कि विकास प्रक्रिया का लाभ इस वर्ग को नहीं मिल रहा है। ग्रामीण स्कूलों में जानेवाले बच्चों की अनुपस्थिति और स्कूल छोड़ने की दर में वृद्धि

का मुख्य कारण यह है कि अति पिछड़े क्षेत्रों के कृषक मजदूरों को आजीविका अर्जन हेतु अन्य स्थानों पर जाना पड़ता है। 'राष्ट्रीय रोजगार गारंटी योजना' से इस वर्ग को रोजगार तथा आय के अतिरिक्त अवसर उपलब्ध हो रहे हैं। 'आम आदमी बीमा योजना' एक सराहनीय प्रयास है, जिससे इस वर्ग को आजीविका अर्जन करनेवाले सदस्य की मृत्यु अथवा अपंगता की स्थिति में सामाजिक सुरक्षा प्राप्त होगी। मध्य प्रदेश राज्य में भूमिहीन कृषकों एवं मजदूरों के लिए एक योजना प्रारंभ की गई है, जिसमें प्रसूति अवस्था में 45 दिन का सवेतन अवकाश तथा बच्चों को छात्रवृत्ति दी जा रही है।

मध्य प्रदेश में वन-क्षेत्र 30.8 प्रतिशत राष्ट्रीय औसत 22 प्रतिशत से काफी अधिक है। इन राज्यों द्वारा पूरे राष्ट्र के पर्यावरण के लिए किए जानेवाले त्याग की अवसर लागत को पर्याप्त रूप से स्वीकारा नहीं गया है। विंडबना यह है कि न केवल इन क्षेत्रों के रख-रखाव पर राशि व्यय करनी पड़ती है, बल्कि जिन क्षेत्रों में यदि जल-संरक्षण और आदिवासियों के विकास हेतु वनभूमि का उपयोग करना पड़े तो उसका निवल वर्तमान मूल्य भी जमा करना पड़ता है। इस अवसर लागत के लिए पर्याप्त मुआवजा दिए जाने की पुरानी माँग रही है। इस न्यायोचित माँग को स्वीकारने तथा ऐसी कार्यविधि अनुशंसित करने, जो निर्वनीकरण को हतोत्साहित करे, योजना आयोग धन्यवाद का पात्र है। यह न्यायोचित ही है कि जब वन संपदा संपन्न राज्यों द्वारा विकास कार्यों के लिए वनभूमि के व्यपवर्तन हेतु मुआवजा राशि भूमि के निवल वर्तमान मूल्य के आधार पर देनी पड़ती है, तब निर्वनीकरण को हतोत्साहित करने के लिए मुआवजे राशि का निर्धारण भी निवल वर्तमान मूल्य पर प्राप्त होनेवाले समुचित प्रतिफल पर आधारित होना चाहिए।

'राष्ट्रीय ग्रामीण रोजगार गारंटी कार्यक्रम' से ग्रामीण क्षेत्रों में निर्धन वर्ग को पूरक आय के स्रोत के रूप में बड़ी राहत मिली है। इस कार्यक्रम हेतु एक बड़ी धनराशि अब उपलब्ध है। इस धनराशि की विवेकपूर्ण उपयोग

ग्रामीण क्षेत्रों में रोजगार अवसरों के निर्माण के साथ-साथ उत्पादक ग्रामीण अंधोसंरचना के निर्माण के लिए किया जाना चाहिए। इस कार्यक्रम के अंतर्गत भू एवं जल संरक्षण कार्यों को सर्वोच्च प्राथमिकता दिया जाना सही है। वनीकरण कार्यक्रम को 'रोजगार गारंटी कार्यक्रम' के साथ जोड़ने से आदिवासी क्षेत्रों में प्राकृतिक संसाधनों को समृद्ध करने में मदद मिलेगी। इसी प्रकार सैंच्य क्षेत्र विकास कार्यों में रोजगार गारंटी धनराशि के उपयोग की अनुमति स्वागत योग्य है, परंतु वनीकरण जैसे कार्यों की कार्यावधि सामान्यत: छह महीने से अधिक होती है। रोजगार गारंटी अधिनियम में यह प्रावधानित है कि अकुशल कार्य की माँग करनेवाले प्रत्येक परिवार को वर्ष में कम-से-कम 100 दिन का रोजगार उपलब्ध कराया जाए, परंतु अब वर्ष में यह अधिकतम 100 दिन कर दिया गया है। इससे वनीकरण जैसे कार्यों के क्रियान्वयन में व्यावहारिक कठिनाई हो रही है। इसलिए 'रोजगार गारंटी योजना' के अंतर्गत प्रत्येक परिवार के लिए 150 दिन तक रोजगार-निर्माण का प्रावधान होना चाहिए, जिससे उत्पादक परिसंपत्तियों का निर्माण कराया जा सके एवं पर्यावरणीय दृष्टि से संवेदनशील क्षेत्रों में प्राकृतिक संसाधनों में सुधार किया जा सके।

उत्तर प्रदेश के बुंदेलखंड क्षेत्र को अति पिछड़ा मानकर उसके विकास हेतु केंद्रीय सहायता की एक योजना बनाई जा रही है। उत्तर प्रदेश के बुंदेलखंड से लगा हुआ ही मध्य प्रदेश का बुंदेलखंड है। यह तो और भी अधिक पिछड़ा हुआ है। पिछले 4 वर्षों से अत्यंत न्यून वर्षा के कारण वहाँ पानी का संकट आसन्न है। इस वर्ष खेती की दोनों फसलों में से कोई फसल नहीं हो पाई है। सिंचाई के साधनों का वहाँ नितांत अभाव है और जो थोड़े-बहुत साधन थे, वे सब सूख गए हैं। वहाँ स्थिति आपातकालीन हो गई है। उत्तर प्रदेश के बुंदेलखंड के साथ-साथ मध्य प्रदेश के बुंदेलखंड को भी समान रूप से सहायता मिलनी चाहिए। अन्यथा यह भेदभाव होगा।

सड़क-निर्माण के साथ-साथ सड़क परिवहन के ऊपर जितना ध्यान

दिया जाना चाहिए था, वह नहीं दिया गया है। देश के प्रायः सभी भागों में सड़क परिवहन की दशा ठीक नहीं है। यह एक व्यवसाय है, जिसमें निजी निवेश और रोजगार तथा आय के अवसरों की महती संभावना है। ऊर्जा, सड़क-निर्माण तथा अन्य परंपरागत अवसंरचना के क्षेत्रों में निजी निवेश की अनुमति के कारण अत्यंत लाभ हुआ है; परंतु केंद्रीय सड़क परिवहन अधिनियम के कतिपय निषेधात्मक प्रावधानों के कारण परिवहन में निजी निवेश आकर्षित नहीं हो पा रहा है। यह बात पूर्व बैठकों में भी उठ चुकी है। एक बार फिर जोर देकर हमारा केंद्र सरकार से आग्रह है कि 'केंद्रीय सड़क परिवहन अधिनियम' में निजी निवेश को आकर्षित करने के लिए आवश्यक संशोधन अविलंब किया जाए। यह न केवल संसाधन अनपेक्षित नीति परिवर्तन होगा, बल्कि यह निजी निवेश के मार्ग को भी प्रशस्त करेगा। इस दिशा में इंदौर नगर बस सेवा प्रदाय में निजी पूँजी निवेश का प्रयास अत्यंत सफल रहा है।

कृषि व्यवसाय लगातार अलाभकर होता जा रहा है। इसके तीन मुख्य कारण हैं—जोत का आकार छोटा होते जाना, भूमि की उर्वरा शक्ति घटने के कारण खेती की लागत बढ़ते जाना और कृषि के सापेक्ष मूल्यों का पिछड़ते जाना। कृषि की उत्पादकता सतत बनी रहे, इसके लिए मृदा में जैव पदार्थों का निश्चित अनुपात बनाए रखने के लिए ग्रामीण और शहरी कूड़े-कर्कट से निर्मित कंपोस्ट बनाए जाने और प्रयोग किए जाने की राष्ट्रव्यापी योजना बननी चाहिए। वर्षा आधारित क्षेत्रों की उत्पादकता कृषि के लिए सिंचाई साधनों के विकास के बिना बढ़ाना संभव नहीं है। जोत के आकार को और अधिक घटने से रोकने के लिए ग्रामीण क्षेत्रों में कृषि से इतर रोजगार के अवसरों में वृद्धि और ग्रामीणों के तकनीकी कौशल संवर्धन के राष्ट्रव्यापी उपाय आवश्यक हैं। इन सबसे ज्यादा जरूरी है—कृषि के सापेक्ष मूल्यों का वस्तुपरक गहन अध्ययन कर न्यूनतम समर्थन मूल्य प्रणाली के लिए लागत आकलन फॉर्मूले की समीक्षा। किसानों को आमतौर पर न्यूनतम समर्थन

मूल्य से ज्यादा दाम मिलें, ऐसे उपायों की आवश्यकता पर सैद्धांतिक बल तो बहुत दिया गया है, परंतु उसके लिए अपेक्षित नीतियाँ और कारगर उपाय नहीं हो पाए हैं। इस विषय के ऊपर केंद्र को राज्यों से विशद परामर्श कर एक प्रभावी नीति अविलंब बनानी चाहिए।

□

अर्थव्यवस्था का आधुनिकीकरण और प्रगति

कृषि मंत्रीजी की अध्यक्षता में गठित 'राष्ट्रीय विकास परिषद्' की उपसमिति के प्रतिवेदनों का विशद अध्ययन किया। कृषि की उत्पादन वृद्धि दर घटने और कृषकों की बढ़ती कठिनाइयों के प्रति इन प्रतिवेदनों में गहरी चिंता जताई गई है, और इनके लिए जिम्मेदार कारणों और कारकों को चिह्नित करने का प्रयास किया गया है। परंतु बहुत सी मौलिक महत्त्व की बातें छूट गई प्रतीत होती हैं; और जो निदान सुझाए गए हैं, वे ठोस व समग्र न होकर आधे-अधूरे हैं।

सर्वप्रथम तो पिछले 15-16 वर्षों में औद्योगीकरण, शहरीकरण और सेवा के क्षेत्रों में हुई प्रगति के कारण भारत की अर्थव्यवस्था में जो गति आई है, वह एकांगी होकर रह गई है। इस प्रगति का लाभ हमारी जनसंख्या के बड़े भाग को नहीं मिल पाया है, विशेषकर ग्रामीण और गरीब समुदाय को। अभी भी देश की लगभग 65 प्रतिशत जनसंख्या कृषि पर आधारित है। समस्त कार्यबल का 56.7 प्रतिशत कृषि में रोजगार पाता है। सकल घरेलू उत्पाद में 20 प्रतिशत और निर्यात में लगभग 11 प्रतिशत योगदान कृषि का है। देश की संपूर्ण खाद्य आवश्यकता तथा महत्त्वपूर्ण उद्योगों का सारा कच्चा माल कृषि क्षेत्र पैदा करता है। औद्योगिक क्षेत्र के उत्पादों की 40 प्रतिशत से अधिक माँग ग्रामीण जनों की क्रय-शक्ति के ऊपर निर्भर है। कृषि उत्पादों, विशेषत: खाद्य पदार्थों के उत्पादन और कीमतों में जो उतार-चढ़ाव होता है,

उसका सीधा प्रभाव सामान्य मूल्य स्तर अर्थात् मुद्रास्फीति पर होता है। अतः कृषि-क्षेत्र में होनेवाली किसी भी घटना से देश की पूरी अर्थव्यवस्था प्रभावित होती है।

हरित क्रांति की सफलता के बाद भी बहुत सी कठिनाइयों और बाधाओं से जूझना पड़ रहा है। इन्हीं की चर्चा संक्षेप में करना चाहूँगा। सबसे पहले तो मैं कुछ आँकड़ों के भ्रामक प्रस्तुतीकरण की ओर आपका ध्यान आकर्षित करना चाहूँगा। कृषि के ऊपर निर्भर जनसंख्या, जो आजादी के समय 75 प्रतिशत थी, अब घटकर 65 प्रतिशत रह गई है। सकल घरेलू उत्पाद में कृषि का योगदान 61 प्रतिशत से कम होकर 20 प्रतिशत के आस-पास आ गया है। इन दोनों सूचकों को अर्थव्यवस्था के आधुनिकीकरण और प्रगति की स्वाभाविक परिणति और द्योतक माना जाता है। परंतु वास्तविकता यह है कि आजादी के समय देश की जनसंख्या केवल 36 करोड़ थी और उसका तीन-चौथाई अर्थात् 27 करोड़ खेती पर निर्भर था। अब देश की जनसंख्या 110 करोड़ हो चुकी है, जिसका 65 प्रतिशत, यानी लगभग 71 करोड़ से अधिक लोग खेती पर निर्भर करते हैं। दूसरा इतना ही महत्त्वपूर्ण पक्ष है कि पहले देश की 75 प्रतिशत जनसंख्या के हिस्से में राष्ट्रीय आय का 61 प्रतिशत आता था, लेकिन अब 65 प्रतिशत जनता को 20 प्रतिशत से कम पर गुजारा करना पड़ रहा है। कृषि भूमि पर सतत दबाव बढ़ा है। औसत जोत का आकार घटा है। लगभग 78 प्रतिशत जोतें दो हेक्टेयर से छोटी हैं, जो आर्थिक इकाई के रूप में सर्वथा अलाभकर हैं। कृषि भूमि की प्रति व्यक्ति उपलब्धता 0.36 हेक्टेयर से घटकर 0.12 हेक्टेयर के करीब हो गई है। खेती में लगे प्रति व्यक्ति की औसत आय और अन्य व्यवसायों में लगे लोगों के प्रति व्यक्ति आय का अंतर, जो 60 के दशक तक लगभग 1:2 था, बढ़कर 1:11 के आस-पास हो गया है।

सबसे भयावह स्थिति वर्षा आधारित क्षेत्रों की है, जिनमें कृषियोग्य भूमि का 60 प्रतिशत भाग आता है। इन क्षेत्रों का प्रति हेक्टेयर उत्पादन एक

टन के आस-पास अटका हुआ है। ग्रामीण गरीबों का 80 प्रतिशत इन्हीं क्षेत्रों में बसता है। हरित क्रांति की चमक-दमक भी फीकी पड़नी शुरू हो गई। कृषि की लागत उत्पादकता के अनुपात में तेज गति से बढ़ी है और खेती लगातार घाटे का सौदा होती जा रही है। भूमि के अति दोहन से उसकी उर्वराशक्ति घट रही है। जल तथा कृषि रसायनों के अंधाधुंध उपयोग से पर्यावरण और मानव सहित सभी जीव-जंतुओं का स्वास्थ्य दुष्प्रभावित हो रहा है। उर्वरकों के असंतुलित उपयोग और जैविक पदार्थों की कमी के कारण जिंक, लौह, गंधक, मैंगनीज, बोरोन, मालिबडिनम जैसे महत्त्वपूर्ण पोषक तत्त्वों का भारी अभाव हो गया है। संपूर्ण खाद्य श्रृंखला में विषैले तत्त्वों के अवशेष भारी मात्रा में पाए जाते हैं। सभी जीवों और वनस्पतियों की नैसर्गिक प्रतिरोध शक्ति का ह्रास होता जा रहा है। अनेक भयंकर और असाध्य रोगों की संख्या बढ़ रही है और आम आदमी की आमदनी का बड़ा भाग चिकित्सा-व्यय में जाने लगा है।

किसान विरोधी मूल्य-नीति ने किसान की कठिनाइयों को और जटिल बनाया है। स्वतंत्रता के बाद भी कृषि मूल्य-नीति के निर्धारक तत्त्व प्रायः वही रहे हैं, जो औपनिवेशिक काल में थे। सरकार का अकसर यही प्रयास रहा है कि मुखर शहरी जनता, संगठित औद्योगिक श्रमिकों और उद्योगपतियों को खुश रखने तथा लाभ पहुँचाने की दृष्टि से खाद्य पदार्थों के मूल्य दबाकर रखे जाएँ। मूल्य समर्थन प्रणाली के प्रादुर्भाव से किसानों को कुछ राहत अवश्य मिली थी; परंतु कालांतर में वह भी निष्प्रभावी हो गई है। सापेक्ष मूल्य दरों की ऐतिहासिक गति पर दृष्टिपात करें तो पाएँगे कि 1960-61 के आधार वर्ष से अब तक कृषि के सापेक्ष मूल्य 82 से 95 प्रतिशत के बीच रहे हैं। इसके फलस्वरूप देश के किसानों को प्रतिवर्ष 12 से 15 प्रतिशत का आर्थिक घाटा उठाना पड़ा है। दूसरे शब्दों में कहें तो किसानों की आय का इतना भाग दूसरे लोगों की जेब में जाता रहा है। इसके बावजूद कुछ जाने-माने नीति-निर्धारक और अर्थशास्त्री कृषि पर आयकर लगाने की बात करते रहते हैं।

कृषि क्षेत्र में पूँजी विनिर्माण की दर भी घटती जा रही है। 1970 के दशक में देश के सकल पूँजी विनिर्माण का 21 प्रतिशत खेती में होता था, जो संप्रति घटकर 8 प्रतिशत से भी कम रह गया है। सार्वजनिक क्षेत्र में भी पूँजी विनिर्माण की दर इसी अंतराल में 18 प्रतिशत से घटकर केवल 4.2 प्रतिशत हो गई है। पिछले तीन दशकों में योजना के लिए आवंटित राशि का भी केवल 5 प्रतिशत से कम कृषि और संबंधित गतिविधियों के लिए दिया गया है, जिसमें वन भी सम्मिलित है। खेती में निवेश की दर भी इस दौरान सकल घरेलू उत्पाद के 1.3 प्रतिशत के बराबर रही है और सार्वजनिक निवेश तो मात्र 0.3 प्रतिशत। यदि खेती के ऊपर निर्भर जनसंख्या (65 प्रतिशत), रोजगार का प्रतिशत (57 प्रतिशत) तथा सकल घरेलू उत्पाद में कृषि का योगदान (औसत 25 प्रतिशत) और अर्थव्यवस्था के कुल निवेश (औसत 26 प्रतिशत) को देखा जाए तो कृषि के हिस्से में क्रमशः 18 प्रतिशत, 15 प्रतिशत और न्यूनतम 6.5 प्रतिशत निवेश आना चाहिए था, जबकि मिला केवल 1.3 प्रतिशत।

कृषि को प्राथमिकता का क्षेत्र मानकर रिजर्व बैंक द्वारा सभी बैंकों को लगभग दो दशकों से यह निर्देश है कि अपने कुल ऋण का न्यूनतम 18 प्रतिशत वे कृषि ऋण के रूप में दें; परंतु वास्तव में वह 12 से 14 प्रतिशत के बीच रहा है। बैंकों की सभी ग्रामीण शाखाओं का ऋण और जमा का अनुपात 30 प्रतिशत के आस-पास है। इसका सीधा अर्थ है कि बैंकिंग प्रणाली ग्रामीण जनों द्वारा जमा की गई कुल राशि का केवल 30 फीसदी ही गाँवों में ऋण के रूप में देती है और 70 प्रतिशत भाग गाँवों से निकालकर दूसरे क्षेत्रों के विकास के लिए उपलब्ध कराती है—अर्थात् बैंक गाँवों में पूँजी लगाने के बजाय ग्रामीणों द्वारा अर्जित पूँजी का अधिकांश (70 प्रतिशत) भाग बाहर ले जाते हैं। ये सरकारी आँकड़े इस बात के जीते-जागते प्रमाण हैं कि ग्रामीण अर्थव्यवस्था पूँजी के भयंकर अभाव से ग्रस्त है।

खेती के विकास के लिए आवश्यक मूलभूत सुविधाओं और आधारभूत ढाँचे का भी अपेक्षित विकास नहीं हुआ है। बहुत बड़ी संख्या में गाँव अभी

भी सड़क, बिजली, स्वच्छ पेयजल, शिक्षा, स्वास्थ्य, पशु-चिकित्सा सेवाओं, भंडारण और विपणन की सुविधाओं से वंचित हैं। सबसे अधिक चिंता की बात यह है कि ग्रामीण क्षेत्रों में बेरोजगारी, खासकर शिक्षित युवकों की बेरोजगारी, तेज गति से बढ़ती जा रही है, जिसके कारण ग्रामीण क्षेत्रों में हताशा, हिंसा और अपराध बढ़ रहे हैं। राष्ट्रीय नमूना सर्वेक्षणों की हाल की रिपोर्टों में ये तथ्य उजागर हुए हैं।

प्रारंभिक चार पंचवर्षीय योजनाओं के बाद सिंचाई की भारी उपेक्षा हुई। केंद्र सरकार ने तो कृषि में निवेश प्रायः बंद ही कर दिया है। थोड़ी सी राहत 'त्वरित सिंचाई लाभ कार्यक्रम' AIBP से देने की बात कही गई। परंतु AIBP की समस्त राशि राज्य सरकारों को ऋण के रूप में दी जाती थी। वह भी बैंकों की वाणिज्यिक दर से डेढ़-दो प्रतिशत अधिक पर। राष्ट्रीय गठबंधन की सरकार ने इस राशि का 25 प्रतिशत अनुदान के रूप में देने और ब्याज दर घटाने का निर्णय किया। वर्तमान वित्त वर्ष के बजट भाषण में तो केंद्रीय वित्त मंत्रीजी ने इस मद में 11,000 करोड़ रुपए का प्रावधान करने की बात कही और मीडिया ने भी उसको इसी रूप में प्रचारित-प्रसारित किया। वास्तविकता यह है कि केंद्र का अंश तो इसमें केवल 3,580 करोड़ रुपए हैं। 'वित्तीय उत्तरदायित्व और बजट प्रबंधन अधिनियम' (FRBM Act) पारित किए जाने के बाद राज्य सरकारों की ऋण लेने की क्षमता वैधानिक रूप से सीमित हो गई है। AIBP के लिए सिंचाई परियोजना की अर्हता के जो नियम और प्रक्रियाएँ केंद्र सरकार ने तय कर रखे हैं, उनके रहते भी राज्य सरकारों को इसका लाभ नहीं मिल पाता। मध्य प्रदेश का ही उदाहरण लें तो हमारे पास सिंचाई की चालू परियोजनाओं के लिए ये राशियाँ उपलब्ध नहीं हैं। अतः मध्य प्रदेश जैसा राज्य इसका लाभ लेने की स्थिति में ही नहीं है। इन्हीं कारणों से गत वर्ष तो AIBP के लिए आवंटित 2,350 करोड़ में से केवल 1600 करोड़ के लगभग ही उपयोग हो पाया।

ऐसा ही भ्रामक प्रचार 'ग्रामीण अधोसंरचना विकास कोष' (RIDF) के

विषय में किया जाता है। वित्त मंत्रीजी ने इसे भी अपने बजट भाषण में स्थान दिया। वास्तविकता यह है कि RIDF का केंद्र सरकार और उसके बजट से कोई लेना-देना नहीं है। इस कोष में तो बैंकों द्वारा वह राशि 'नाबार्ड' को दी जाती है, जो कृषि क्षेत्र को प्राथमिकता के आधार पर निर्दिष्ट 18 प्रतिशत से कम रह जाती है। 'राष्ट्रीय कृषि एवं ग्रामीण विकास बैंक' (नाबार्ड) इन राशियों को बढ़ी हुई ब्याज दर पर राज्य सरकारों को राजकीय गारंटी के आधार पर कर्ज के रूप में देता है। आश्चर्य यह है कि किसी मंच से इस भ्रमपूर्ण स्थिति का निराकरण करने का प्रयास नहीं हुआ।

केंद्र सरकार की नैवेशिक प्राथमिकताएँ कितनी सही हैं, इसका दिग्दर्शन इस बात से होता है कि पिछले डेढ़ देशक में केंद्र सरकार ने लगभग 2 लाख करोड़ रुपए केंद्रीय योजना के तहत संचार व्यवस्था के विकास में लगाया है। लगभग इतनी राशि उर्वरकों को दी जानेवाली त्रुटिपूर्ण सब्सिडी प्रणाली के तहत व्यय की गई। मेरे यह कहते ही प्रश्न उठाया जाना स्वाभाविक है कि क्या संचार व्यवस्था का विकास नहीं होना चाहिए? हमारा ऐसा कोई मंतव्य नहीं है। परंतु इस संदर्भ में दो बातें विचारणीय हैं, एक तो यह कि संचार व्यवस्था का विकास करने के लिए निजी क्षेत्र की कंपनियाँ सदैव तत्पर रही हैं। यदि पूरी नहीं तो कम-से-कम इसकी आधी राशि तो ये कंपनियाँ निवेशित कर सकती थीं। सेवाओं की गुणवत्ता भी निजी कंपनियों की बेहतर मानी जाती है। दूसरे, यह कि गाँवों के लिए पेयजल और फसलों के लिए सिंचाई के जल संसाधनों को प्राथमिकता दी जानी चाहिए अथवा टेलीफोन और कंप्यूटर को? देश में हजारों ऐसे गाँव हैं, जिनमें एक या दो टेलिफोन से काम चल सकता था। वहाँ कई-कई दर्जन फोन कनेक्शन हैं, परंतु पीने का पानी कई-कई किलोमीटर से लाना पड़ता है। उर्वरक पर दी जानेवाली सब्सिडी का लगभग 60 प्रतिशत कंपनियों की जेबों में जाता है और केवल 40 प्रतिशत किसान तक पहुँचता है। यूरिया आदि नत्रजनीय उर्वरकों का तो अपव्यय इतना होता है कि 40 प्रतिशत मात्रा व्यर्थ हो जाती है। यदि किसानों

को प्रशिक्षित किया जाए कि वे यूरिया को पानी में घोलकर स्प्रे करें तो वर्तमान की अपेक्षा कुल 10 से 15 प्रतिशत मात्रा से काम चल सकता है। दुर्भाग्य से नीति-निर्धारकों का ध्यान इस दिशा में नहीं है। इसमें निहित स्वार्थों की भी अपनी भूमिका रही है।

कुछ वर्षों तक गेहूँ, चावल और गन्ने के अच्छे उत्पादन के कारण केंद्रीय खाद्य भंडार में जो स्टॉक जमा हो गए थे, उनके कारण हम खुशफहमी में जीने लगे थे। इस स्थिति को इन वस्तुओं के ऊँचे समर्थन मूल्यों का परिणाम मान बैठे थे। नतीजा सामने है। इन दो वर्षों में हमें गेहूँ का आयात करना पड़ा है। विडंबना यह है कि अपने किसान को तो 750 रुपया प्रति क्विंटल भी देने को तैयार नहीं थे और विदेशों से मँगाया 1100 रुपए प्रति क्विंटल। वह भी घटिया किस्म का, अनेकों खरपतवारों से अपमिश्रित गेहूँ। इस वर्ष जरूर 850 रुपए प्रति क्विंटल देकर कुछ राहत प्रदान की है। खाद्य तेलों और दालों का तो सतत आयात करते ही रहे हैं। खाद्य सुरक्षा सीधे राष्ट्र की सुरक्षा से जुड़ी हुई है। अंतरराष्ट्रीय राजनीति में खाद्य पदार्थों को हथियार के रूप में इस्तेमाल किए जाने की घटनाओं से आप अपरिचित नहीं हैं। यही कारण है कि जापान जैसा समर्थ देश भी अपनी खाद्य सुरक्षा के लिए किसी और के ऊपर निर्भर नहीं रहना चाहता। अत: आयात के भरोसे रहना खतरे से खाली नहीं।

'विश्व व्यापार संगठन समझौते' पर 1994 में हस्ताक्षर करने के समय अमीर देशों का OECD क्लब अपनी कृषि के सकल उत्पाद का लगभग 44 प्रतिशत अनुदान के रूप में देता था। एक समय वह राशि 361 बिलियन अमेरिकी डॉलर थी। उस साल भारत की कुल राष्ट्रीय आय 447 बिलियन अमेरिकी डॉलर थी। यानी हमारी कुल राष्ट्रीय आय का 80 प्रतिशत से अधिक तो ये देश कृषि अनुदान के रूप में देते थे। इसे घटाए जाने के सारे वायदे और प्रयास अभी तक तो निष्फल रहे हैं। ऐसी परिस्थिति में भारतीय किसान अंतरराष्ट्रीय व्यापार में कैसे प्रतिस्पर्धा कर सकता है? यही बात

सैनिटरी और फाइटो सैनिटरी मानकों के विषय में है। आपने तो विदेश से आयातित गेहूँ के लिए ये मानक शिथिल कर दिए, परंतु क्या इसी प्रकार के व्यवहार की अपेक्षा किसी अमीर देश से कर सकते हैं? कदापि नहीं। ऐसी अनेक घटनाएँ हैं, जब मामूली सी बात पर उन्होंने हमारी निर्यात खेपों को अस्वीकृत कर दिया।

खाद्य सुरक्षा के लिए पर्याप्त उत्पादन कर लेना ही काफी नहीं है। राष्ट्र के प्रत्येक व्यक्ति को खाद्यान्न उपलब्ध होना चाहिए। हमारी सार्वजनिक वितरण प्रणाली की खामियों से हम सब अवगत हैं। इसको नया स्वरूप देने की आवश्यकता है। परंतु यह भी स्थायी हल नहीं है। अंततोगत्वा तो प्रत्येक व्यक्ति के पास आजीविका और आय का इतना साधन होना चाहिए कि वह अपनी क्रयशक्ति से खाद्यान्न खरीद सके और सम्मानपूर्वक रह सके।

केंद्र सरकार के प्रतिवेदनों में एकल फसल प्रणाली, सिंचाई के पानी का अपव्ययपरक उपयोग और जैव विविधता के ह्रास आदि के प्रति एक ओर तो चिंता प्रकट की गई है और दूसरी ओर जैव प्रौद्योगिकी और आनुवंशिकी अभियांत्रिकी आदि के माध्यम से संकरित जातियों के पौधे व बीज विकसित करने पर जोर दिया है। दोनों में स्पष्ट रूप से विरोधाभास है। यह विवाद का विषय हो सकता है। परंतु इतना सत्य है कि प्रकृति, पर्यावरण और मानव सहित जीव-जंतुओं के स्वास्थ्य पर पड़नेवाले दीर्घकालिक दुष्प्रभावों का समुचित अध्ययन किए बिना इस दिशा में प्रवृत्त होना खतरे से खाली नहीं है। सूचना है कि मटर, टमाटर, बैंगन, भिंडी आदि सब्जियों में बी.टी. जैसे विषैले जीन को आरोपित करने की अनुमति देने पर विचार किया जा रहा है। मानव स्वास्थ्य के साथ खिलवाड़ करने का यह क्रम बंद होना चाहिए। ऐसे विषयों पर केंद्र द्वारा राज्य सरकारों और देश की आम जनता की सहमति के बिना एकपक्षीय निर्णय लिया जाना लोकतंत्र की भावना के भी विपरीत है।

जब भी कभी सिंचाई और कृषि जैसे महत्त्वपूर्ण क्षेत्रों के विकास, निवेश, मूल्य और प्रबंधन आदि की बात आती है तो केंद्र सरकार यह

कहकर पल्ला झाड़ने की कोशिश करती है कि ये तो राज्यों के विषय हैं। परंतु राज्यों से करों के रूप में एकत्रित की गई विशाल धनराशियों के आवंटन की प्राथमिकता, कृषि उत्पादों की लागत और मूल्य व्यवस्था, चीनी सरीखे महत्त्वपूर्ण उद्योगों की लाइसेंस पद्धति और आयात-निर्यात संबंधी फैसले करते समय राज्य सरकारों को विश्वास में नहीं लिया जाता है।

कृषि से जुड़े अन्य भी कई पहलू हैं। परंतु उन सबमें न जाकर संक्षेप में कुछ सुझाव राष्ट्रीय विकास परिषद् के समक्ष प्रस्तुत हैं—

1. कृषि में न्यूनतम निवेश राष्ट्रीय आय के 7 प्रतिशत के बराबर होना चाहिए।
2. कृषि उत्पादों की मूल्य नीति की भी नए सिरे से समीक्षा करना जरूरी है। कृषि लागत एवं मूल्य आयोग द्वारा अपनाई गई 'लागत आकलन प्रणाली' सर्वथा त्रुटिपूर्ण है और भेदभावपूर्ण भी। भारत के टैरिफ कमीशन (TCI) और 'औद्योगिकी लागत एवं मूल्य ब्यूरो' (BICP) द्वारा अपनाए गए फॉर्मूले के आधार पर ही खेती की लागत का हिसाब लगाया जाना चाहिए। व्यापक दरों की ऐतिहासिक विकृति को दूर किया जाना चाहिए।
3. कृषि जोत के आकार को और अधिक घटने से रोकने के लिए आवश्यक है कि कृषि पर जनसंख्या की निर्भरता कम हो। ग्रामीण क्षेत्रों में तकनीकी और व्यावसायिक शिक्षा के माध्यम से कृषि से इतर रोजगारों के अवसर निर्माण करने की एक समयबद्ध समेकित योजना अविलंब बननी चाहिए। उसी से यह संभव है।
4. देश की संपूर्ण संभाव्यता का उपयोग करने के लिए एक 10 वर्षीय नीति बननी चाहिए और उसके लिए आवश्यक धनराशि लगभग 4 लाख करोड़ रुपए में से आधी केंद्र सरकार और आधी राज्य सरकारों को लगानी चाहिए। यह राशि संचार व्यवस्था में सरकारी निवेश को आधा कर और उर्वरकों की सब्सिडी को तर्कसंगत बनाकर

निकाली जा सकती है। 'वर्षा जल-ग्रहण क्षेत्र विकास' (Watershed Management) सहित सिंचाई की सभी विधाओं और परियोजनाओं को सीधे जल संसाधन मंत्रालय के अधिकार में देकर एक समेकित योजना के अनुसार क्रियान्वित करने का निर्णय लिया जाए। ग्यारहवीं और बारहवीं योजनाओं को 'भारत की जल योजनाएँ' घोषित किया जाए।

AIBP कार्यक्रमों के अंतर्गत केंद्रांश और राज्यांश समान, यानी 50-50 प्रतिशत होना चाहिए।

5. सिंचाई की स्प्रिंकलर और ड्रिप जैसी पद्धतियों को प्रोत्साहित करने के लिए वर्तमान सब्सिडी व्यवस्था और राशियाँ आधे-अधूरे प्रयास हैं। बेहतर होगा कि इन प्रणालियों में इस्तेमाल की जानेवाली सभी वस्तुओं एवं यंत्रों पर लगे सभी प्रकार के टैक्स समाप्त कर दिए जाएँ और सब्सिडी भी समाप्त कर दी जाए। एक तरफ टैक्स वसूलने के लिए कर प्रशासन की फौज जुटी रहती हैं और दूसरी ओर सब्सिडी देने के लिए। इस दोहरे निष्फल आयाम का कोई अर्थ नहीं है। इन प्रणालियों के लिए आवश्यक ऊर्जा की आपूर्ति सुनिश्चित करना भी अपरिहार्य है।

6. खेती की लागत कम करने के लिए शहरों, गाँवों और खेतों में उपलब्ध कूड़े-कचरे से बने कंपोस्ट आदि के प्रयोग को प्रोत्साहित किया जाना चाहिए। फसल बीमारी की रोकथाम के लिए जैविक दवाओं पर बल दिया जाए, ताकि रासायनिक पदार्थों का प्रयोग कम हो।

7. बैंकों द्वारा दिए गए ऋण पर ब्याज की दर को कम किया जाना आवश्यक है। ऋणग्रस्त किसानों को राहत देने के लिए एक 'राष्ट्रव्यापी ऋण समाधान योजना' भी बननी चाहिए।

8. अस्वस्थ अंतरराष्ट्रीय प्रतिस्पर्धा से भारतीय किसान की रक्षा करने के लिए कृषि उत्पादों पर लगाए जानेवाले तट करों की राशियाँ

अमीर देशों द्वारा कृषि पदार्थों पर दी जानेवाली समस्त अनुदान राशि के अनुरूप होनी चाहिए। इस आशय का एक कानूनी संकल्प संसद् में पारित किया जाना चाहिए कि जब तक अमीर देश अपनी अनुदान राशियाँ वांछित मात्रा में कम नहीं करते, तब तक भारत भी अपनी कृषि की रक्षा के लिए तट करों का भरपूर उपयोग करेगा। उसमें यह भी प्रावधान हो कि भविष्य में भारतीय संसद् तथा विधानसभाओं के बहुमत से ही विदेशों से इस आशय के संशोधनात्मक करार किए जा सकेंगे।

9. प्राकृतिक आपदाओं और मूल्यों के उतार-चढ़ाव से किसानों की रक्षा के लिए 'कृषि बीमा योजना' भी किसान को इकाई मानकर बनाई जानी चाहिए।

10. कृषि के लिए केंद्र प्रवर्तित योजनाओं की संख्या अनावश्यक रूप से अधिक है। बेहतर होगा कि प्रत्येक राज्य से उसकी परिस्थितियों के अनुसार एक समेकित योजना लेकर उसके लिए केंद्र की एकमुश्त राशि आवंटित की जाए।

11. कृषि की अनुसंधान व्यवस्था को सुधारने और उसे राज्य की विशिष्ट परिस्थितियों के अनुकूल बनाए जाने के लिए राज्यों में स्थित प्रत्येक कृषि विश्वविद्यालय को 100 करोड़ रुपए केंद्र द्वारा एकमुश्त अनुदान दिया जाना चाहिए।

12. कृषि विस्तार सुविधाओं को जब तक केंद्र सरकार का समर्थन मिलता रहा, वे सुचारू रूप से चलती रहीं। उसे पुन: प्रारंभ किया जाना चाहिए। इतनी बड़ी सेवा का संचालन राज्यों के अपने बूते की बात नहीं है।

13. कृषि के विविधीकरण और समेकीकरण के लिए आवश्यक है कि बागवानी, पुष्पों और औषधीय पौधों की खेती के लिए केंद्र द्वारा भरपूर अनुदान दिया जाए।

14. कृषि वानिकी कृषि के विविधीकरण का एक महत्त्वपूर्ण आयाम है। परंतु किसानों द्वारा उगाए वृक्षों तथा पुराने फलोद्यानों के काटने पर वन कानून के तहत प्रतिबंध है, जो अन्यायपूर्ण है। इसे तत्काल हटाकर कृषि वानिकी को प्रोत्साहित किया जाना चाहिए।
15. देश की पशु-संपदा के संवर्धन के लिए अभी तक पर्याप्त प्रयास नहीं हुआ है। इसमें अधिक निवेश की आवश्यकता है, जो राज्य सरकारें अकेले करने में असमर्थ हैं। देशी नस्लों के अनुरक्षण मात्र से काम नहीं चलेगा। उनके चयनित संवर्धन की केंद्र पोषित योजना बनाई जानी चाहिए।

□

प्रदेश में क्रांतिकारी परिवर्तन

मध्य प्रदेश सरकार ने प्रदेश में 1857 मुक्ति संग्राम के डेढ़ सौ वर्ष को समारोह पूर्वक मनाए जाने का निर्णय लिया है। भारतीय स्वाधीनता संग्राम में मध्य प्रदेश के समग्र योगदान को रेखांकित करने के लिए 50 फैलोशिप स्थापित किए हैं, ताकि 1857 के पहले उस दौरान तथा देश को आजादी मिलने तक का लेखा-जोखा तैयार हो सके। पाँच लाख रुपए की एक 'राष्ट्रीय स्वाधीनता फैलोशिप' भी स्थापित की जा रही है। 10 मई, 2007 को प्रथम स्वतंत्रता संग्राम की स्मृति में पूरे प्रदेश में ग्राम सभाओं का इस विषय-विशेष पर एकाग्र आयोजन किया गया था।

इसी तारतम्य में तात्या टोपे, शाहजादा फीरोज, तात्या भील, भीमा नायक, रानी लक्ष्मीबाई, वीरांगना झलकारी, रानी अवंतीबाई, सआदत खाँ, सदाशिव राव अमीन, ठाकुर सरजू प्रसाद, भगीरथ सिलावट, शंकरशाह-रघुनाथ शाह आदि 1857 के अमर रणबाँकुरों पर विशेष चित्रकथाओं का प्रकाशन किया जाएगा। रेडियो कार्यक्रम 'वतन का राग' के माध्यम से आजादी के यादगार तराने देश-प्रदेश में गुंजायमान हो रहे हैं। साथ ही आजादी की संघर्ष-कथाओं पर केंद्रिय रेडियो कार्यक्रम 'हिंदोस्ताँ हमारा' शीघ्र ही आरंभ हो जाएगा।

प्रदेश का तीव्र विकास म.प्र. सरकार की प्रतिबद्धता है। अधोसंरचना के लिए सड़क, बिजली तथा सिंचाई के क्षेत्र में राज्य सरकार ने तेजी से काम किया है। खेती को लाभ का व्यवसाय बनाना, महिला सशक्तीकरण, औद्योगिक

विकास, ग्रामीण विकास, शिक्षा तथा स्वास्थ्य सुविधाओं के विस्तार के साथ-साथ किसानों, वनवासियों, अनुसूचित जातियों, अल्पसंख्यकों, संगठित तथा असंगठित क्षेत्र के श्रमिकों, शासकीय कर्मचारियों तथा पेंशनरों, शिक्षकों एवं पंचायत कर्मियों की वर्षों से लंबित समस्याओं का निराकरण सरकार की प्राथमिकताएँ हैं और इन सभी के लिए ठोस कदम भी उठाए गए हैं।

वर्तमान शासनकाल में प्रदेश में लगभग 32000 किलोमीटर लंबाई की बेहतर सड़कें, लगभग 2400 मेगावाट अतिरिक्त विद्युत् उत्पादन क्षमता, लगभग चार लाख हेक्टेयर अतिरिक्त सिंचाई क्षमता के निर्माण से मध्य प्रदेश की पहचान एक तेजी से बढ़ते हुए प्रदेश के रूप में बनी है। सड़क, बिजली तथा सिंचाई योजनाओं पर आगामी वर्षों में भी बड़े पैमाने पर काम जारी रहेगा। आगामी पंचवर्षीय योजना में लगभग 8000 मेगावाट उत्पादन क्षमता वृद्धि करने का लक्ष्य है। इंदिरा सागर परियोजना के बाद अब ओंकारेश्वर परियोजना तथा अमरकंटक ताप विद्युत् गृह में भी विद्युत् उत्पादन शुरू हो गया है। परियोजनाओं के डूब क्षेत्र में प्रभावितों तथा विकास योजनाओं के लिए भूमि देनेवाले किसानों के योगदान को स्वीकार करते हुए उन्हें पर्याप्त मुआवजे की व्यवस्था की गई है। किसानों को प्राकृतिक आपदा में राहत राशि की दोगुनी तक वृद्धि, शालेय छात्र-छात्राओं को निःशुल्क गणवेश, पाठ्य-पुस्तकों तथा साईकिल की सुविधाओं में विस्तार, प्राथमिक, माध्यमिक शालाओं तथा शासकीय स्वास्थ्य केंद्रों के भवनों का निर्माण, शासकीय अस्पतालों में निःशुल्क दवाओं की बेहतर आपूर्ति जैसी उपलब्धियाँ भी अर्जित की हैं।

शिक्षा के लोकव्यापीकरण की दिशा में सरकार ने प्रभावी कदम उठाए हैं। अब आठवीं तक के सभी एक करोड़ 12 लाख बच्चों को मुफ्त किताबें दी जा रही हैं। इसके अलावा 55 लाख बालिकाओं को निःशुल्क गणवेश दिए गए हैं। दूसरे गाँव के स्कूल में नौवीं कक्षा की पढ़ाई करने के लिए जानेवाली सभी वर्ग की बालिकाओं को मुफ्त साइकिलें दी जा रही हैं।

अनुसूचित वर्ग की बालिकाओं को तो मुफ्त साइकिल की सुविधा छठवीं कक्षा में जाने पर ही मिल रही है।

'गाँव की बेटी योजना' के अंतर्गत प्रथम श्रेणी प्राप्त करनेवाली सभी बालिकाओं को कॉलेज की पढ़ाई के लिए पाँच सौ रुपए प्रतिमाह छात्रवृत्ति दी जा रही है। शाला से बाहर रहनेवाले गाँव के बच्चों के लिए गैर-आवासीय ब्रिज कोर्स शुरू किया गया है और 96 हजार से अधिक बच्चों को इसका लाभ मिला है।

बेहतर आर्थिक प्रबंधन के कारण पहले के मुकाबले विकास के त्रिभिन्न क्षेत्रों की राशि में दोगुनी वृद्धि तक की है। राज्य की वित्तीय स्थिति के सुधार में परिवहन, आबकारी खनिज, वन, वाणिज्यिक कर जैसे सभी विभागों ने लगातार आय बढ़ाकर योगदान दिया है।

प्रदेश में आधारभूत सुविधाओं में लगातार विस्तार से औद्योगीकरण में तेजी आई है तथा उद्योगों, खाद्य प्रसंस्करण इकाइयों, पर्यटन, सूचना प्रौद्योगिकी एवं उच्च शिक्षा के क्षेत्र में निजी पूँजी निवेश में वृद्धि हुई है। आज देश और विदेश के उद्योगपति एवं निवेशक प्रदेश में निवेश के लिए उत्सुक हैं। राज्य में पूँजी निवेश आकर्षित करने के लिए इसी साल अक्तूबर में इंदौर में 'ग्लोबल इन्वेस्टर्स सम्मिट' का आयोजन किया जा रहा है।

प्रदेश में सूक्ष्म, लघु तथा मध्यम उद्योग विकास अधिनियम 2006 प्रभावशील हो गया है। इसका उद्देश्य प्रतिस्पर्धात्मक तरीके से लघु एवं मझौले उद्यमों की उन्नति और विकास में मदद करना है।

राज्य सरकार ने चुनाव के समय किए गए वायदे पूरे किए हैं। किसानों को सहकारी अल्पावधि कृषि ऋणों की ब्याज दर घटाकर सात प्रतिशत की गई है। किसानों तथा कम बिजली खपतवाले उपभोक्ताओं को रियायती दर पर बिजली दी जा रही है। विद्युत् नियामक आयोग द्वारा बढ़ाई गई विद्युत् दरों का बोझ कमजोर वर्गों पर न पड़े, इसके लिए सरकार इस वर्ष विद्युत् कंपनियों को 617 करोड़ रुपए का अनुदान देगी। किसानों के लिए 'खेत-

तालाब योजना' बहुत लोकप्रिय हुई है। 'बलराम ताल योजना' तथा प्रत्येक विधानसभा क्षेत्र में पाँच छोटी सिंचाई योजनाओं का कार्यक्रम भी किसानों के लिए लाभकारी साबित हुआ है। निर्मित सिंचाई क्षमताओं का पूर्ण उपयोग करने के लिए कमांड एरिया विकसित करने के कार्यक्रम को पुनः आरंभ किया गया है। राज्य एवं संभाग स्तर पर समितियाँ गठित कर उनके माध्यम से सिंचाई के पानी को किसान के खेत तक पहुँचाने के कार्य को संपन्न किया जाएगा। अनेक वर्षों से अधूरी पड़ी सिंचाई योजनाओं को पूरा किया गया है।

प्रदेश में स्थापित उद्वहन सिंचाई योजनाओं के संधारण और संचालन का दायित्व पुनः जल संसाधन विभाग के हाथ में देने का निर्णय लिया गया है, जिसके कारण एक लाख हेक्टेयर भूमि में सिंचाई का जल पुनः पहुँचाया जा सकेगा। बैलगाड़ी पर अनुदान की योजना भी शुरू की गई है। प्रत्येक जिले में मिट्टी जाँच प्रयोगशाला स्थापित की गई है। किसानों को उनकी उपज का लाभकारी मूल्य सुनिश्चित करने तथा उद्यानिकी के विकास के लिए खाद्य प्रसंस्करण इकाइयों को बढ़ावा दिया जा रहा है। 20 जिलों में 'उद्यानिकी मिशन' शुरू किया गया है। इस उद्देश्य से भोपाल में 'राष्ट्रीय एग्रो बिजनेस मीट' का भी आयोजन किया गया। किसानों की समस्याओं के स्थायी समाधान की दिशा में 'कृषक आयोग' का गठन किया गया है। डीजल पर वैट कम किया गया है तथा अनाज-दलहन पर वैट समाप्त किया गया है।

'लाड़ली लक्ष्मी-योजना' तथा गरीब परिवारों की कन्याओं के विवाह के लिए 'मुख्यमंत्री कन्यादान योजना' को राष्ट्रीय स्तर पर सराहा गया है। आँगनवाड़ी कार्यकर्ताओं, शिक्षा और पंचायत कर्मियों को बेहतर पारिश्रमिक एवं सुविधाओं के साथ ब्रह्मस्वरूप समिति की सिफारिशों पर अमल के लिए भी राशि उपलब्ध कराई गई है। बुंदेलखंड के नियोजित विकास की दृष्टि से पृथक् प्राधिकरण गठित किए जाने का निर्णय लिया गया है।

स्वतंत्रता के आदर्शों के अनुरूप समाज में आर्थिक-सामाजिक रूप से पीछे छूट गए वर्गों के कल्याण की ओर राज्य सरकार ने विशेष ध्यान दिया है। आदिवासी तथा अनुसूचित जाति के छात्र-छात्राओं की छात्रवृत्ति में वृद्धि की गई है। पिछड़े वर्गों की छात्र-छात्राओं की छात्रवृत्ति में भी वृद्धि की गई है। छात्रावासों, आश्रमों की संख्या बढ़ाने के साथ इनमें सुविधाओं में वृद्धि की गई है। उच्च शिक्षा, प्रशासनिक सेवाओं में भरती के लिए प्रशिक्षण तथा विदेशों में शिक्षा एवं रोजगार के अवसर बढ़ाने के लिए इन वर्गों की छात्र-छात्राओं की सुविधाओं में भी वृद्धि की गई है।

महिला सशक्तीकरण की दिशा में ठोस प्रयास करते हुए राज्य सरकार ने पंचायतों तथा स्थानीय निकायों के निर्वाचित पदों में पचास प्रतिशत स्थान महिलाओं के लिए आरक्षित किए गए हैं। पुलिस बल में महिलाओं के लिए दस प्रतिशत आरक्षण के साथ 'दुर्गावती महिला पुलिस बटालियन' का गठन किया जा रहा है। तेरह विकास विभागों की योजनाओं में पचास प्रतिशत महिलाओं को लाभान्वित किया जाना सुनिश्चित करने के लिए 'जेंडर बजटिंग' की शुरुआत की गई है। गर्भवती माताओं, नवजात शिशुओं की जीवन-रक्षा, लिंग अनुपात में संतुलन लाने तथा महिलाओं को समाज में आगे लाने के लिए किए गए प्रयासों के भी अच्छे परिणाम मिलने लगे हैं। सुरक्षित प्रसव के लिए प्रारंभ की गई 'परिवहन योजना' तथा जननी सुरक्षा योजना भी अब काफी लोकप्रिय हो गई है। 'दीनदयाल उपचार योजना' के तहत निःशुल्क चिकित्सा सुविधा से बड़ी संख्या में जरूरतमंद लोग लाभान्वित हो रहे हैं। दीनदयाल चलित अस्पतालों में आदिवासी बहुल क्षेत्रों में लाखों वनवासी स्वास्थ्य लाभ ले रहे हैं। गर्भवती माताओं तथा नवजात शिशुओं के कल्याण के लिए आँगनवाड़ी व्यवस्था में क्रांतिकारी परिवर्तन किए गए हैं तथा उनकी संख्या भी बढ़ाई गई है। आँगनवाड़ियों में पौष्टिक और स्वादिष्ट आहार दिए जाने की व्यवस्था की गई है।

समस्याओं के निराकरण तथा नीतियों और विकास योजनाओं के निर्माण

के लिए संबंधित वर्गों से संवाद स्थापित करने के लिए मुख्यमंत्री निवास में पंचायतों का आयोजन शुरू किया गया है। अब तक किसानों, वनवासियों, अनुसूचित जाति वर्ग के व्यक्तियों, आदिवासियों, महिलाओं, कोटवारों एवं लघु उद्यमियों की पंचायतों का सफलतापूर्वक आयोजन किया गया तथा उनकी समस्याओं के निराकरण के लिए ठोस कदम उठाए गए हैं। चिकित्सकों, वृद्धजनों और खिलाड़ियों की पंचायतों का आयोजन भी शीघ्र किया जाएगा।

जनता से सीधे संवाद तथा विकास योजनाओं पर अमल की मैदानी स्थिति जानने के लिए 'जनदर्शन कार्यक्रम' शुरू किया गया है। विकास योजनाओं पर निर्धारित समयावधि में अमल सुनिश्चित करने के लिए 'मुख्यमंत्री मानिटरिंग सिस्टम' के अंतर्गत विभागों की नियमित समीक्षा की जा रही है। जनसमस्याओं के निबटारे की गति बढ़ाने के लिए टेलीकॉन्फ्रेंसिंग द्वारा 'समाधान ऑनलाइन' कार्यक्रम सफलतापूर्वक जारी है। 'सुराज मिशन' के इन प्रयासों के साथ जिलों में लोक कल्याण शिविरों का आयोजन किया जा रहा है। जिला कार्यालयों में 'समाधान एक दिन में' सुविधा केंद्र से निर्धारित काम एक दिन में करने की भी शुरुआत की गई है। प्रशासनिक सुधार के लिए वरिष्ठ अधिकारियों की मंथन कार्यशाला की सिफारिशों पर अमल के भी अच्छे परिणाम मिले हैं। इससे प्रशासनिक सुधार के प्रयासों में गति आई है। शासकीय सेवाओं में भरती पर प्रतिबंध को शिथिल किया गया है।

'मध्य प्रदेश ग्रामीण रोजगार गारंटी योजना' को प्रदेश में प्रभावी ढंग से लागू किया जा रहा है। वर्ष 2007-08 के लिए 13 और नए जिले जोड़े गए हैं। प्रधानमंत्री ग्रामीण सड़क योजना में भी म.प्र. देश का अग्रणी राज्य है। प्रधानमंत्री ग्रामीण सड़क योजना के मानदंड के अनुसार प्रदेश के 2574 गाँव ऐसे हैं, जो मुख्य मार्ग से 500 मीटर दूरी पर स्थित हैं, लेकिन वे मुख्य मार्ग से नहीं जोड़े जा सकते। इन गाँवों को राज्य सरकार ने बारहमासी सड़कों से जोड़ने का निर्णय लिया है।

जवाहरलाल नेहरू अर्बन रिन्यूअल मिशन में इंदौर, भोपाल, जबलपुर एवं उज्जैन शामिल किए गए हैं। वर्ष 2006-07 में इस योजना में 254 करोड़ का प्रावधान था। वर्ष 2007-08 में इस योजना के क्रियान्वयन हेतु 297 करोड़ के प्रावधान से उक्त शहरों में अधोसंरचना का विकास किया जाएगा। छोटे एवं मध्यम शहरों की गंदी बस्तियों में मूलभूत अधोसंरचना संबंधी कार्य 'एकीकृत आवास और गंदी बस्ती विकास योजना' के अंतर्गत किए जा रहे हैं। प्रदेश के प्रमुख शहरों में पेयजल आवश्यकता की पूर्ति एवं पर्यावरण सुधार हेतु भारत सरकार के माध्यम से एशियाई विकास बैंक (ए.डी.बी.) से नगरीय निकायों के लिए वित्तीय सहायता प्राप्त कर 1366 करोड़ रुपए की ए.डी.बी. परियोजना क्रियान्वित की जा रही है। इस योजना के क्रियान्वयन हेतु भोपाल, इंदौर, ग्वालियर एवं जबलपुर शहरों को चुना गया है।

वर्ष 2006-2007 से सफाई कामगारों के लिए 'समूह बीमा योजना' में सफाई कामगारों की सामान्य रूप से मृत्यु होने पर 25 हजार रुपए तथा दुर्घटना में मृत्यु होने पर 50 हजार रुपए नामित व्यक्ति को देने का प्रावधान किया गया है। प्रदेश के 48 जिलों में 93515 फेरीवालों का सर्वेक्षण किया गया है, जिनमें से 70640 फेरीवालों को पहचान-पत्र जारी किए गए हैं। शहरी फेरीवाले व्यवसायियों को व्यवस्थित करने के लिए प्रदेश में 986 'हॉकर्स जोन तथा कार्नर्स' विकसित करने का प्रस्ताव है।

म.प्र. सरकार निर्माण कार्यों में लगे असंगठित मजदूरों और खेतिहर मजदूरों के लिए भी एक बड़ी योजना शुरू करने जा रही है। मध्य प्रदेश 'श्रम कर्मकार मंडल' में पंजीकृत मजदूरों को इसका लाभ मिलेगा। योजना के अंतर्गत मजदूरों के बेटे-बेटियों को पढ़ाई की सुविधा, मुफ्त इलाज, महिला मजदूरों को प्रसूति के बाद बिना काम पर गए 45 दिनों की मजदूरी और उसके पति को 15 दिनों की मजदूरी दी जाएगी। शिल्पियों के लिए भी बीमा योजना शुरू की जाएगी। इसके अंतर्गत शिल्पी की मृत्यु होने पर उसके

परिवार को एक लाख रुपए और बीमार होने पर 15 हजार रुपए इलाज के लिए दिए जाएँगे।

प्रदेश के खेल बजट में पहली बार चार गुना वृद्धि की गई है। संस्कृति और साहित्य के क्षेत्र में दिए जानेवाले राष्ट्रीय और प्रादेशिक स्तर के सम्मान की राशि में बढ़ोतरी की जाएगी। इंदौर, भोपाल, ग्वालियर में सूचना प्रौद्योगिकी पार्कों की स्थापना की जा रही है। सूचना प्रौद्योगिकी के उपयोग से जिला कार्यालयों, मंडियों, वाणिज्यिक कर, परिवहन, ग्रामीण विकास तथा कृषि विभाग द्वारा नागरिकों को बेहतर सुविधाएँ दी जा रही हैं।

प्रदेश के सभी नागरिक मध्य प्रदेश को विकास की नई ऊँचाइयों तक ले जाने के लिए अपनी संपूर्ण ऊर्जा का उपयोग करें। ये राष्ट्र के निर्माण और नवोत्थान के क्षण हैं। महाकवि जयशंकर प्रसाद के शब्दों में—

अर्मत्य वीर पुत्र हो, दृढ़ प्रतिज्ञ सोच लो,
प्रशस्त पुण्य पंथ है, बढ़े चलो, बढ़े चलो!

□

यतेमहि स्वराज्ये

आजादी हमें बहुत सी खुशियाँ और अधिकार देती है, लेकिन बदले में वह हमसे एक ही चीज माँगती है—लगातार जागरूकता। जिस आजादी के पौधे को हमारे स्वतंत्रता सेनानियों ने अपने रक्त से सींचा, उसे पुष्पित और पल्लवित करने के लिए हमें सतत सजग रहना होगा। हमारे शास्त्र कहते हैं—'यतेमहि स्वराज्ये' अर्थात् स्वराज्य को हमेशा अर्जित करते रहना पड़ता है। आजादी हमारा जन्मसिद्ध अधिकार है, लेकिन उसका बना रहना कर्म-सिद्ध है। आज के दिन हम आजादी के शहीदों को कृतज्ञतापूर्वक स्मरण करते हैं। हमारी बहादुर सेनाओं ने स्वाधीन भारत की रक्षा में दिन-रात जिस कर्तव्यपरायणता और देशभक्ति का परिचय दिया है, वह हम सब के लिए गर्व की बात है। आंतरिक एवं बाह्य देश के सभी दुश्मनों से हमें सुरक्षित रखने का दायित्व उन्होंने पूरी मुस्तैदी से निभाया है। उन्होंने अपना कर्तव्य पूरा किया, अब हमारा भी कर्तव्य है कि हम अनवरत उनकी शहादत का पुण्य स्मरण करें। इसी उद्देश्य से भोपाल में एक 'वार मेमोरियल' के निर्माण का निर्णय लिया गया है। यह मेमोरियल न केवल उनका स्मरण हमें कराता रहेगा, बल्कि हमें और भावी पीढ़ियों को देश के लिए सर्वस्व न्योछावर करने की सतत प्रेरणा भी देता रहेगा।

म.प्र. सरकार ने अपने शासनकाल में प्रदेश की अधोसंरचना को ही बेहतर नहीं बनाया, बल्कि आम नागरिक की जिंदगी में भी बेहतरी लाने की कोशिशें की हैं। आज महिलाएँ, किसान, वनवासी, अनुसूचित जाति, कारीगर,

कोटवार, खिलाड़ी, लघु उद्यमी, नि:शक्तजन आदि पूरे आत्मविश्वास से अपनी बात मुख्यमंत्री निवास में बुलाई गई पंचायतों में कहते हैं। आजाद भारत के इतिहास में अब तक की यह सबसे बड़ी और अनूठी पहल है, जिसमें शासन के सैकड़ों नीतिगत निर्णय आम आदमी ने तय किए हैं। म.प्र. सरकार में 'लोक' को 'तंत्र' का पिछलग्गू नहीं रहने दिया गया, बल्कि उसने तंत्र के स्वरूप और स्वभाव को, उसकी दिशा और गति को निर्धारित किया। 'जनदर्शन कार्यक्रम' के तहत इसी जनशक्ति का इस्तेमाल योजनाओं के क्रियान्वयन की निगरानी के लिए हुआ। 'लोक' ने यदि 'तंत्र' की शिकायत की तो तुरंत सुधारात्मक कदम उठाए गए, क्योंकि सरकार के लिए जनवाणी ही देववाणी है।

अधोसंरचना की बेहतरी में सबसे पहले बिजली का उल्लेख है। राज्य शासन द्वारा प्रदेश में विद्युत् उपलब्धता बढ़ाने तथा विद्युत् प्रदाय की गुणवत्ता में सुधार के लिए विशेष प्रयास किए गए हैं। इस अवधि में प्रदेश में कुल 3147 मेगावाट नई उत्पादन क्षमता स्थापित की गई, जबकि पूर्व के लगभग 50 वर्षों में मात्र 2991 मेगावाट क्षमता स्थापित की गई थी। उक्त अवधि में विद्युत् प्रदाय में लगातार सुधार किया गया तथा वर्ष 2007-08 में कुल 35800 मिलियन यूनिट विद्युत् प्रदाय की गई, जोकि वर्ष 2002-03 में प्रदाय की गई 27100 मिलियन यूनिट से लगभग 32 प्रतिशत अधिक है। इसी तरह 2007-08 में कुल 6684 मेगावाट अधिकतम माँग की आपूर्ति की गई, जो कि वर्ष 2002-03 के 4652 मेगावाट की तुलना में 44 प्रतिशत अधिक है। पारेषण प्रणाली में उक्त अवधि में 68 प्रतिशत की बढ़ोतरी की गई और वोल्टेज में सुधार के साथ-साथ, ट्रॉसमिशन हानियों का स्तर वर्ष 2002-03 के लगभग आठ प्रतिशत से घटाकर चार प्रतिशत के स्तर पर लाया गया। वितरण ट्रांसफार्मरों के बेहतर रख-रखाव तथा विगत 3 वर्षों में लगभग 30,000 वितरण ट्रांसफार्मरों की स्थापना के फलस्वरूप ट्रांसफार्मर खराबी की दर को 24 से कम कर 14 प्रतिशत तक लाया गया है। कैप्टिव

पावर इकाइयों पर लगनेवाले उपकर को पूर्णत: समाप्त किया गया है।

किसानों के लिए बिजली दरों में भारी कमी की गई। पिछले दो वर्षों में करीब 17 लाख अस्थायी कनेक्शन भी दिए गए हैं। 'कृषक राहत योजना' के अंतर्गत लगभग तीन लाख कृषि पंप उपभोक्ता लाभान्वित किए गए हैं।

सड़कों के सुधार और निर्माण पर सरकार ने जो व्यापक कार्य किया है, वह अनेक मायनों में ऐतिहासिक है। पाँच साल की अवधि में 40 हजार किलोमीटर सड़कों का निर्माण अथवा उन्नयन किया गया है। लगभग 3 हजार 700 किलोमीटर सड़कों का डाबरीकरण किया गया है। मध्य प्रदेश संपूर्ण भारत में सड़क-निर्माण के क्षेत्र में निजी पूँजी निवेश के तहत सर्वाधिक कार्य करनेवाला प्रदेश है। प्रधानमंत्री ग्राम सड़क योजना के क्रियान्वयन में मध्य प्रदेश लगातार अग्रणी बना हुआ है।

सिंचाई सुविधाओं का तीव्र गति से हुआ विस्तार भी हमारे लिए गौरव का विषय है। वर्ष 2003-04 में जल संसाधन विभाग का बजट लगभग 700 करोड़ रुपए होता था, जिसमें प्रतिवर्ष इजाफा हुआ है और विगत वर्ष 2007-08 में इसे दुगने से अधिक लगभग 1500 करोड़ रुपए तक पहुँचाया। इसी तरह वर्ष 2003-04 तक सिंचाई क्षमता में प्रतिवर्ष वृद्धि की वार्षिक दर लगभग 50 हजार हेक्टेयर होती थी, जिसे अब लगभग एक लाख हेक्टेयर तक कर दिया है। संपूर्ण ग्यारहवीं पंचवर्षीय योजना में लगभग 10,000 करोड़ रुपयों का प्रावधान तथा सात लाख हेक्टेयर अतिरिक्त सिंचाई क्षमता निर्मित करने का लक्ष्य रखा गया है। वर्ष 1998-2003 में राज्य सरकार द्वारा 296 नई लघु सिंचाई योजनाओं को प्रशासकीय स्वीकृति प्रदान की गई थी। सरकार ने पाँच वर्ष से भी कम अवधि में 1147 लघु सिंचाई योजनाओं की प्रशासकीय स्वीकृति प्रदान की है, जिनकी कुल लागत लगभग 2000 करोड़ रुपए और कुल रूपांकित वार्षिक सिंचाई क्षमता लगभग दो लाख हेक्टेयर है। वित्तीय संसाधनों के जुटाने से अपूर्ण परियोजनाओं के कार्य में गति आई है एवं इसके अच्छे परिणाम भी मिलने प्रारंभ हो गए हैं। राजघाट परियोजना

का नहर-निर्माण कार्य पूर्ण हो गया है तथा 1,21,450 हेक्टेयर क्षेत्र में सिंचाई क्षमता निर्मित हुई है। बाणसागर बाँध का निर्माण पूर्ण किया जा चुका है, जिससे लगभग 50,000 हेक्टेयर क्षेत्र में सिंचाई क्षमता निर्मित की जा चुकी है तथा परियोजना से 425 मेगावाट पनबिजली का उत्पादन प्रारंभ हो गया है। सिंध योजना (द्वितीय चरण) के अंतर्गत मड़ीखेड़ा बाँध पूर्ण कर लिया गया है और वहाँ से 60 मेगावाट बिजली का उत्पादन प्रारंभ हो गया है। खेत-तालाब योजना, कुओं आदि से भी एक बड़ी और विकेंद्रित सिंचाई क्षमता पनपी है।

नर्मदा घाटी के समग्र विकास के लक्ष्य को ध्यान में रखते हुए वृहत् सिंचाई और जल विद्युत् योजनाओं के निर्माण को गति दी गई है। निर्मित और निर्माणाधीन परियोजनाओं से विगत पाँच वर्ष की अवधि में एक लाख 53 हजार हेक्टेयर सिंचाई क्षमता और 2356 मेगावाट जल विद्युत् क्षमता निर्मित कर ली गई है। वर्ष 2007-08 में आदिवासी बहुल धार जिले को 984 हेक्टेयर सिंचाई लाभ पहुँचाने वाली 'शहीद चंद्रशेखर आजाद (जोबट) परियोजना' का निर्माण पूरा किया गया है।

प्रदेश की अर्थव्यवस्था का मुख्य आधार किसान हैं। सरकार ने खेती को अधिक-से-अधिक लाभकारी बनाने के सतत प्रयास किए हैं। प्रदेश में कृषकों से सीधा संवाद स्थापित करने के लिए भोपाल में 'किसान महापंचायत' का आयोजन किया गया। सिंचाई जल के समुचित उपयोग को बढ़ावा देने के लिए स्प्रिंकलर, ड्रिप एवं रेनगन पर विभिन्न योजनाओं में दिए जानेवाले अनुदान के अतिरिक्त राज्य शासन द्वारा 30 प्रतिशत अतिरिक्त अनुदान देने की व्यवस्था की है। अब पाँच घन मीटर क्षमता तक के बायोगैस संयंत्र के निर्माण पर भारत सरकार की ओर से दिए जानेवाले अनुदान के अतिरिक्त 2500 रुपए प्रति संयंत्र का अनुदान राज्य शासन दे रहा है। प्रदेश के समस्त 313 विकासखंडों में एक-एक 'किसान ज्ञान-केंद्र' की स्थापना कर उन्हें कंप्यूटर एवं इंटरनेट की सुविधा देने का निर्णय लिया गया है, ताकि कृषकों

को कृषि की आधुनिकतम तकनीकों की जानकारी उपलब्ध हो सके।

सामान्य वर्ग के कृषकों को भी नलकूप खनन एवं पंप की स्थापना के लिए 24,000 रुपए की सहायता देने का निर्णय लिया गया है। 'बलराम तालाब' के निर्माण पर कृषकों को दिया जानेवाला अनुदान 50 हजार से बढ़ाकर 80 हजार रुपए किया गया है। लघु एवं सीमांत किसानों को डीजल अथवा बिजली के पंप खरीदने के लिए 50 प्रतिशत, अधिकतम 10 हजार रुपए का अनुदान देने का बड़ा निर्णय लिया गया है। एक अप्रैल, 2008 से सहकारी बैंकों के माध्यम से किसानों को दिए जानेवाले कृषि ऋण पर ब्याज की दर सात प्रतिशत से घटाकर पाँच प्रतिशत कर दी गई है। प्रदेश की 2094 प्राथमिक कृषि साख सहकारी संस्थाओं को 605 करोड़ रुपए की आर्थिक सहायता उपलब्ध कराई गई है। वर्ष 2003-04 में साख सहकारी संस्थाओं के माध्यम से 1274 करोड़ रुपए का अल्पकालीन फसल ऋण किसानों को वितरित किया गया था। वर्ष 2007-08 में लगभग ढाई गुना 3194 करोड़ रुपए का ऋण वितरित किया गया है। इस वर्ष किसानों को 4500 करोड़ रुपए का अल्पकालीन ऋण वितरण किए जाने का लक्ष्य है। किसानों को सहकारी संस्थाओं से ऋण सुविधा आसानी से उपलब्ध हो सके, इसके लिए अब तक लगभग 31 लाख क्रेडिट कार्ड उपलब्ध कराए गए हैं। किसानों के हित में खाद्य प्रसंस्करण नीति इस वर्ष जारी की गई है। प्रदेश के 18 जिलों में 'राष्ट्रीय कृषि विकास योजना' आरंभ की गई है। किसानों को उनकी उपज का उचित मूल्य दिलाने के उद्देश्य से गेहूँ खरीदी पर 100 रुपए प्रति क्विंटल अतिरिक्त बोनस के रूप में दिए हैं। इस वर्ष प्रदेश में कृषकों से रिकॉर्ड मात्रा में 23 लाख 31 हजार मीट्रिक टन गेहूँ खरीदा गया।

प्राकृतिक विपदाओं से पीड़ित किसानों को 344 करोड़ रुपए की राशि वितरित की गई है। उल्लेखनीय है कि इन विपदाओं में म.प्र. सरकार ने सूखे को भी शामिल करने का अभूतपूर्व कदम उठाया और सूखे से लड़ते हुए किसानों को 156 करोड़ रुपए की राहत राशि बाँटी। वरना पहले किसान की

फसल सूख जाती थी और वह मोहताज हो भटकता था। वन्य-प्राणियों के द्वारा फसल नुकसान की हालत में भी राहत देने का अनूठा कदम उठाया। सरकार का लक्ष्य है कि प्रदेश का किसान खेती करते हुए गौरवान्वित एवं लाभान्वित महसूस करे।

प्रदेश के मजदूर, शिल्पी, कारीगर और कलाकार मध्य प्रदेश की धरोहर हैं। मजदूरों के लिए नई श्रम नीति घोषित की है। अब 'मुख्यमंत्री मजदूर सुरक्षा योजना' के तहत मजदूर परिवारों में बच्चा होने के समय महिला के प्रसव का खर्च सरकार देगी, साथ ही डेढ़ माह की मजदूरी के बराबर पैसा महिला को प्रसव के समय मिलेगा। यही नहीं, महिला का पति उसका ध्यान रखे, इसके लिए उसे भी आधे महीने का पैसा बिना काम के दिया जाएगा। इन मजदूरों के बच्चों की पढ़ाई के लिए पहली कक्षा से ही वजीफा और शादी-ब्याह में मदद का इंतजाम भी इस योजना में है। ग्रामीण भूमिहीन मजदूरों के लिए इसी साल अप्रैल से 'आम आदमी बीमा योजना' शुरू की गई है। असंगठित क्षेत्र के निर्माण में लगे मजदूरों के कल्याणार्थ 184 करोड़ रुपए की राशि उपकर के रूप में जमा हुई है। उनके लिए आठ कल्याणकारी योजनाएँ संचालित की गई हैं। लंबे अंतराल के बाद न्यूनतम वेतन का पुनरीक्षण किया गया है। हथकरघा बुनकरों को बेहतर स्वास्थ्य सेवाएँ उपलब्ध कराने के लिए जहाँ हमने स्वास्थ्य बीमा योजना में 21368 बुनकरों तथा 6 हजार शिल्पियों का बीमा कराया है, वहीं परंपरागत शिल्पियों को प्रोत्साहित करने के लिए 'विश्वकर्मा पुरस्कार' स्थापित किए गए हैं। शिल्पियों एवं बुनकरों को औजार-उपकरण के लिए दी जाने वाली सहायता की अधिकतम सीमा दुगुनी से अधिक कर दी गई है। कला मंडलियों को वाद्य यंत्र खरीदने के लिए साढ़े 17 करोड़ रुपए की राशि प्रावधानित है। 'सफाई कामगार आयोग' और 'माटी कला बोर्ड' का भी गठन किया गया है।

प्रदेश के गरीब लोगों के लिए राज्य सरकार महँगाई के विरुद्ध ढाल बनकर खड़ी है। 'मुख्यमंत्री अन्नपूर्णा योजना' के अंतर्गत तीन रुपए किलो

की दर से गेहूँ और साढ़े चार रुपए की दर से चावल हर गरीब परिवार को 20 किलो प्रतिमाह प्रति राशनकार्ड पर उपलब्ध कराया जा रहा है। महँगाई राज्य सीमा के अंतर्गत नहीं है, किंतु राज्य सरकार गरीबों की खाद्य सुरक्षा के लिए अपने बजट से इस योजनांतर्गत 255 करोड़ रुपए व्यय कर रही है। सरकार ने प्रदेश को आयातित लाल गेहूँ से भी मुक्त कराया। राष्ट्रीय ग्रामीण रोजगार गारंटी योजना के क्रियान्वयन में मध्य प्रदेश इस साल भी देश में अग्रणी रहा। इस योजना के अंतर्गत एक करोड़ से अधिक लोगों को जॉब कार्ड वितरित किए जा चुके हैं। इस योजना के अंतर्गत एक लाख 58 हजार 128 कार्य पूर्ण कराए जा चुके हैं और दो लाख 66 हजार 172 कार्य प्रगतिरत हैं। 'जिला गरीबी उन्मूलन योजना' प्रदेश के 14 जिलों के 2900 ग्रामों में क्रियान्वित की गई है, जिसमें 56 हजार 88 समूह लाभान्वित हुए हैं।

सामान्य वर्गों के निर्धन लोगों की बेहतरी के लिए एक आयोग बनाकर तेजी से काम किया गया है। आयोग की सिफारिशों के अनुरूप प्रथम चरण में सामान्य वर्ग के निर्धन बच्चों की शिक्षा के लिए स्कूली और उच्च शिक्षा स्तर से लेकर व्यावसायिक पाठ्यक्रमों के लिए अनेक छात्रवृत्ति योजनाएँ इसी शिक्षा सत्र से लागू की गई हैं। निर्धन वर्ग के प्रतिभाशाली बच्चों को उच्च शिक्षा के लिए बैंक ऋण प्राप्त करने में आनेवाली दिक्कतों को दूर करने के लिए 'उच्च शिक्षा ऋण गारंटी कोष' भी स्थापित किया गया है। इस वर्ग के बच्चों को अब पहली से 12वीं कक्षा तक निःशुल्क पाठ्य-पुस्तकें भी उपलब्ध करवाई जा रही हैं।

अनुसूचित जनजाति और अन्य परंपरागत वन निवासी (वन अधिकारों की मान्यता) अधिनियम के क्रियान्वयन में म.प्र. देश के राज्यों में सर्वप्रथम है। म.प्र. सरकार आदिवासियों के सामान और सम्मान की वापसी के लिए प्रतिबद्ध है। मुख्यमंत्री ने मंडला से इस अधिनियम के अंतर्गत वनवासियों को अधिकार-पत्र सौंपने की शुरुआत की है। जहाँ अन्य राज्यों में इसका प्रारंभिक चरण भी नहीं पूरा हो पाया है, वहाँ मध्य प्रदेश में अधिकार-पत्र

सौंपना शुरू हो गया है। सरकार चाहती है कि गरीब आदिवासी जिस जमीन पर पीढ़ियों से काबिज हैं, उस पर उन्हें रहने और जीविकोपार्जन का हक मिले। गंभीर वन अपराध प्रकरणों को छोड़कर सभी वन अपराध प्रकरण वापस लिये जा रहे हैं और जब्त किए हल, बख्खर, बैलगाड़ी के पहिए जैसे सामान आदिवासियों को लौटाए जा रहे हैं।

तेंदूपत्ता संग्रहण काल 2008 के लिए संग्रहण दर 550 रुपए प्रति मानक बोरा की गई है, जो गत वर्ष की तुलना में 100 रुपए अधिक है। उनके लिए बोनस की राशि, जो संग्रहण वर्ष में अर्जित शुद्ध लाभ की राशि का 50 प्रतिशत थी, वर्ष 2007 से बढ़ाकर 60 प्रतिशत कर दी गई। इस साल बीज के संग्रहण पर लगी रोक भी हटा ली गई है और संग्रहण दर 450 रुपए प्रति क्विंटल को बढ़ाकर एक हजार रुपए प्रति क्विंटल कर दिया गया है। अनुसूचित जनजाति की नई पीढ़ी को उत्कृष्ट शैक्षणिक सुविधाएँ उपलब्ध कराना हमारा लक्ष्य है। भाजपा शासनकाल में कन्या साक्षरता योजना में लाभान्वित छात्राएँ और उन्हें दी गई राशि दुगुनी हो गई है। गणवेश प्रदाय करने में सरकार ने चौगुनी धनराशि स्वीकृत की है। कक्षा 9 एवं 10 में अध्ययनरत छात्र-छात्राओं की वार्षिक छात्रवृत्ति दुगुनी कर दी गई है और 11वीं व 12वीं के छात्रावासी विद्यार्थियों की अतिरिक्त छात्रवृत्ति दुगुनी से भी ज्यादा कर दी गई है। मेडिकल एवं इंजीनियरिंग पाठ्यक्रमों के लिए छात्रावासी विद्यार्थियों के निर्वाह भत्ते की दर भी दुगुनी से ज्यादा कर दी गई है। प्रदेश के 11 आदिवासी बहुल जिलों के अनुसूचित जनजाति परिवारों की आजीविका के लिए लगभग 75 करोड़ रुपए की लागत की 'कामधेनु एकीकृत आदिवासी डेयरी विकास योजना' लागू की गई है।

अनुसूचित जाति वर्ग के विकास एवं अस्पृश्यता निवारण के लिए उत्कृष्ट कार्य करनेवाली ग्राम पंचायतों को पुरस्कार की राशि 5,000 रुपए से बढ़ाकर एक लाख रुपए की गई है। अस्पृश्यता निवारण को प्रोत्साहित करने के उद्देश्य से अंतर्जातीय विवाह करने वाले दंपतियों को प्रोत्साहन राशि 10,000

रुपए से बढ़ाकर 50,000 रुपए की गई है। वर्तमान शिक्षा सत्र में अनुसूचित जाति के छात्र-छात्राओं को और अधिक शैक्षणिक आवासीय सुविधा देने के लिए 60 नवीन छात्रावास प्रारंभ किए गए हैं। इसी प्रकार विमुक्त जाति, घुमक्कड़ एवं अर्ध-घुमक्कड़ जातियों के बालक-बालिकाओं के लिए 51 नवीन छात्रावास संचालित किए गए हैं। अनुसूचित जाति के छात्रावासी विद्यार्थियों को दी जाने वाली शिष्यवृत्ति की राशि में वृद्धि की गई है। अब बालिकाओं को 360 रुपए के स्थान पर 525 रुपए एवं बालकों को 350 रुपए के स्थान पर 500 रुपए दिए जा रहे हैं। कक्षा 9वीं एवं 10वीं में अध्ययनरत अनुसूचित जाति वर्ग के विद्यार्थियों की छात्रवृत्ति में दोगुना वृद्धि कर दी गई है। इसी प्रकार कक्षा 11वीं की 'कन्या साक्षरता प्रोत्साहन योजना' में 2,000 रुपए से बढ़ाकर 3,000 रुपए की राशि दी जाएगी। हमारी सरकार ने अनुसूचित जातियों तथा जनजातियों के लिए पिछले पाँच वर्षों में बजट में लगभग तीन गुना वृद्धि की है। वर्ष 2002-03 में अनुसूचित जाति उपयोजना में जहाँ कुल प्रावधान 717 करोड़ रुपए था, उसे बढ़ाकर वर्ष 2008-09 में 2180 करोड़ रुपए किया गया। इसी प्रकार आदिवासी उपयोजना मद में वर्ष 2002-03 में जहाँ कुल प्रावधान 1263 करोड़ रुपए था, उसे वर्ष 2008-09 में बढ़ाकर 3142 करोड़ रुपए किया गया है।

पिछले कुछ सालों में सरकार ने लगातार कोशिशें की हैं कि हमारी माताओं और बहनों का जीवन-स्तर सुधरे। सरकार की कोशिश रही है कि बेटियों को बोझ माननेवाली प्रवृत्ति खत्म हो और उन्हें वरदान की तरह स्वीकारा जाए। इसलिए उनके हक में एक के बाद एक ऐसी योजनाएँ आरंभ की गई हैं, जो आज देश भर में अनेक राज्यों के द्वारा भी अपना ली गई हैं। 'लाडली लक्ष्मी योजना' के अंतर्गत 71 हजार बालिकाओं को लाभान्वित किया गया है। 'मुख्यमंत्री कन्यादान योजना' के अंतर्गत 73 हजार से अधिक शादियाँ हुई हैं। आँगनबाड़ी में पोषण-आहार के लिए बजट में पिछले तीन सालों के भीतर तीन गुनी वृद्धि हुई है। महिलाओं तथा बच्चों को घरेलू हिंसा

के विरुद्ध संरक्षण एवं सहायता के लिए 'नवीन उषा किरण योजना' प्रारंभ की गई है। महिलाओं के लिए लगभग 161 करोड़ रुपए की 'तेजस्विनी ग्रामीण महिला सशक्तीकरण योजना' शुरू की गई है। पैंतीस वर्ष के इतिहास में पहली बार दलिया के स्थान पर बीस तरह की भोजन सामग्री आँगनबाड़ी केंद्रों में प्रदान की जा रही है। म.प्र. सरकार के गोद भराई, अन्न प्राशन, जन्मदिवस एवं किशोर बालिका दिवस कार्यक्रमों की सराहना भारत सरकार के द्वारा भी की गई। सरकार ने लगभग 20 हजार नवीन आँगनबाड़ी केंद्र स्वीकृत किए हैं। आँगनबाड़ी कार्यकर्ताओं, सहायिकाओं को पहली बार राज्य मद से क्रमश: 1000 एवं 500 रुपए देने का निर्णय लिया गया है। प्रदेश के ग्रामीण अंचलों में रहनेवाली सामान्य निर्धन महिलाओं को आजीविका के सुनिश्चित अवसर प्रदान करने की दृष्टि से 'आचार्य विद्यासागर गोसंवर्धन योजना' प्रारंभ की जा रही है, जिसमें प्रत्येक महिला हितग्राही को उन्नत भारतीय नस्ल की दो दुधारू गाय व प्रशिक्षण आदि प्रदान किया जाएगा। महिलाओं की बेहतरी के लिए सरकार की प्रतिबद्धता इसी बात से प्रकट होती है कि पिछले चार सालों में महिला एवं बाल विकास विभाग का हमारा बजट दुगुने से भी अधिक हो गया है।

सरकार प्रदेश के विकास में महती भूमिका का निर्वाह करनेवाले शासकीय कर्मचारियों के कल्याण के लिए लगातार अपनी गंभीर प्रतिबद्धता दिखाई है। राज्य वेतन आयोग का गठन किया गया है। प्रशासकीय अमला लगातार जनता से जुड़े, इस दृष्टि से उन्हें देय वेतन तथा अन्य लाभ में लगातार सुधार लाने का प्रयास किया गया है, किंतु आम नागरिक को प्राप्त होने वाली सुविधाओं में भी अनवरत रूप से सुधार हो, यह कभी आँखों से ओझल नहीं होने दिया है। ई-गवर्नेंस के माध्यम से नागरिक सुविधाएँ उपलब्ध कराने के लिए 9232 'कॉमन सर्विस सेंटर' इसी उद्देश्य से स्थापित किए जा रहे हैं।

प्रदेश के युवा मध्य प्रदेश का भविष्य हैं। सरकार ने उनके लिए प्रदेश में पहली बार एक सुविस्तृत युवा नीति बनाई है। उनके लिए आजीविका

मिशन भी स्थापित किया है। शासकीय सेवाओं में भरती पर लगे प्रतिबंध को हटाया है। शासकीय नौकरियों के अलावा अन्य क्षेत्रों में भी रोजगार के अवसरों का विपुल विस्तार किया गया है। खेल, शिक्षा, रोजगार जैसे अलग-अलग मोरचों पर प्रदेश की युवा शक्ति को स्फूर्त किया है। जुलाई 2007 से भोपाल में 13 खेलों की अकादमियाँ संचालित की गई हैं। इन अकादमियों के खिलाड़ियों द्वारा मात्र एक वर्ष में राज्य, राष्ट्रीय एवं अंतरराष्ट्रीय स्तर पर कुल 415 पदक अर्जित किए गए हैं, जिनमें पाँच अंतरराष्ट्रीय एवं राष्ट्रीय स्तर पर 180 व राज्य स्तरीय प्रतियोगिताओं में 230 पदक सम्मिलित हैं।

प्रदेश के युवाओं को कंप्यूटर एनीमेशन और ट्रेवल व टूरिज्म के क्षेत्र में अच्छे रोजगार उपलब्ध कराने की दृष्टि से प्रशिक्षणार्थियों की प्रवेश क्षमता दुगुनी की गई है। साथ ही इस योजना का संभागीय स्तर पर भी विस्तार किया जा रहा है, जिसके लिए क्रमशः सागर, जबलपुर, उज्जैन, ग्वालियर, रीवा आदि संभागों का चयन किया गया है। खिलाड़ियों को दी जा रही खेलवृत्ति अधिकतम 2,000 रुपए वार्षिक से बढ़ाकर 7,000 रुपए वार्षिक की गई है। साथ ही अंतरराष्ट्रीय ख्याति-प्राप्त खिलाड़ियों को दी जा रही सम्मान निधि 5,000 रुपए मासिक से बढ़ाकर 10,000 रुपए मासिक जीवन पर्यंत की गई है। वर्ष 2007 के राष्ट्रीय खेलों की ऐतिहासिक सफलता को दृष्टिगत रखते हुए राष्ट्रीय खेलों में पदक प्राप्त करनेवालों की पुरस्कार राशि को दुगुना कर दिया गया है।

अंतरराष्ट्रीय स्तर के खेलग्राम के निर्माण के लिए पी.पी.पी. योजना के अंतर्गत 1000 करोड़ रुपए की लागत से खेलग्राम का निर्माण भोपाल स्थित गाँव सतगढ़ी में किया जा रहा है, जिसमें स्पोर्ट्स साइंस सेंटर भी स्थापित करने का लक्ष्य रखा गया है। शिक्षा अधोसंरचना को सुदृढ़ करने के लिए 25,968 शिक्षा गारंटी शालाओं का प्राथमिक शालाओं में उन्नयन और 14,564 प्राथमिक शालाओं का माध्यमिक शाला में उन्नयन हुआ है तथा इसी वर्ष 1176 हाई स्कूल, 215 हायर सेकेंडरी स्कूल, 2132 मिडिल और 919

सेटेलाइट शालाएँ स्वीकृत की गई हैं। राज्य के इतिहास में यह उपलब्धि अद्वितीय है। इस वर्ष माध्यमिक शिक्षा मंडल द्वारा आयोजित परीक्षाओं में उपलब्धियों की दृष्टि से शासकीय विद्यालयों में उत्तीर्ण होनेवाले छात्र-छात्राओं का प्रतिशत निजी क्षेत्र के विद्यालयों से बेहतर रहा है। अकेले इस वर्ष 3500 से अधिक विभिन्न स्तरों के विद्यालयों को प्रारंभ करके शिक्षा के क्षेत्र में नई क्रांति प्रदेश में लाई जा रही है, जिसके परिणाम आगे आनेवाले वर्षों में युवाओं को बेहतर रोजगार के अवसर के रूप में दिखेंगे।

मध्य प्रदेश में निजी विश्वविद्यालय अधिनियम बनाया गया है, जिसके अंतर्गत 19 निजी विश्वविद्यालय स्थापित करने के लिए राज्य शासन के साथ एम.ओ.यू. हुए हैं। व्यावसायिक पाठ्यक्रम के शुल्क-निर्धारण के लिए अधिनियम बनानेवाला मध्य प्रदेश देश के अग्रणी राज्यों में है। गाँव की बेटी योजना, प्रतिभा किरण योजना, स्वामी विवेकानंद कॅरियर मार्गदर्शन योजना—इसी दिशा में स्थापित हुए नींव के पत्थर हैं।

युवाओं के लिए तकनीकी शिक्षा सुविधाओं का अभूतपूर्व विस्तार हुआ है। आज प्रदेश में संचालित इंजीनियरिंग विद्यालयों की संख्या बढ़कर 142 हो गई है। प्रदेश के आठ शासकीय महिला पॉलीटेक्निक को सह-शिक्षा में परिवर्धित कर तकनीकी शिक्षा के प्रसार को व्यापक बनाया गया है। प्रदेश में 'स्पेशल एजुकेशन जोन' की एक सर्वथा नई अवधारणा के तहत भोपाल संभागीय मुख्यालय पर लगभग 500 एकड़ भूमि को भी चिह्नांकित कर लिया गया है। अनुसूचित जाति एवं जनजाति के विद्यार्थियों के लिए आधुनिकतम शिक्षा देने के उद्देश्य से दो महत्त्वाकांक्षी योजनाओं—एकलव्य एवं डॉ. बाबा साहब अंबेडकर योजना—के तहत शिक्षण संस्थाओं का सुदृढ़ीकरण किया गया है। 'शिल्पकार प्रशिक्षण योजना' के अंतर्गत 11400 के लक्ष्य के विरुद्ध वर्ष 2007 में 14216 प्रशिक्षणार्थियों का प्रवेश हुआ, जबकि इस वर्ष लगभग 18000 प्रशिक्षणार्थी प्रविष्ट हो रहे हैं। चौबीस औद्योगिक प्रशिक्षण संस्थाओं का 'सेंटर ऑफ एक्सीलेंस' के रूप में उन्नयन

किया जा रहा है। पिछड़ा वर्ग के छात्रों के लिए प्रत्येक संभागीय स्तर पर 100 सीटर पोस्ट मैट्रिक छात्रावास बनाए गए, जबकि प्रत्येक जिला मुख्यालय पर पिछड़ा वर्ग कन्याओं के लिए 50 सीटर छात्रावास निर्माण की स्वीकृति दी गई। पहली बार अल्पसंख्यक विद्यार्थियों के लिए 'मेरिट कम मीन्स छात्रवृत्ति' तथा पोस्ट मैट्रिक का लाभ पहुँचाया गया।

विमानन विभाग द्वारा प्रदेश की कई शासकीय हवाई पट्टियों को उड्डयन संबंधी गतिविधियाँ, जैसे पायलट प्रशिक्षण, विमान इंजीनियरिंग संबंधी प्रशिक्षण आदि करने के लिए अनुमति दी गई है। इससे मध्य प्रदेश के युवक-युवतियों को उड्डयन क्षेत्र में प्रशिक्षण एवं रोजगार के अवसर प्राप्त होंगे। इसके अतिरिक्त शासन द्वारा अनुसूचित जाति एवं अनुसूचित जनजाति के 30-30 अभ्यर्थियों को मानक संस्था के माध्यम से एयर होस्टेस एवं फ्लाइट स्टीवर्ड संबंधी प्रशिक्षण के लिए छात्रवृत्ति दिए जाने का निर्णय लिया गया है। प्रदेश के युवाओं के लिए यह तथ्य बहुत आशा जगाता है कि हमारी सरकार का कार्यकाल औद्योगिक प्रगति का स्वर्णकाल है। निवेश को बढ़ावा देने के लिए दिल्ली से शुरू हुई प्रदेश की मुहिम 'ग्लोबल इन्वेस्टर्स समिट' इंदौर, जबलपुर, सागर और ग्वालियर तक सफलता के अनेक कीर्तिमान कायम कर चुकी है। इन मीट्स में मात्र करारनामों पर हस्ताक्षर नहीं हुए हैं, बल्कि उनसे संबंधित निवेश और उद्योग धरातल पर तेजी से आकार लेने लगे हैं। उद्योगों की स्थापना युवाओं के लिए रोजगार के नए अवसरों का सृजन कर रही है।

सरकार ने जो भी योजनाएँ बनाई हैं, उनके केंद्र में आम आदमी को रखा गया है। विकास की सरकार की एक ही कसौटी है, वह है आम आदमी के जीवन स्तर में हुई प्रगति। लोग अर्थव्यवस्था के मानवीय चेहरे की बातें ही करते हैं, लेकिन मध्य प्रदेश में भाजपा सरकार ने इसे कर दिखलाया है। मध्य प्रदेश की प्रगति का सपना इसी गणदेवता की प्रगति का सपना है। यह युग प्रतिस्पर्धा, परिवर्तन और नवप्रवर्तन का युग है, लेकिन एक लोककल्याणकारी राज्य की बुनियादी प्रतिज्ञाएँ आज भी बेमानी नहीं हुई हैं।

इसी लोकोन्मुखी शासन-दृष्टि को म.प्र. सरकार लगातार जारी रखने के लिए कटिबद्ध है। प्रदेश की प्रगति का यह सफर अब रुकने वाला नहीं है। सरकार का संकल्प है कि प्रदेश के सब वर्गों के सब लोगों की खुशहाली सुनिश्चित की जाए और प्रदेश को देश के अग्रणी राज्यों की पंक्ति में ला खड़ा किया जाए। एक कवि के शब्दों में—

उठो कि तुम जवान हो, महान् तेजवान हो।
कि अंधकार के लिए, मशाल ज्योतिमान हो।
कि हर निशा नवीन स्वप्न आँख में बसा रही।
कि हर उषा नवीन सिद्धि जिंदगी में ला रही।

□

अपने-अपने कर्तव्यों का ईमानदारी से निर्वहन

देश की स्वतंत्रता की वर्षगाँठ उल्लास और उमंग के साथ आत्म-विश्लेषण का अवसर होती है। यह अतीत से सीख लेकर वर्तमान को सँवारने और सुखद भविष्य के निर्माण की संकल्पना का अवसर भी है। सरकारों को जनता का, जनता के लिए, जनता के द्वारा शासन की अवधारणा को मूर्त रूप देने के निरंतर प्रयत्न करते रहना चाहिए।

देश की स्वतंत्रता का अर्थ सिर्फ गुलामी से आजाद होना नहीं बल्कि सामाजिक, आर्थिक और नैतिक विकास के रास्ते पर निर्बाध आगे बढ़ते रहना है। अंतिम पंक्ति का अंतिम व्यक्ति हमारा दरिद्रनारायण है, जिसके कल्याण की चिंता सरकार की सर्वोच्च प्राथमिकता है।

मध्य प्रदेश में प्रजा और तंत्र के रिश्तों को मजबूती तथा लोगों की तरक्की और खुशहाली के कामों को निरंतरता मिली है। जनता की सामूहिक शक्ति को प्रदेश के विकास में लगाने और सरकार के साथ समाज को साथ लेकर समृद्ध मध्य प्रदेश बनाने की कोशिश जारी रहेगी।

प्रदेश के स्थापना दिवस 1 नवंबर, 2009 से 'आओ बनाएँ अपना मध्य प्रदेश' अभियान शुरू किया गया। यह मध्य प्रदेश के लोगों में विकास की सामूहिक जागृति पैदा करने का प्रयास है। सरकार और समाज के संयुक्त प्रयास से ही सर्वांगीण विकास का लक्ष्य हासिल किया जा सकता है। अगर

गाँव नगर बनेगा तो प्रदेश बनेगा। इस अभियान के माध्यम से पानी रोकने, बिजली का अपव्यय बंद करने, स्वच्छता रखने, नशामुक्ति, पेड़ लगाने, सभी बच्चों को स्कूल भेजने, परिवार नियोजन, आँगनवाड़ी के नियमित संचालन और टीकाकरण जैसे जनहितैषी कार्यों से लोगों को जोड़ा जा रहा है।

'आओ बनाएँ अपना मध्य प्रदेश' अभियान को प्रदेश की जनता का सक्रिय सहयोग मिला है। अब प्रदेश में सरकार के साथ समाज का जुड़ाव एक सामाजिक आंदोलन का रूप ले रहा है।

राज्य सरकार ने प्रदेश को विकसित और समृद्ध बनाने के संकल्प को पूरा करने के लिए सात प्राथमिकताएँ—खेती को लाभ का धंधा बनाना, अधोसंरचना विकास, निवेश वृद्धि, शिक्षा और स्वास्थ्य, महिलाओं और कमजोर वर्गों का सशक्तीकरण, कानून-व्यवस्था और सुशासन निर्धारित की हैं।

स्वर्णिम मध्य प्रदेश की संकल्पना को साकार करने के लिए मई 2010 में विधानसभा का विशेष सत्र आहूत किया गया। विधानसभा सदस्यों के जमीनी अनुभवों के आधार पर मध्य प्रदेश के निर्माण का 70 सूत्रीय संकल्प पारित किया गया। इस संकल्प को पूरा करने की दिशा में नए कार्यक्रमों और योजनाओं का क्रियान्वयन शुरू हो चुका है।

राज्य सरकार के प्रयासों से अब मध्य प्रदेश की पहचान विकासशील प्रदेश के रूप में बनी है। यह सरकार के कुशल वित्तीय प्रबंधन का ही परिणाम है कि इस वर्ष प्रदेश की आर्थिक विकास दर 8.67 प्रतिशत रही, जो राष्ट्रीय विकास दर 6.7 प्रतिशत से ज्यादा है। अब इसे प्रतिवर्ष 9 से 10 प्रतिशत तक करने का लक्ष्य है।

कृषि प्रदेश की अर्थव्यवस्था की रीढ़ है। खेती को लाभ का धंधा बनाने के लिए सहकारी कृषि ऋणों की ब्याज दर को तीन प्रतिशत करनेवाला देश का पहला राज्य मध्य प्रदेश है। गेहूँ और चावल के न्यूनतम समर्थन मूल्य के अलावा हम किसानों को बोनस दे रहे हैं। परंपरागत खेती के अतिरिक्त जैविक खेती, औषधीय, फूलों और सब्जियों के उत्पादन के साथ खाद्य

प्रसंस्करण इकाइयों की स्थापना को प्रोत्साहन दिया जा रहा है। अगले तीन सालों में उद्यानिकी फसलों के रकबे में 5 लाख हेक्टेयर की वृद्धि का लक्ष्य है। आदिवासी बहुल क्षेत्रों में कोदों-कुटकी के उत्पादन को बढ़ाने और उसके विपणन को बेहतर करने के प्रयास किए जाएँगे।

किसानों को दी जानेवाली सब्सिडी की राशि अब सीधे उनके खातों में जमा करने का निर्णय लिया गया है। सभी पात्र किसानों को क्रेडिट कार्ड दिए जा रहे हैं। वैज्ञानिक कृषि के लिए 'मृदा स्वास्थ्य पत्रक' भी तैयार किए जाएँगे। राज्य सरकार की भंडारण क्षमता में वृद्धि तथा विपणन व्यवस्था सुदृढ़ कर प्रदेश को 'लॉजिस्टिक हब' के रूप में विकसित किया जाएगा।

पशुधन विकास खेती का अभिन्न अंग है। प्रदेश के चिह्नित विकासखंडों में चलित पशु चिकित्सालय शुरू करने के साथ ही संभागीय पशु औषधालयों को पॉली-क्लीनिक का स्वरूप दिया जा रहा है। दुग्ध समितियों के विस्तार के साथ नए मिल्क रूट भी विकसित किए जाएँगे।

मछली-पालन को बढ़ावा देने के लिए किसान क्रेडिट कार्ड के समान तीन प्रतिशत की दर पर सुलभ ऋण उपलब्ध कराने के लिए 'मछुआरा क्रेडिट कार्ड' दिए जाएँगे।

नदियों और अन्य स्रोतों के जल के वैज्ञानिक आधार पर दोहन की योजना बनाई जा रही है। आगामी चार वर्ष में सिंचाई की स्थापित क्षमता में साढ़े सात लाख हेक्टेयर की वृद्धि करने का लक्ष्य है। प्रदेश को आवंटित नर्मदा जल के वर्ष 2020 तक शत-प्रतिशत उपयोग की समयबद्ध योजना तैयार की जा रही है। सिंचाई की स्थापित क्षमता के समुचित उपयोग के लिए 'कमांड एरिया डेवलपमेंट प्रोग्राम' सहित सभी कारगर उपाय किए जा रहे हैं। 'जलाभिषेक अभियान' में जनभागीदारी से जल संरक्षण का वृहत् कार्य किया जा रहा है।

देश की तेरह फीसदी वन संपदा अकेले मध्य प्रदेश में है। वनों के संरक्षण के साथ ही 'हरियाली महोत्सव' के जरिए प्रदेश की वन संपदा में

बढ़ोतरी करने के प्रयास निरंतर जारी हैं। इस वर्ष बाँस के 5 करोड़ पौधे रोपे जा रहे हैं। वन आधारित रोजगार को बढ़ावा देने के लिए वनों में टसर और लाख का उत्पादन तथा चारागाह का विकास भी किया जा रहा है। तेंदूपत्ता संग्रहण की दर को बढ़ाकर 650 रुपए प्रति मानक बोरा किया गया है।

प्रदेश को बिजली के क्षेत्र में आत्म-निर्भर बनाने के तेज प्रयास जारी हैं। पिछले छह साल में बिजली उत्पादन की स्थापित क्षमता में 3162 मेगावाट की अभूतपूर्व वृद्धि के बाद अब वर्ष 2013 तक वर्तमान क्षमता में लगभग 5000 मेगावाट की वृद्धि का लक्ष्य रखा गया है। सभी नगरों और गाँवों में 24 घंटे बिजली की उपलब्धता और कृषि कार्यों के लिए न्यूनतम 8 घंटे बिजली देने के लिए फीडर विभक्तीकरण का प्रदेशव्यापी महत्त्वाकांक्षी कार्यक्रम शुरू कर दिया गया है। दिसंबर 2012 तक इस काम को पूरा किए जाने का लक्ष्य है।

बिजली का उत्पादन बढ़ाने के लिए ऊर्जा उत्पादन के नए और गैर-परंपरागत साधनों को बढ़ावा देने के लिए भी अनुकूल व्यवस्थाएँ की जा रही हैं। इस उद्देश्य से नवीन एवं नवीकरणीय ऊर्जा विभाग की स्थापना की गई है। प्रदेश के राजगढ़ जिले में देश का प्रथम सौर ऊर्जा पार्क स्थापित किया जा रहा है।

ग्रामीण क्षेत्रों में पेयजल व्यवस्था के सुधार के लिए 'मुख्यमंत्री पेयजल योजना' लागू की गई है। इस वर्ष प्रत्येक ग्रामीण विधानसभा क्षेत्र के पाँच ग्रामों में 'स्पॉट सोर्स' स्थापित किए जाएँगे। एक हजार हैंडपंप मेकैनिक मानदेय के आधार पर नियुक्त किए जा रहे हैं। सरकार का प्रयास है कि सभी को पर्याप्त पेयजल मिले और उसे लाने के लिए दूर भी न जाना पड़े। इसलिए पेयजल प्रदाय के 40 लीटर प्रति व्यक्ति प्रतिदिन के मापदंड को बढ़ाकर 55 लीटर तथा पेयजल स्रोत की दूरी का मानदंड 1.6 कि.मी. से घटाकर 500 मीटर किया गया है।

प्रत्येक ग्राम के विकास की योजना बनाने का फैसला किया गया है।

अगले तीन साल में भवनविहीन ग्राम पंचायतों के भवन बनाने का लक्ष्य है। आवास की समस्या को हल करने के लिए 'मुख्यमंत्री ग्रामीण आवास मिशन' स्थापित किया जाएगा। पुनर्वास नीति का समग्र पुनरीक्षण कर किसानों के हितों का संरक्षण सुनिश्चित किया गया है।

प्रदेश में पिछले छह वर्षों में 60 हजार किलोमीटर से अधिक लंबाई की सड़कें बनी हैं। अब प्रदेश के संभाग मुख्यालयों को 4 लेन और जिला मुख्यालयों को 2 लेन सड़कों से जोड़ा जा रहा है। वर्ष 2013 तक प्रदेश के सभी ग्रामों को बारहमासी सड़कों से जोड़ने के उद्देश्य से 'मुख्यमंत्री सड़क योजना' लागू की गई है।

सुव्यवस्थित विकास के लिए प्रदेश के सभी नगरों की नगर विकास योजना बनाई जा रही है। नगरीय क्षेत्रों के विकास के लिए 'अधोसंरचना बोर्ड' का गठन किया जा रहा है। शहरी गरीबों के लिए लगभग 60 हजार आवास बन रहे हैं। इंदौर में नर्मदा जल प्रदाय का तृतीय चरण पूरा हो गया है। सभी नगरीय निकायों को फायर ब्रिगेड की बेहतर सुविधा भी जल्दी ही उपलब्ध करवा दी जाएगी। भोपाल और इंदौर में मेट्रो रेल के लिए सर्वे करवाया जाएगा।

नई उद्योग संवर्धन नीति-2010 का प्रारूप जारी किया जा चुका है। इस नीति को और अधिक उद्योग हितैषी बनाया गया है। पिछले साल 27 बड़े उद्योग स्थापित हुए हैं। वर्तमान में 46 हजार करोड़ की लागत की विभिन्न परियोजनाएँ निर्माणाधीन हैं। दिल्ली-मुंबई कॉरिडोर के अतिरिक्त भोपाल-इंदौर, भोपाल-बीना, जबलपुर-कटनी-सिंगरौली औद्योगिक कॉरिडोर के योजनाबद्ध विकास के प्रयास भी जारी हैं। प्रदेश में स्थापित होने वाले उद्योगों में सृजित रोजगार में 50 प्रतिशत रोजगार प्रदेशवासियों को उपलब्ध करवाना अनिवार्य किया गया है। नियमित 'रोजगार मेलों' का आयोजन कर युवाओं को रोजगार उपलब्ध करवाने में उल्लेखनीय सफलता मिल रही है।

प्रदेश में बड़े पैमाने पर रोजगारोन्मुखी शिक्षा और प्रशिक्षण सुविधाओं

का विस्तार किया जा रहा है। आई.टी.आई. की संख्या में वृद्धि करने के साथ ही उनमें वर्तमान जरूरतों के अनुरूप पाठ्यक्रम शुरू किए जाने की योजना है। आई.टी.आई. की सीट संख्या को बढ़ाकर एक लाख किया जाएगा। इससे युवाओं को रोजगारपरक शिक्षा मिलने के साथ ही उद्योगों को उनकी जरूरत के अनुसार दक्ष और कुशल मानव संसाधन स्थानीय तौर पर ही उपलब्ध हो सकेगा। कारीगरों के कौशल उन्नयन की नीति को इसी साल से लागू कर प्रतिवर्ष 5 से 10 हजार श्रमिकों को लाभान्वित किया जाएगा। 'नेशनल स्किल डेवलपमेंट मिशन' के उद्देश्यों की पूर्ति के लिए प्रदेश में व्यावसायिक शिक्षा और प्रशिक्षण परिषद् गठित की गई है।

खेतिहर और निर्माण मजदूर, शहरी घरेलू कामकाजी बहनें, कोटवार, कारीगर, मंडी हम्माल, तुलावटी, साइकिल-रिक्शा और हाथठेला चालक जैसे जरूरतमंद वर्गों के कल्याण की योजनाएँ बनाकर उन्हें सामाजिक सुरक्षा प्रदान की जा रही है। इन कार्यक्रमों के अंतर्गत समय पर सहायता उपलब्ध कराने तथा भिन्नताओं को दूर करने के लिए एक समेकित रणनीति तैयार की जा रही है। गरीबों को स्थल पर सहायता उपलब्ध कराने के लिए 'गरीब मेलों' का आयोजन किया जाएगा।

राज्य सामान्य निर्धन वर्ग कल्याण आयोग की अनुशंसाओं के आधार पर सामान्य निर्धन वर्ग के बच्चों को छात्रवृत्ति उपलब्ध कराई जा रही है। इन बच्चों को निःशुल्क पाठ्य-पुस्तकें भी उपलब्ध कराई जा रही हैं।

अनुसूचित जनजातियों और अनुसूचित जातियों के कल्याण का कार्य वृहत् स्तर पर किया जा रहा है। अनुसूचित जनजाति और अन्य परंपरागत वन निवासी अधिनियम के अंतर्गत अब तक 1 लाख 24 हजार अधिकार-पत्र मान्य कर मध्य प्रदेश देश में अग्रणी बना हुआ है। कपिलधारा योजना से लाभान्वित इन वर्गों के किसानों को सिंचाई के लिए डीजल-विद्युत् पंप उपलब्ध करवाए जा रहे हैं। प्रदेश के 89 आदिवासी विकासखंडों में लागू चलित चिकित्सालय योजना को अब 35 अनुसूचित जाति बहुल विकासखंडों

में भी लागू किया जाएगा। विशेष भरती अभियान के तहत अब तक प्रदेश में अनुसूचित जनजाति, अनुसूचित जाति तथा अन्य पिछड़ा वर्ग के 27 हजार से अधिक बैकलॉग पदों की पूर्ति की जा चुकी है।

पिछड़े वर्गों के कल्याण के लिए उनकी शिक्षा संबंधी योजनाओं का विस्तार किया गया है। अगले तीन साल में सभी जिलों में पिछड़े वर्गों के लिए 100 सीटर पोस्ट मैट्रिक बालक छात्रावास स्थापित किए जाएँगे। मेधावी विद्यार्थियों के लिए नई पुरस्कार योजना बनाई गई है। रोजगार उन्मुखी प्रशिक्षण योजना को भी व्यापक स्वरूप देकर इस साल 5000 युवाओं को प्रशिक्षित किया जा रहा है। अल्पसंख्यक वर्ग के विद्यार्थियों को भी प्रदेश में प्री-मैट्रिक, पोस्ट-मैट्रिक, मेरिट कम मीन्स छात्रवृत्ति का लाभ दिया जा रहा है।

प्रदेश में संस्थागत प्रसव में बढ़ोतरी, पोषण पुनर्वास केंद्रों तथा नवजात शिशु गहन चिकित्सा इकाइयों की स्थापना की सर्वत्र सराहना हो रही है। शिशु और मातृ मृत्यु दर में भी उल्लेखनीय कमी आई है। सागर में नया चिकित्सा महाविद्यालय आरंभ करने के बाद अब जबलपुर में चिकित्सा विश्वविद्यालय स्थापित किया जाएगा। चिकित्सकों और अन्य स्वास्थ्य कर्मचारियों की उपलब्धता में निरंतर सुधार हो रहा है।

आमजन के जीवन-स्तर में तेजी से सुधार तथा सभी को अच्छी शिक्षा और स्वास्थ्य सुविधा प्रदान करने के लिए जनसंख्या वृद्धि पर नियंत्रण आवश्यक है। यह जनजागृति से ही संभव है। इस उद्देश्य से प्रदेश में यह वर्ष 'परिवार नियोजन वर्ष' के रूप में मनाया जा रहा है।

राज्य सरकार कुपोषण के कलंक को मिटाने के लिए प्रतिबद्ध है। इस लक्ष्य की पूर्ति के लिए 'अटल बाल आरोग्य और पोषण मिशन' गठित करने का निर्णय लिया गया है। प्रदेश में 'बाल अधिकार संरक्षण आयोग' भी स्थापित किया जा चुका है।

महिला सशक्तीकरण के क्षेत्र में प्रदेश में आरंभ की गई योजनाओं को अन्य राज्यों द्वारा भी अपनाया जा रहा है। 'लाडली लक्ष्मी योजना' के अंतर्गत

लगभग छह लाख से ज्यादा बालिकाएँ लाभान्वित हो चुकी हैं। मुख्यमंत्री कन्यादान योजना निर्धन परिवारों की बेटियों के लिए वरदान साबित हुई है। अब इस योजना की हित-लाभ राशि 7500 से बढ़ाकर 10 हजार रुपए कर दी गई है। स्थानीय निकायों में आधे पद महिलाओं के लिए आरक्षित करने के फैसले के फलस्वरूप आज 50 प्रतिशत से अधिक बहनें निर्वाचित होकर अपनी पंचायत और नगर के विकास में जुटी हैं।

शिक्षा की सुविधाओं को सब तक पहुँचाने का कार्य प्रगति पर है। 'स्कूल चलें हम' अभियान को निरंतरता देने के साथ ही करीब 1 करोड़ 10 लाख विद्यार्थियों को जुलाई 2010 तक निःशुल्क पाठ्यपुस्तकें वितरित की गई हैं। इस साल लगभग 2 लाख बालिकाओं को निःशुल्क साइकिलें दी जा रही हैं। प्रदेश में प्राथमिक एवं माध्यमिक शिक्षा के लोकव्यापीकरण के बाद अब आवश्यकतानुसार प्रत्येक पाँच किलोमीटर के दायरे में हाई स्कूल की स्थापना का लक्ष्य है। छात्र संख्या के मान से प्रशिक्षित शिक्षकों की उपलब्धता सुनिश्चित की जाएगी।

यह गर्व की बात है कि अब हमारे खिलाड़ी राष्ट्रीय ही नहीं बल्कि अंतरराष्ट्रीय स्तर पर भी प्रदेश का नाम रोशन कर रहे हैं। भारत सरकार द्वारा प्रदेश को हाल ही में 'राष्ट्रीय खेल प्रोत्साहन अवॉर्ड' से सम्मानित किया गया है। 'पायका योजना' के जरिए खेल सुविधाओं का विस्तार पंचायत स्तर तक किया जा रहा है। राज्य खेल प्राधिकरण स्थापित करने का भी निर्णय लिया गया है।

पर्यटन के क्षेत्र में मध्य प्रदेश ने अपनी नई पहचान बनाई है। प्रदेश में आनेवाले पर्यटकों की संख्या में आशातीत वृद्धि हुई है। जल और साहसिक पर्यटन संबंधी गतिविधियों को बढ़ावा देने की नई नीति बनाई गई है। पर्यटकों के लिए सर्वाधिक आकर्षणवाला प्रदेश बनाने का काम निरंतर जारी रहेगा।

संस्कृति के क्षेत्र में प्रदेश की अपनी पहचान है। राम वन-गमन और नर्मदा परिक्रमा-पथ के विकास का काम भी प्रगति पर है। बुंदेली, मालवी,

निमाड़ी, बघेली, बैगा, भीली, कोरकू और गोंडी जैसी बोलियों के विकास और संरक्षण का कार्य किया जा रहा है। मेलों और बड़े धार्मिक समागमों के सुचारु आयोजन के लिए 'तीर्थ एवं मेला विकास प्राधिकरण' गठित किया जाएगा। वर्ष 2016 में उज्जैन में सिंहस्थ के आयोजन संबंधी तैयारियों के लिए इसी वर्ष में बजट प्रावधान किया जाएगा। राजा भोज के राज्यारोहण के 1000 वर्ष पूर्ण होने के उपलक्ष्य में वृहत् आयोजन किए जाएँगे।

भोपाल गैस पीड़ितों के समग्र कल्याण के प्रति राज्य सरकार प्रतिबद्ध है। उनके चिकित्सा, आर्थिक एवं सामाजिक पुनर्वास के कार्यों में और गति लाई जा रही है। गैस पीड़ित विधवा बहनों को जीवनपर्यंत 500 रुपए प्रतिमाह पेंशन की व्यवस्था की गई है। इस त्रासदी के लिए उत्तरदायी व्यक्तियों को कड़ी सजा दिलाने के लिए सभी आवश्यक विधि मान्य कदम उठाए जा रहे हैं।

सरकार समाज के सहयोग से प्रदेश में शांति का वातावरण बनाए रखने में सफल रही है। नक्सलवाद एवं आतंकवादी गतिविधियों से प्रदेश को मुक्त रखने, सिमी के नेटवर्क को ध्वस्त करने और दस्यु उन्मूलन के लिए प्रभावी काररवाई की गई है।

भू-माफियाओं, अवैध वन कटाई, अवैध खनिज उत्खनन, बिजली चोरी, बाहुबलियों एवं संगठित अपराध के विरुद्ध कठोर कानूनी काररवाई का अभियान प्रदेश में जारी है और आगे भी जारी रहेगा। हमने जनसंख्या वृद्धि के अनुपात में पुलिस बल में वृद्धि का फैसला लिया है। इस साल 1500 पद स्वीकृत किए गए हैं। प्रदेश की औद्योगिक इकाइयों की सुरक्षा के लिए राज्य औद्योगिक सुरक्षा बल भी गठित किया जा रहा है। सरकार हर नागरिक के वैधानिक अधिकारों के संरक्षण के लिए प्रतिबद्ध है।

पारदर्शी प्रशासन स्थापित करने के लिए सूचना प्रौद्योगिकी का निरंतर विस्तार किया जा रहा है। समाधान ऑनलाइन, समाधान एक दिन, लोक कल्याण शिविर, परख, जन सुनवाई जैसे कार्यक्रमों से जन समस्याओं का

प्रभावी निराकरण हुआ है। 'एकीकृत वित्तीय सूचना प्रबंध प्रणाली' स्थापित की जा रही है। पहली बार सभी स्तर के शासकीय सेवकों के लिए अचल संपत्ति का विवरण देना अनिवार्य कर उसे ऑनलाइन भी किया गया है।

जवाबदेह और संवेदनशील प्रशासन स्थापित करने की दिशा में लोक सेवाओं के प्रदान की गारंटी अधिनियम महत्त्वपूर्ण कदम है। सरकार ने प्रदेश के नागरिकों को चिह्नित सेवाओं, जैसे आय एवं जाति प्रमाण-पत्र, खसरा नकल, राशन कार्ड आदि को निर्धारित समय-सीमा में प्राप्त करने का कानूनी अधिकार प्रदान किया है। निश्चित की गई समय-सीमा में सेवाएँ प्रदान न करने पर लोकसेवकों को दंडित करने का प्रावधान किया गया है। आम आदमी को ऐसा कानूनी अधिकार देनेवाला मध्य प्रदेश देश का पहला राज्य है। इस अधिनियम के प्रभावी क्रियान्वयन के लिए अब सरकार में पृथक् से नया 'लोक सेवा प्रबंधन' विभाग स्थापित किया जाएगा।

अतः ऐसा प्रदेश बनाएँ, जहाँ हर नागरिक अपने कर्मक्षेत्र में कर्तव्यों का ईमानदारी से निर्वहन करे। ऐसा प्रदेश जहाँ सरकार और समाज की सामूहिक शक्ति विकास और सब लोगों के कल्याण को समर्पित हो।

□

खुशहाली की रोशनी अंतिम छोर तक पहुँचे

स्वाधीनता संग्राम में जनजाति–जननायकों के त्याग एवं बलिदान को चिरस्थायी बनाने के लिए ग्राम बड़ौदा अहीर, जिला खंडवा में 'तात्या भील स्मारक' और ग्राम धाबाबावड़ी, बड़वानी में 'भीमा नायक प्रेरणा केंद्र' की स्थापना की जा रही है। भाबरा, जिला अलीराजपुर में 'चंद्रशेखर आजाद स्मृति मंदिर' का निर्माण भी किया जा रहा है। रघुनाथ शाह एवं शंकर शाह की स्मृति अक्षुण्ण बनाए रखने के लिए जबलपुर में उनकी प्रतिमा स्थापित की गई है।

देश के वीर सूपतों की शहादत के पुण्य स्मरण को चिरस्थायी बनाने के उद्देश्य से भोपाल में शौर्य स्मारक का निर्माण कार्य प्रगति पर है। भारतीय जननायकों पर केंद्रित भव्य 'वीर भारत परिसर' की स्थापना भोपाल में की जाएगी।

मध्य प्रदेश की पहचान अब तेजी से विकसित हो रहे राज्य के रूप में स्थापित हो गई है।

राज्य में कृषि को लाभ का व्यवसाय बनाने के प्रयासों का परिणाम है कि विगत वर्ष कृषि विकास दर साढ़े सात प्रतिशत रही, जोकि देश की कृषि विकास दर से बेहतर है। किसान हितैषी नीतियों को मूर्तरूप देने के लिए देश में पहली बार मध्य प्रदेश में कृषि कैबिनेट गठित की गई है। अब प्रदेश के कृषि परिदृश्य पर आर्थिक सर्वेक्षण की भाँति प्रतिवर्ष

विधानसभा में बजट सत्र के दौरान कृषि सर्वेक्षण भी प्रस्तुत होगा। किसानों को एक प्रतिशत की ब्याज दर पर अल्पकालीन कृषि ऋण देने में हमारा प्रदेश अग्रणी है। इस वर्ष लगभग 6 हजार करोड़ के अल्पावधि ऋण देने का लक्ष्य है। किसानों को गेहूँ के समर्थन मूल्य के अलावा 500 करोड़ की राशि बोनस के रूप में सीधे किसानों के खातों में जमा करवाई गई है। प्रदेश में इस वर्ष समर्थन मूल्य पर रिकॉर्ड 49 लाख मीट्रिक टन गेहूँ का उपार्जन हुआ है तथा गेहूँ उपार्जन के सफल प्रबंधन को राष्ट्रीय स्तर पर सराहना प्राप्त हुई है। अब तक 65 लाख से ज्यादा किसानों को क्रेडिट कार्ड प्रदान किए गए हैं।

सभी भूमिधारकों को निःशुल्क एकीकृत नवीन भू-अधिकार एवं ऋण पुस्तिका के वितरण अभियान अंतर्गत अब तक 95 लाख से अधिक भूमिधारकों को ऋण पुस्तिकाएँ प्रदान कर दी गई हैं। प्रदेश सरकार द्वारा पाला प्रभावित किसानों को रुपए 1400 करोड़ से अधिक की राहत राशि दी गई है। उद्यानिकी फसलों के रकबे में आगामी तीन वर्षों में 5 लाख हेक्टेयर की वृद्धि के लिए तेजी से काम किया जा रहा है। फल, सब्जी और फूलों के उत्पादन करनेवाले किसानों को, बेहतर कीमतें दिलाने और विपणन के अवसर बढ़ाने के लिए कृषि उपज मंडी के साथ-साथ सीधे बाजार में बेचने का विकल्प दिया जा रहा है। प्रदेश में कृषि कार्यों में जल के मितव्ययी उपयोग हेतु सूक्ष्म सिंचाई को प्रोत्साहित करने के उद्देश्य से 'राज्य माइक्रो इरिगेशन मिशन' की स्थापना करने का निर्णय लिया गया है। मछली-पालन को बढ़ावा देने के लिए 'मछुआरा क्रेडिट कार्ड योजना' के अंतर्गत इस वर्ष 7 हजार क्रेडिट कार्ड देने का लक्ष्य है।

कार्डधारी मछुआरों को एक प्रतिशत ब्याज पर ऋण देने का निर्णय लिया गया है, जिससे मत्स्य उत्पादन को एक नया आधार प्राप्त होगा।

पशुधन विकास के क्षेत्र में भी कल्याणकारी निर्णयों के क्रम में बुंदेलखंड अंचल सहित पूरे प्रदेश में 'मिल्क रूटों' की स्थापना की जा रही है। सिंचाई को प्राथमिकता देते हुए पिछले वित्त वर्ष में सभी निर्माणाधीन सिंचाई परियोजनाओं के कार्य में गति लाकर 1 लाख 15 हजार हेक्टेयर क्षेत्र में अतिरिक्त रबी सिंचाई क्षमता निर्मित की गई। इस दौरान 415 लघु सिंचाई योजनाएँ पूर्ण की गईं। इस वर्ष 2 लाख हेक्टेयर से अधिक क्षेत्र में अतिरिक्त सिंचाई क्षमता स्थापित करने का लक्ष्य है। प्रदेश में बिजली के उत्पादन में निरंतर वृद्धि करते हुए पिछले साढ़े सात साल में 3757 मेगावाट की क्षमता वृद्धि के पश्चात् अगले तीन साल में 5 हजार मेगावाट क्षमता वृद्धि का लक्ष्य है। फीडर विभक्तीकरण की हमारी महत्त्वाकांक्षी योजना के अंतर्गत अब तक 241 फीडरों के विभक्तीकरण से 1900 से अधिक गाँव लाभान्वित हुए हैं।

इसी वर्ष से किसानों को स्थायी पंप कनेक्शन देने के लिए अनुदान तथा नए सिंचाई पंप कनेक्शन के लिए स्वयं का ट्रांसफार्मर लगाने की सुविधा दी जा रही है। इस साल किसानों को अनुदान देने के लिए 1456 करोड़ रुपए का प्रावधान किया गया है। नवीन और नवकरणीय ऊर्जा को प्रोत्साहन देते हुए इस वर्ष 8 हजार सोलर स्ट्रीट लाइट स्थापित करने के लिए अनुदान दिया जा रहा है। वन संपदा के संरक्षण और विकास के प्रति सरकार प्रतिबद्ध है। 'हरियाली महोत्सव' में 7 करोड़ पौधे रोपे जा रहे हैं। इस वर्ष को 'महुआ वर्ष' के रूप में मनाते हुए 20 लाख महुआ पौधे रोपे जा रहे हैं। वनोपज की वनवासियों को सही कीमत दिलाने हेतु देश में पहली बार प्रदेश में अचार, गुठली और लाख की खरीद का समर्थन मूल्य घोषित किया गया। शीघ्र ही हर्रा, महुआ फूल, महुआ गुल्ली, करंज बीज एवं निंबोली को भी इस दायरे में लाया जा रहा है। तेंदूपत्ता संग्राहकों के बच्चों की शिक्षा के लिए 'एकलव्य शिक्षा

विकास योजना' प्रारंभ की गई है।

ग्रामीण क्षेत्रों में शुद्ध पेयजल उपलब्धता सुनिश्चित करने के उद्देश्य से निर्मित मुख्यमंत्री पेयजल योजना के अंतर्गत एक हजार योजनाएँ निर्मित की जा चुकी हैं। लगभग 19 हजार बसाहटों में पेयजल व्यवस्था के अलावा 700 से अधिक नल-जल योजनाएँ पूर्ण की गई हैं। प्रदेश के सभी गाँवों का मास्टर प्लान बनाने के अंतर्गत अब तक 42 हजार से अधिक गाँवों के प्लान बना लिये गए हैं। मनरेगा के अंतर्गत मजदूरी के त्वरित एवं पारदर्शी भुगतान के लिए मोबाइल बैंकिंग प्रणाली पूरे प्रदेश में लागू की जा रही है। स्व-सहायता समूहों के सशक्तीकरण को जन-आंदोलन का रूप दिया गया है तथा स्व-सहायता समूह संवर्धन नीति के अनुरूप बैंक लिंकेज, मार्केट लिंकेज एवं नॉलेज लिंकेज स्थापित कर समूहों का प्रभावी आजीविकावर्धन किया जा रहा है। मुख्यमंत्री ग्राम सड़क योजना में लगभग ढाई हजार सड़कें बन रही हैं। प्रधानमंत्री ग्राम सड़क योजना अंतर्गत विगत वर्षों में लगभग 47 हजार किलोमीटर लंबाई की सड़कें बनी हैं।

प्रदेश के 10 हजार किलोमीटर लंबे स्टेट हाईवे में से लगभग 7 हजार किलोमीटर पर उच्च गुणवत्ता की सड़कें निर्मित हो चुकी हैं और शेष पर निर्माण कार्य प्रगति पर है। सड़क निर्माण में निजी निवेश हेतु प्रभावशाली मॉडल अपनाने वाला मध्य प्रदेश देश का प्रथम प्रदेश है। एशियाई विकास बैंक ने प्रदेश को सड़क-निर्माण के क्षेत्र में 'रोल मॉडल' घोषित किया है। प्रदेश से होकर गुजरने वाले राष्ट्रीय राजमार्गों के संबंध में हमने केंद्र सरकार से अनुरोध किया है कि इन राजमार्गों को डी-नोटिफाई कर मध्य प्रदेश शासन को सौंप दिया जाए, जिससे राज्य सरकार द्वारा इन मार्गों का सुधार एवं उन्नयन किया जा सके। राज्य सरकार ने नगरों के विकास का दीर्घकालिक विजन तैयार किया है। इसके अंतर्गत

शहरों में मानक अनुसार पेयजल उपलब्धता के लिए मुख्यमंत्री पेयजल योजना, पर्यावरणीय दृष्टिकोण से उच्च स्तरीय साफ-सफाई व्यवस्था हेतु मुख्यमंत्री स्वच्छता मिशन, शहरी गरीबों एवं आवासहीनों के लिए मुख्यमंत्री शहरी गरीब आवास योजना तथा नगरों में प्रदान की जानेवाली सेवाओं के गुणवत्तापूर्ण एवं युक्ति-युक्त प्रदाय सुनिश्चित करने के लिए 'शहरी सेवाएँ नियामक आयोग' के गठन जैसे महत्त्वपूर्ण निर्णय लिये गए हैं।

पाँच पवित्र शहरों सहित 110 नगरों की विकास योजनाएँ तैयार हो गई हैं। इंदौर और भोपाल में मेट्रो रेल का प्रारंभिक सर्वे पूर्ण हो गया है। गरीबों के लिए 24 नगरों में रैन बसेरों का निर्माण हो रहा है। राज्य सरकार ने भोपाल गैस पीड़ितों के समग्र कल्याण की नए सिरे से पहल की है। गैस पीड़ित विधवाओं को एक हजार रुपए प्रतिमाह की पेंशन पाँच वर्षों के लिए शुरू की गई है। गैस पीड़ितों के लिए 40 करोड़ की लागत से 2 हजार आवासों के निर्माण के अलावा प्रभावित बस्तियों में शुद्ध पेयजल की व्यवस्था भी की जा रही है। रोजगार के अवसर उपलब्ध कराने में कौशल विकास की अहम भूमिका है। इस वर्ष 07 नए पॉलीटेक्निक कॉलेज खोले जा रहे हैं। प्रदेश के 113 विकासखंडों में विश्वकर्मा जयंती से कौशल विकास केंद्र प्रारंभ किए जा रहे हैं। प्रदेश में खेतिहर और निर्माण मजदूर, शहरी घरेलू कामकाजी बहनों, कोटवार, कारीगर, मंडी हम्माल और तुलावटी, साइकिल-रिक्शा और हाथ ठेला चालक, नि:शक्तजन जैसे जरूरतमंद वर्गों के कल्याण की योजनाएँ बनाकर उन्हें सामाजिक सुरक्षा देने की मुहिम निरंतर जारी है।

पात्र हितग्राहियों को त्वरित लाभ प्रदान करने हेतु 'अंत्योदय मेले' विकासखंड स्तर पर भी आयोजित किए जाने का निर्णय लिया गया है। नि:शक्तजनों के समग्र पुनर्वास हेतु प्रारंभ 'स्पर्श अभियान' में घर-घर जाकर सर्वे उपरांत 4 लाख से अधिक नि:शक्तजनों को प्रमाण-पत्र

उपलब्ध कराए गए हैं। नि:शक्तजनों की शिक्षा, उपचार, कृत्रिम अंग प्रदाय, प्रशिक्षण और स्वरोजगार के कार्य के लिए सितंबर माह से जिला स्तरीय मेले आयोजित किए जाएँगे। प्रदेश में अनुसूचित जातियों और जनजातियों के कल्याण का कार्य प्राथमिकता से किया जा रहा है। आदिवासी अंचलों में इस साल अंग्रेजी माध्यम के प्री-मैट्रिक छात्रावास खोलने के साथ ही 50 से कम सीट वाले सभी छात्रावासों को 50 सीटर किया गया है। आठ नए 'एकलव्य आवासीय स्कूल' खोले गए हैं। अनुसूचित जनजातियों के लोगों को उनकी अपनी बोली में कार्यक्रमों और योजनाओं की जानकारी देने के लिए देश और दुनिया का पहला 'सामुदायिक रेडियो केंद्र' भीली भाषा में अलीराजपुर जिले के भाबरा में प्रारंभ किया गया है। शीघ्र ही ऐसे 9 और केंद्र खोले जाएँगे।

अब प्रदेश में 1 लाख 50 हजार से अधिक वन अधिकार धारकों को कृषि संबंधी अन्य सुविधाएँ भी उपलब्ध करवाई जा रही हैं। अब वनवासी भाई-बहन मंडियों के निर्वाचन में मतदाता के रूप में अपने मताधिकार का प्रयोग भी कर सकेंगे। पिछड़े वर्गों के कल्याण हेतु सभी जिला मुख्यालयों पर 100 सीटर पोस्ट मैट्रिक छात्रावास खोलने की योजना के क्रम में इस वर्ष 11 छात्रावास निर्मित किए जा रहे हैं। इस वर्ष लगभग 5 हजार युवाओं को रोजगारोन्मुखी प्रशिक्षण दिया जा रहा है। अल्पसंख्यक वर्ग के युवाओं को रोजगार प्रशिक्षण एवं बैंकों से ऋण अनुदान की व्यवस्था हेतु 'मुख्यमंत्री अल्पसंख्यक स्वरोजगार योजना' लागू किए जाने का निर्णय लिया गया है। उद्योग हितैषी नई उद्योग संवर्धन नीति के अंतर्गत 45 जिलों में 24 हजार हेक्टेयर से ज्यादा शासकीय भूमि चिह्नित कर 'लैंड बैंक' बनाया गया है। इंदौर में देश के प्रथम एसईजेड में 30 इकाइयों में उत्पादन शुरू हो गया है। 'खजुराहो ग्लोबल इन्वेस्टर्स सम्मिट' में हस्ताक्षरित 110 एम.ओ.यू. में से 51 एम.ओ.यू. उत्पादन, निर्माण और

क्रियान्वयन के विभिन्न चरणों में हैं और 59 एम.ओ.यू. में सर्वे कार्य प्रगति पर है।

प्रदेश में संस्थागत प्रसव को 26 से बढ़ाकर 81 प्रतिशत करने तथा नवजात शिशुओं के लिए किए जा रहे प्रयासों की देश में सराहना हो रही है। प्रदेश में गत वर्ष 'परिवार कल्याण वर्ष' के रूप में मनाते हुए लगभग साढ़े छह लाख परिवारों ने परिवार नियोजन अपनाया। यह उपलब्धि विगत दस वर्ष में सबसे अधिक रही और मध्य प्रदेश देश में प्रथम रहा। प्रदेश में एक जुलाई से 'मुख्यमंत्री बाल हृदय उपचार योजना' प्रारंभ की गई है। योजना के माध्यम से 14 वर्ष तक के बच्चों के हृदय रोग का उपचार शासकीय और अधिकृत निजी अस्पतालों में निःशुल्क करवाया जा रहा है। 'जननी सुरक्षा योजना' में अब शासकीय चिकित्सालयों में दाखिल सभी गर्भवती माताओं और एक माह तक के बीमार शिशुओं को निःशुल्क परिवहन और उपचार की सुविधाओं के साथ ही दवाइयाँ और रक्त भी निःशुल्क देने की व्यवस्था की गई है। राज्य सरकार ने निःशुल्क 108 एंबुलेंस की सेवाओं का भी प्रदेश के सभी जिलों में विस्तार का निर्णय लिया है।

कुपोषण सभ्य समाज के लिए कलंक है। राज्य सरकार ने प्रदेश में कुपोषण को जड़ से मिटाने के लिए 'अटल बिहारी वाजपेयी बाल आरोग्य एवं पोषण मिशन' गठित किया है। 'राष्ट्रीय पोषण संस्थान' के सर्वे में प्रदेश में कुपोषण के स्तर में कमी बताई गई है, जो हमारे प्रयासों की सही दिशा को दरशाता है। महिला सशक्तीकरण अब प्रदेश में महज नारा नहीं रह गया है। प्रदेश की बहुप्रशंसित और अपने ढंग की अनूठी 'लाड़ली लक्ष्मी योजना' से अब तक लगभग 8 लाख बालिकाएँ लाभान्वित हुई हैं। 'मुख्यमंत्री कन्यादान योजना' में गरीब परिवारों की करीब डेढ़ लाख बेटियों के विवाह एवं निकाह संपन्न हुए हैं। प्रदेश में 100 करोड़

रुपए की लागत से आकर्षक एवं बच्चों की रुचि के अनुरूप आँगनवाड़ी भवनों का निर्माण किया जा रहा है। विश्व बैंक ने महिलाओं के आर्थिक, सामाजिक एवं राजनैतिक सशक्तीकरण के क्षेत्र में मध्य प्रदेश को प्रगतिशील राज्य बताते हुए प्रदेश में कन्याओं के प्रति सामाजिक दृष्टिकोण को बदलने के प्रयासों को अत्यंत व्यावहारिक व अनुकरणीय बताया है।

सरकार ने प्रदेश में बेटी को बोझ नहीं, वरदान बनाने का संकल्प लिया है। इसी क्रम में 5 अक्तूबर से प्रदेशव्यापी 'बेटी बचाओ' अभियान प्रारंभ करने का निर्णय लिया गया है। इसमें हर प्रदेशवासी के सक्रिय योगदान की अपेक्षा है। प्रदेश में शिक्षा सुविधाओं का लाभ सभी को देने की कोशिशें निरंतर जारी हैं। इस वर्ष से सरकारी स्कूलों में बालिकाओं के साथ ही बालकों को भी दो जोड़ी गणवेश निःशुल्क दिए जा रहे हैं। गणवेश की राशि बढ़ाकर 400 रुपए कर उसे हितग्राही के खाते में जमा करवाया जा रहा है। इस वर्ष एक करोड़ से ज्यादा बच्चों को गणवेश दिए जा रहे हैं। इसी तरह लड़कियों की भाँति लड़कों को भी इस वर्ष से निःशुल्क साइकिलें दी जा रही हैं। योजना से लगभग चार लाख बच्चे लाभान्वित होंगे। इस वर्ष वंचित समूह तथा कमजोर वर्ग के एक लाख 40 हजार से अधिक बच्चों को शिक्षा के अधिकार कानून के माध्यम से निजी स्कूलों में प्रवेश दिलाया गया। उच्च शिक्षा के क्षेत्र में पिछले साल 23 नए शासकीय महाविद्यालय खोले गए। महाविद्यालयों के 103 भवन भी बनाए जा रहे हैं।

प्रदेश में निजी क्षेत्र में 8 नए विश्वविद्यालय और 68 महाविद्यालय प्रारंभ हुए हैं। प्रदेश में सार्वजनिक वितरण प्रणाली को कारगर स्वरूप दिया जा रहा है। बायोमेट्रिक इनरोलमेंट को सार्वजनिक वितरण प्रणाली की 'फूड कूपन योजना' से संबद्ध कर पात्र राशनकार्ड धारियों को लाभान्वित किया जाएगा। वन क्षेत्रों के निवासियों को खाद्यान्न सामग्री

सुलभ करवाने के लिए वन-समितियों को राशन दुकानें आवंटित करने का फैसला लिया गया है। ए.पी.एल., बी.पी.एल. और अंत्योदय योजना के हितग्राहियों को छह माह तक का खाद्यान्न एकमुश्त लेने की सुविधा दी गई है। ऐसे हितग्राही जो छह माह का राशन एकमुश्त नहीं ले सकते, वे प्रतिमाह का राशन क्रय कर सकेंगे। प्रदेश अब देश के खेल मानचित्र पर उभरकर आया है। पिछले वर्षों में प्रदेश के खिलाड़ियों ने अंतरराष्ट्रीय एवं स्तर पर ढेरों पदक अर्जित कर प्रदेश को गौरवान्वित किया है। अन्य खेलों को प्रोत्साहित करने के लिए प्रदेश में साइक्लिंग, वेट-लिफ्टिंग, तीरंदाजी, मलखंब, जिम्नास्टिक, एथलेटिक्स, तैराकी और टेबल-टेनिस—इस प्रकार 8 नई खेल अकादमियाँ खोलने का निर्णय लिया गया है।

कला एवं संस्कृति के क्षेत्र में प्रदेश की गौरवशाली परंपरा रही है। भोपाल में देश का पहला 'राज्य नाट्य विद्यालय' आरंभ हो गया है। राजा भोज के राज्यारोहण का एक हजारवाँ वर्ष समारोहपूर्वक मनाया जा रहा है। अंकोरवाट (कंबोडिया) और सीतामैया (श्रीलंका) की यात्रा के इच्छुक प्रदेश के लोगों को अनुदान भी दिया जाएगा। पर्यटन के क्षेत्र में प्रदेश की नई पहचान बनी है। पर्यटन के समग्र विकास के ध्येय से 'राज्य पर्यटन विकास परिषद्' गठित की गई है। प्रदेश में निजी क्षेत्र में भोपाल से इंदौर, जबलपुर तथा ग्वालियर जाने-आने की वायुसेवा शीघ्र प्रारंभ की जा रही है। प्रदेश के शेष 22 जिलों में हवाई पट्टी बनाने का काम भी चरणबद्ध रूप से किया जाएगा। हमारा दृढ़ संकल्प है कि आतंकवाद को मध्य प्रदेश की धरती पर हम पलने-बढ़ने का कोई मौका नहीं देंगे। राज्य में हमने आतंकवाद निरोधी दस्ते का गठन कर कई अभियानों के माध्यम से सिमी के सौ से अधिक खतरनाक आतंकियों को गिरफ्तार करने में सफलता प्राप्त की है।

आतंकवाद के उन्मूलन के उद्देश्य से मध्य प्रदेश आतंकवादी एवं

उच्छेदक गतिविधियाँ तथा संगठित अपराध नियंत्रण विधयेक, 2010 पारित किया है। प्रदेश में सूचना-प्रौद्योगिकी का उपयोग पारदर्शी प्रशासन को बढ़ावा देने में कारगर रहा है। निर्माण विभागों में ई-टेंडरिंग और निर्माण कार्यों के ठेकेदारों की 'एकीकृत ऑन लाइन पंजीयन प्रणाली' लागू करने के साथ ही ई-पेमेंट को भी बढ़ावा दिया जा रहा है। मुख्यमंत्री, मंत्रीगण सहित सभी शासकीय सेवकों का संपत्ति विवरण प्रतिवर्ष ऑनलाइन उपलब्ध करवाया जा रहा है। सुशासन के क्षेत्र में शोध, प्रशिक्षण एवं नवाचारों को प्रोत्साहित करने के उद्‌देश्य से प्रदेश में 'अटल बिहारी वाजपेयी लोक प्रशासन संस्थान' की स्थापना की जा रही है। लोक सेवाओं के प्रदाय का गारंटी अधिनियम अब अन्य प्रदेशों द्वारा भी अपनाया जा रहा है।

म.प्र. सरकार ने 25 सितंबर को 'लोक सेवा दिवस' के रूप में मनाने का निर्णय लिया है। अनेक नवीन सेवाएँ इस कानून के दायरे में ली जा रही हैं। प्रदेश के विकासखंड मुख्यालयों पर तथा नगरीय क्षेत्रों में आवश्यकतानुसार 'लोक सेवा केंद्र' स्थापित किए जाएँगे। इन केंद्रों पर आवेदन प्राप्त करने तथा आवेदक को उसके निराकरण की जानकारी देने की सुविधा होगी। आजादी की लड़ाई में अपना जीवन होम कर देनेवाले सेनानियों ने एक ऐसे स्वतंत्र भारत की कल्पना की थी, जिसमें देश का प्रत्येक नागरिक समृद्ध एवं खुशहाल हो। मध्य प्रदेश सरकार स्वाधीनता के नायकों के इन्हीं सपनों को साकार करने की दिशा में निरंतर कार्य कर रही है। लोकतंत्र में तंत्र लोक के लिए होता है। खुशहाली की रोशनी सुदूर अंचल में बसे समाज के सबसे पीछे और नीचे खड़े दरिद्र नारायण तक पहुँचाने के लिए सरकार प्रतिबद्ध है। गरीब-अमीर, शहर-गाँव तथा सरकार और जनता के बीच की दूरी को समाप्त कर लोक कल्याणकारी राज्य के दर्शन को सही अर्थों में लागू करने के लिए

सरकार दृढ़ संकल्प है।

इस लक्ष्य को पाने के लिए समाज के हर वर्ग और हर व्यक्ति की भागीदारी सुनिश्चित होना आवश्यक है। आइए, हम सब मिलकर महात्मा गांधी के ग्राम स्वराज एवं पंडित दीनदयाल उपाध्याय की अंत्योदय की अवधारणा के अनुरूप विकास की धारा अंतिम पंक्ति के अंतिम व्यक्ति तक पहुँचाने और प्रदेश को समृद्ध एवं खुशहाल बनाने के महायज्ञ में अपनी आहुति दें।

□

मुख्यमंत्री आंतरिक सुरक्षा सम्मेलन

आंतरिक सुरक्षा पर हुए पूर्व के सम्मेलनों में लिये गए निर्णयों के प्रोत्साहन के लिए हमने सभी जरूरी कदम उठाए हैं। राज्य सरकार ने आंतरिक सुरक्षा को मजबूत करने के लिए अपने स्तर पर उपाय किए हैं। हालाँकि पूर्व के सम्मेलनों में मुख्यमंत्री द्वारा जो सुझाव दिए थे, उनपर विचार किया जाना अभी बाकी है।

राज्य स्तर पर आतंकवाद विरोधी दस्ते का गठन किया गया है। यह दस्ता विध्वंसकारी शक्तियों के खिलाफ निरंतर काररवाई कर रहा है और पिछले तीन महीनों में इसने प्रतिबंधित संगठन 'सिमी' के इनाम-उर-रहमान, अरशद और अन्य पदाधिकारियों को गिरफ्तार किया है। अन्य राज्यों से फरार आतंकवादी गिरफ्तार करके संबंधित राज्यों को सौंपे गए हैं। अहमदाबाद विस्फोट के आरोपी मोहम्मद यूनुस उर्फ उमर, कयामुद्दीन कपाड़िया, इरफान आदि और जयपुर-विस्फोट में वांछित सैफ-उर-रहमान को गिरफ्तार करके क्रमशः गुजरात पुलिस और राजस्थान ए.टी.एस. को सौंप दिया गया है।

रेंज स्तर पर किसी भी घटना या आपात स्थिति से निपटने के लिए 'त्वरित काररवाई' दल भी बनाए गए हैं। दो भारतीय रिजर्व बटालियनों का प्रस्ताव भी भारत सरकार को मंजूरी के लिए भेजा गया है।

आतंकवाद किसी सीमा में बँधा नहीं है और इसके राष्ट्रीय तथा अंतरराष्ट्रीय शाखाएँ हैं। हालाँकि किसी स्थानीय आतंकवादी घटना पर पहली

कारखाई पुलिस को ही करनी होती है। राज्यों की आतंकवाद विरोधी इकाइयों को और मजबूत किया जा सकता है, लेकिन इसके लिए केंद्र सरकार को इनकी स्थापना, प्रशिक्षण तथा आवश्यक अधोसंरचना का खर्च पहले पाँच साल तक उठाना होगा। अगले पाँच सालों का खर्च केंद्र सरकार तथा संबंधित राज्य सरकारें बराबर-बराबर उठा सकती हैं। नक्सल प्रभावित राज्यों में भारत सरकार की विशेष योजना पहले से लागू है, जिसके तहत कुछ निश्चित मदों का खर्चा केंद्र सरकार देती है। इसी योजना को आतंकवाद विरोधी प्रयासों के लिए व्यापक बनाकर लागू किया जाए तो राज्यों की पुलिस को बहुत मदद मिलेगी।

राज्य सरकारों से आतंकवाद विरोधी इकाइयों के गठन की अपेक्षा की गई थी। केंद्रीय गृहमंत्री ने इन इकाइयों के अधिकारियों का प्रशिक्षण, एन.एस.जी. तथा अन्य राष्ट्रीय स्तर के विशेषज्ञ संस्थानों जैसे प्रमुख प्रशिक्षण केंद्रों में कराने का आश्वासन दिया था। प्रशिक्षण के लिए सीटों के आवंटन के बार-बार अनुरोधों के सकारात्मक जवाब का व्यग्रता से इंतजार हो रहा है। एक बार फिर से अनुरोध किया जाता है कि इस तरह के विशेषज्ञता वाले प्रशिक्षण संस्थानों में इन इकाइयों के अधिकारियों के प्रशिक्षण की सुविधा मुहैया कराई जाए।

राज्य पुलिस के अधिकारियों ने कई खूँखार आतंकवादियों को गिरफ्तार किया है और उन अधिकारियों को राज्य स्तर पर उचित पुरस्कार भी दिया गया है। अगर केंद्र सरकार भी इस तरह के असाधारण कार्य करनेवाले अफसरों को पुरस्कृत करे तो सभी सुरक्षा एजेंसियों का मनोबल बढ़ाने की दिशा में यह महत्त्वपूर्ण कदम होगा।

केंद और राज्य की खुफिया तथा सुरक्षा एजेंसियों के बीच नियमित समन्वय राष्ट्र विरोधी गतिविधियों के विरुद्ध इस लड़ाई की सफलता के लिए एक आवश्यकता है। केंद्र तथा राज्य एजेंसियों को सद्भावपूर्वक एक-दूसरे की पूरक बनकर काम करना चाहिए। पिछली बैठक में भी यह बिंदु सामने

लाया गया था। इसके बावजूद समन्वय का स्तर अपेक्षित स्तर का अब भी नहीं है। राज्य केंद्रीय एजेंसियों को सूचित करते हैं, लेकिन केंद्रीय एजेंसियाँ उनपर अपनी ओर से प्रतिक्रिया नहीं देतीं। अभी हाल ही में हमारी राज्य पुलिस को मीडिया के जरिए पता चला कि हैदराबाद में केंद्रीय एजेंसियों की मदद से मोहम्मद अमजद उर्फ ख्वाजा (हूजी कमांडर) तथा 'पीपुल्स वार ग्रुप' का महत्त्वपूर्ण सदस्य सूर्यप्रभाकर पकड़ा गया। हम महसूस करते हैं कि महत्त्वपूर्ण सूचनाओं का समय पर आदान-प्रदान करने से अपेक्षित काररवाई में भारी मदद मिलेगी।

केंद्रीय गृह मंत्रालय ने सूचनाओं के आदान-प्रदान करने के लिए एस.एम.ए.सी. कंट्रोल रूम राज्य स्तर पर गठित किए हैं, लेकिन ये कंट्रोल रूम अब तक काम शुरू नहीं कर पाए हैं।

नक्सलवादियों के म.प्र. सरकार ने बड़ी सफलताएँ हासिल की हैं। 1999 में नक्सलियों द्वारा कैबिनेट मंत्री लिखीराम काँवरे की हत्या के बाद इलाके में आतंक और डर का माहौल था। वामपंथी उग्रवादी नक्सल प्रभावित इलाकों के आसपास के इलाकों में अपना प्रभाव क्षेत्र बढ़ाने की कोशिश कर रहे हैं। हालाँकि बेहतर पुलिस व्यवस्था, समग्र विकास कार्य तथा अन्य उपायों से नक्सलवादी गतिविधियों को सीमित रखने में सहायता मिली है।

राज्य का एक हिस्सा नक्सली हिंसा से प्रभावित है। राज्य सरकार और पुलिस को नक्सली हिंसा तथा उनके प्रभाववाले इलाके पर रोक लगाने में ही सफलता नहीं मिली, बल्कि विकास कार्यों के जरिए कई नक्सल प्रभावित इलाकों को भी नक्सली प्रभाव से मुक्त कराने में सफलता हासिल हुई। इस सराहनीय कार्य के कारण एस.आई.ई. योजना से मंडला और डिंडौरी जिलों को अलग रखना अनुचित है। इन इलाकों को दोबारा नक्सल प्रभावित बनने से रोकने के लिए विशेष ध्यान देने की जरूरत है। वाम उग्रवादी अपनी गतिविधियाँ छत्तीसगढ़ और उत्तर प्रदेश की सीमा से लगे डिंडौरी, अनूपपुर,

सीधी, सिंगरौली, शहडोल और मंडला जिलों में फैलाने के लिए लगातार कोशिश कर रहे हैं। मैं पहले भी अनुरोध कर चुका हूँ कि इन जिलों को भी 'एसआरई योजना' के तहत लाया जाना चाहिए।

हाल ही में, राजधानी एक्सप्रेस जैसी महत्त्वपूर्ण ट्रेन को माओवादियों ने बंधक बना लिया था। हमें इस घटना से सबक सीखने तथा रेलवे स्टेशनों और ट्रेनों की सुरक्षा को मजबूत करने की जरूरत है। वर्तमान सुरक्षा परिदृश्य को देखें तो महत्त्वपूर्ण रेलवे कार्यों के लिए जिम्मेदार राज्य सुरक्षा एजेंसी जी.आर.पी. संसाधनों की कमी के कारण बहुत दबाव में है। पिछले कुछ सालों में कई नए रेलवे स्टेशन शुरू हुए हैं। केंद्र सरकार ने न तो बढ़ी हुई जिम्मेदारियों के अनुपात में अतिरिक्त बल को मंजूरी दी है, और न ही पिछले कई सालों से मौजूदा स्वीकृत बलों के आनुपातिक व्यय की प्रतिपूर्ति की है।

राज्य में औद्योगिकीकरण तथा शहरीकरण को गति को बनाए रखने के लिए पिछले तीन सालों में पुलिस बल में 3157 नए पद सृजित किए गए हैं। इसके अतिरिक्त इस साल भी 1500 नए पद सृजित किए हैं। पुलिस अफसरों का मनोबल बढ़ाने के लिए पदोन्नति के अवसर तथा अन्य कल्याणकारी उपाय भी मुहैया कराए गए हैं।

मैदानी स्तर पर पुलिस थानों को मजबूत करना हमेशा सरकार की प्राथमिकता रही है और इस उद्‌देश्य के लिए नए पद सृजित किए गए हैं। इस उद्‌देश्य के लिए मंथन के जरिए एक योजना तैयार की गई है। खुफिया तंत्र को सुधारने के लिए बीट सिस्टम को जमीनी स्तर पर और पुलिस थाने स्तर पर प्रभावशाली बनाया जा रहा है। राज्य पुलिस की विशेष शाखा के लिए अतिरिक्त पद सृजित करके खुफिया तंत्र को मजबूत बनाया गया है।

'क्राइम ऐंड क्रिमिनल ट्रेकिंग नेटवर्किंग' (सी.सी.टी.एन.एस.) को योजना के अनुसार लागू किया जा रहा है। 26 अक्तूबर, 2009 को एक समझौता-पत्र पर हस्ताक्षर किए गए हैं और आगे की जरूरी काररवाई की जा रही है।

आंतरिक सुरक्षा का एक अन्य महत्त्वपूर्ण पहलू सामान्य जनता से लगातार संपर्क में रहने का है। इस दिशा में सरकार ने मैदानी स्तर पर कम्युनिटी पुलिसिंग लागू की है। 'मोहल्ला रक्षा समितियाँ' और 'ग्राम रक्षा समितियाँ' बनाई गई हैं तथा पुलिस थाना स्तर पर इन्हें सक्रिय किया गया है। इन समितियों के प्रभावी कामकाज के लिए एक विशेष नियम पहले से लागू है। ये समितियाँ लोगों को प्रेरित करती हैं कि वे किसी भी तरह की संदिग्ध गतिविधि, व्यक्ति या सामान की जानकारी पुलिस को दें।

इन समितियों की सक्रिय भागीदारी को बढ़ाने और इन्हें प्रेरित करने के लिए राज्य सरकार ने विशेष बजट उपलब्ध कराया है और ड्यूटी के दौरान हताहत होने पर मुआवजे का प्रावधान किया है।

शिकायत निवारण के लिए नई पहल 'जन-सुनवाई' को लागू किया गया है, जहाँ सप्ताह में एक बार सारे अधिकारी निश्चित समय पर शिकायतों के निपटारे के लिए उपलब्ध रहते हैं। मिलने वाली शिकायतों पर निश्चित समय-सीमा में काररवाई की जाती है।

बताया गया है कि भोपाल में 'सेंट्रल फोरेंसिक लेबोरेटरी' के लिए जमीन की जरूरत है। इस उद्देश्य के लिए जरूरत के अनुसार जमीन जल्द मुहैया कराई जाएगी। पुलिस थानों की क्षमता बढ़ाना बहुत महत्त्वपूर्ण है; क्योंकि किसी भी घटना का सामना सबसे पहले उन्हें ही करना पड़ता है। राज्य में संसाधनों की उपलब्धता को देखते हुए राज्य में पुलिस-जनता का अनुपात राष्ट्रीय मानकों के अनुरूप लाने के लिए केंद्र सरकार को चाहिए कि वह अगले पाँच सालों के लिए विशेष पैकेज मुहैया कराने की पहल करे। केंद्रीय जोनल काउंसिल की स्थायी समिति ने भी 24 फरवरी, 2009 को अपनी आठवीं बैठक में यह अनुशंसा की थी कि खुफिया जानकारी जुटाने तथा आतंकवाद एवं नक्सलवाद विरोधी काररवाइयों के लिए अतिरिक्त बल की बढ़ी हुई लागत में केंद्र सरकार को हिस्सेदारी करनी चाहिए।

यह बात अच्छी तरह से स्वीकार की जाती है कि विकास और सुरक्षा एक दूसरे के पूरक हैं। एन.डी.ए. सरकार ने इस तथ्य को समझते हुए राज्य पुलिस के आधुनिकीकरण की वृहत् योजना शुरू की थी। वर्तमान में विकास व्यय की रूपरेखा के हिसाब से पुलिस के आधुनिकीकरण की रूपरेखा में बढ़ोतरी नहीं हो रही है, बल्कि इसके विपरीत इसमें कमी ही हो रही है। विकास योजनाओं के लागू करने तथा इनसे होने वाले फायदों से पुलिस व्यवस्था पर दबाव बढ़ा है। इसलिए आंतरिक सुरक्षा की चुनौतियों का सामना करने के लिए पुलिस के आधुनिकीकरण की योजना को बढ़े केंद्रीय योगदान के साथ आगे बढ़ाया जाए।

आंतरिक सुरक्षा का एक महत्त्वपूर्ण योगदान संगठित अपराधों पर रोक लगाना है। संगठित अपराध रोकने के लिए म.प्र. सरकार ने जमीन पर कब्जा करनेवालों तथा आपराधिक तत्त्वों के खिलाफ कड़ी कानूनी काररवाई शुरू की है। दुनिया के अनेक लोकतांत्रिक देशों में नागरिकों की आतंकवादी गतिविधियों से सुरक्षा के लिए कड़े कानून लागू किए हैं। कड़े कानून आज के समय की माँग हैं, क्योंकि भारत लगातार आतंकवादी गतिविधियों का सामना कर रहा है। आतंकवादी गतिविधियों और संगठित अपराधों पर प्रभावी रोक लगाने के लिए मध्य प्रदेश आतंकवादी एवं उच्छेदक गतिविधि तथा संगठित अपराध नियंत्रण विधेयक 2010 राज्य विधानसभा में बजट सत्र में पेश किया जा रहा है।

आंतरिक सुरक्षा तथा खुफिया जानकारी को मजबूत करने के इरादे से किराएदारों, साइबर कैफे से जानकारी हासिल करने तथा सार्वजनिक स्थानों पर सुरक्षा उपाय करने के मौजूदा कानूनों में आवश्यक संशोधनों के लिए गंभीरतापूर्वक विचार किया जा रहा है।

आंतरिक सुरक्षा में अपेक्षित परिणामों के लिए आपराधिक न्याय प्रणाली में सुधार एक आवश्यक पहलू है। 'न्यायमूर्ति मालीमथ कमेटी' ने इस संदर्भ

में महत्त्वपूर्ण अनुशंसाएँ की हैं। वर्तमान में बिना संदेह के साबित होने पर अपराध सिद्धि का सिद्धांत है। कमेटी ने अदालत में अपराध सिद्धि, जोकि सत्य है, के सिद्धांत की अनुशंसा की है। सुनवाई पूरी होने की समय-सीमा तय करने की जरूरत है। पीड़ित के अधिकारों की सुरक्षा उसे न्याय दिलाने में बड़ी भूमिका निभाएगी। कमेटी की रिपोर्ट में इस तरह की कई अनुशंसाएँ की गई हैं, जिन्हें लागू किया जाए तो आम आदमी को राहत मिलेगी।

गैर-कानूनी गतिविधियाँ (रोकथाम) अधिनियम के तहत कड़े दंड प्रावधान करने की जरूरत है। इस अधिनियम में विस्फोटकों, जहरीले रसायनों या खतरनाक हथियारों से मौत के मामलों में मृत्युदंड का प्रावधान है; लेकिन आतंकवादी हमलों के लिए धन मुहैया कराने, आतंकवाद को बढ़ावा देने तथा प्रशिक्षण शिविर संचालित करने के लिए 3 से 5 सालों की न्यूनतम सजा का प्रावधान है, जिसे बढ़ाया जाना चाहिए। गैर-कानूनी गतिविधियाँ (रोकथाम) अधिनियम के तहत ऐसे मामलों में अदालत में चालान पेश करने के लिए अभियोजन की स्वीकृति की अनुमति की कानूनी बाध्यता से भी अनावश्यक देर होती है, जबकि अदालतें ऐसे मामलों को बहुत ध्यान से देखती हैं। अभियोजन स्वीकृति की अनुमति की अनिवार्यता हटाई जानी चाहिए।

अफजल और कसाब के मुकदमों में हो रही देरी से आम आदमी का विश्वास न्याय प्रणाली में कम हो रहा है। अंतरराष्ट्रीय स्तर पर भारत की नरम देश के रूप में छवि बढ़ती जा रही है। राष्ट्रीय सुरक्षा तथा अखंडता के मामलों में मुकदमों के तेजी से निबटारे से अपराधियों में डर पैदा होगा तथा जनता का कानून के शासन में विश्वास बढ़ेगा। अतः आशा है कि राज्यों द्वारा उठाए गए बिंदुओं पर विचार के लिए एक कार्य-समूह गठित किया जाएगा, ताकि आंतरिक सुरक्षा मजबूत करने के लिए उचित रूपरेखा तैयार की जा सके तथा उसे अगले सम्मेलन में चर्चा के लिए रखा जा सके।

□□□